小学生
科学学习心理学

叶宝生 ———— 著

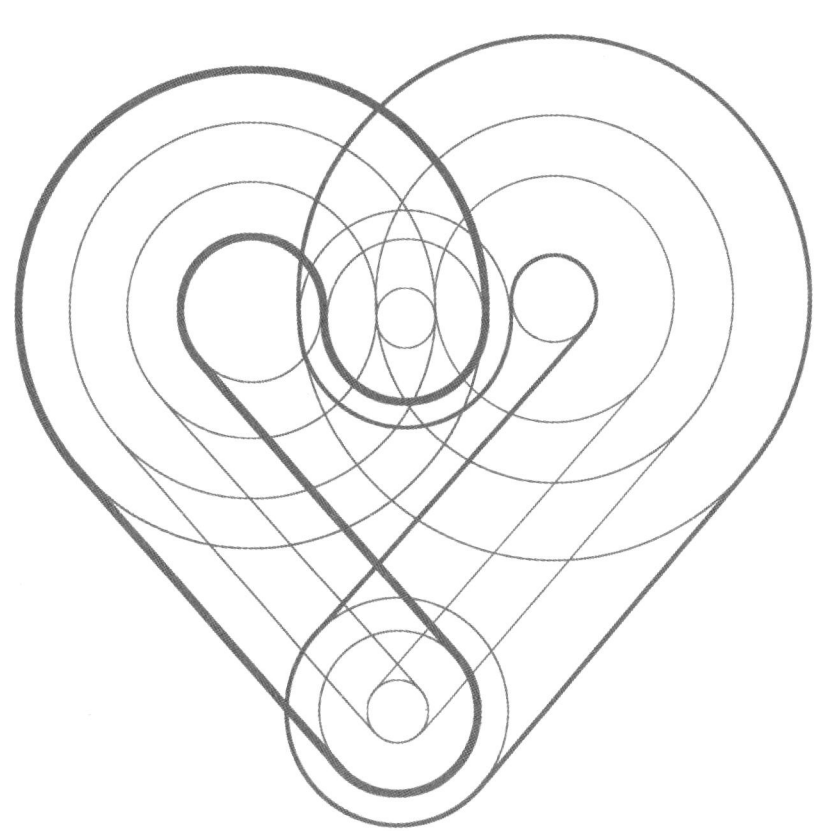

湖南科学技术出版社

·长沙·

图书在版编目（CIP）数据

小学生科学学习心理学 / 叶宝生著. —长沙：湖南科学技术出版社，2022.9
ISBN 978 - 7 - 5710 - 1636 - 4

Ⅰ. ①小… Ⅱ. ①叶… Ⅲ. ①科学知识—学习心理学—小学　Ⅳ. ①G623.62

中国版本图书馆 CIP 数据核字（2022）第 102785 号

XIAOXUESHENG KEXUE XUEXI XINLIXUE

小学生科学学习心理学

著　　者：叶宝生
出 版 人：潘晓山
责任编辑：吴　炜　赵　龙　王舒欣
出版发行：湖南科学技术出版社
社　　址：长沙市芙蓉中路 416 号泊富国际金融中心 40 楼
网　　址：http://www.hnstp.com
湖南科学技术出版社天猫旗舰店网址：
　　　　　http://hnkjcbs.tmall.com
印　　刷：长沙市宏发印刷有限公司
　　　　　（印装质量问题请直接与本厂联系）
厂　　址：长沙市开福区捞刀河大星村343号
邮　　编：410153
版　　次：2022 年 9 月第 1 版
印　　次：2022 年 9 月第 1 次印刷
开　　本：710mm×1000mm　1/16
印　　张：19.25
字　　数：278 千字
书　　号：ISBN 978 - 7 - 5710 - 1636 - 4
定　　价：98.00 元

序

　　小学生科学学习心理学是与小学科学教学实践紧密联系的，是心理学应用于学科教学领域的重要体现。掌握小学生科学学习心理，对于小学科学教师确立清晰的教学目标，作出符合小学生特点的教学设计，进而产生有效的科学学习，都具有重要的实际意义。

　　小学生科学学习心理，研究的是小学阶段学生科学学科学习的心理基础、心理特征和心理发展。小学阶段，意味着6岁到12岁年龄段，区别于普通心理学研究的成人阶段，也区别于儿童心理学研究的从出生到青少年阶段。科学学习心理，意味着属于教育心理学，又区别于教育心理学，属于下一个层次的学科心理学。科学学科，首先明确了学科属性，其次也表明学习活动要遵从科学认识的规律和科学知识特点。学习心理，意味着主要针对小学生科学学习与小学科学教师教学的心理学问题。心理基础，意味着小学生科学学习应遵从的心理规律；心理特征，意味着小学生科学学习心理的阶段性；而心理发展，意味着小学生的科学学习不但要与其具有的心理能力相适应，更要促进其心理发展。因此，以普通心理学、儿童心理学和教育心理学的研究成果为依据，以科学学科知识特征为基础，考查小学生在科学学科学习过程中的心理现象，将学生的科学认识过程与心理发展过程相协调，既促进学生科学认识的发展也促进学生的心理发展。

　　本书共编排十章。

　　第一章"小学生科学学习心理学的理论基础"。首先解释普通心理学、儿童心理学和教育心理学的研究对象和研究内容，其中简单介绍了皮亚杰和维果斯基的儿童发展理论、学习与知识的心理学观点、加涅的学习结果类型。然后讨论了科学哲学与科学学科知识基础，涉及科学哲学与科学的关系、物质科学特征、生命科学特征、地球科学特征、技术与工程活动特点。最后讨论小学生科学学习心理学的研究对象和内容，揭示学习小学生科学学习心理的意义。

第二章"感知觉与科学观察"。心理过程中认知过程的第一个环节是感知觉，人类所有信息（内部信息和外部信息）的获取都来自于感知觉。而人类对外部自然世界的认识和对自身自然存在的认识，称为科学认识，也是源自感知觉，我们称之为科学观察。在介绍感觉、知觉、感觉规律、知觉特性的基础上，讨论感知觉与科学观察的联系和区别。依据感知觉及其特性阐释观察方法和小学科学观察教学设计。

第三章"思维与科学概念"。心理过程中认知过程的第二个环节是记忆，我们由感知觉获得的信息要储存在人脑中，没有记忆，这些信息也就不存在了。第三个环节是思维，而思维是记忆信息的转换和应用，没有记忆也无思维，由此可见，记忆是非常重要的，记忆信息是思维的材料。思维的最小单元是概念，而科学概念是科学学习的重要成果。本章主要讨论思维的一般概念，包括思维的本质、思维的分类、思维过程，在此基础上讨论小学科学概念体系、小学生科学概念的起源、小学科学中的概念定义方式及其教学应用。

第四章"抽象思维与科学推理"。人脑中记忆内容，一个是事物的形象表征，即表象；一个是事物的符号表征，即抽象。根据人脑记忆内容性质的区分，对记忆中表象的操作称为形象思维，对记忆中抽象符号操作称为抽象思维。科学认识（科学原理）的获得，一个是观察，另一个是推理。观察直接与感知觉相联系，会对事物形象进行形象思维加工，获得抽象认识，或说作出抽象判断。抽象认识经过抽象逻辑思维建构出科学理论，然后利用科学理论进行科学推理，即对科学现象作出解释和科学事物发生发展规律作出预测。本章首先讨论科学思维中的形象与抽象、形象思维和抽象思维等概念，然后讨论逻辑学中的逻辑思维与推理，最后讨论科学推理在小学科学教学中的应用。

第五章"形象思维与技术设计"。科学学习活动中，还密切结合着技术活动。科学中的观察实验是为了揭示科学原理的技术活动，观察实验中使用的仪器设备属于物化的技术，观察实验方法又属于流程技术。科学原理通过技术手段才可以转化为可以实现某种功能的实际产品，这是科学原理应用的技术。还存在不依赖科学原理，经过反复尝试获得的成功的有效的经验技术。科学是形成抽象的对自然世界的认识，解决"是什么"和"为什么"的问题，技术是对自然世界应用和改造，解决的是"做什么"和"怎样做"的问题。科学思维的重点是逻辑抽象思维，而技术过程的思维是从形象思维出发，但其思维结果是做事的规则，特别是形成技术产品，其落脚点还是事物形象。本章首先概述技术、工程与科学的关系，然后讨论技术思维过程、技术过程的思维特征和技术思维方法，最后阐释基于技术思维的技术教学设计。

第六章"科学探究与元认知能力培养"。学生应用元认知策略形成的元认知能力，是学生学会学习、学会做事和作出决策的重要能力。科学探究是让学生经历类似科学家探索自然世界的过程，去理解科学知识是怎样获得的、具有什么性质，从而理解科学。科学探究流程依据的是科学认识规律，学生根据探究流程去学习科学，也学习探究程序本身。也就是学生在通过探究获得科学知识的同时，也要学习如何针对问题进行观察实验设计，如何根据观察实验结果作出科学判断。教育心理学强调的元认知能力的培养与科学探究本身的学习就统一起来了。本章首先介绍了科学探究学习的一般程序，然后阐释科学探究的元认知特征，最后阐释基于科学探究的元认知能力培养。

第七章"基于隐性知识论的创造性学习和创造力培养"。显性知识就是我们大家公认的用语言符号可以表达出来的知识，隐性知识是人所具有的难以言说的知识。人说不出来的知识远远多于可以言说的，就是说隐性知识是更大量的个人知识。隐性知识和显性知识是可以相互转化的。从显性知识转化为个人的隐性知识，就是丰富自我、发展自我和创造自我；从隐性知识转化为显性知识，特别是具有社会价值的显性知识，是知识的创造。首先介绍隐性知识和创造能力的一般概念，然后说明创造力的隐性知识特征，最后基于显性知识与隐性知识的转化，讨论小学科学教学中的创造性学习和创造力培养。

第八章"态度与科学态度培养"。态度,作为一种学习结果,属于个性心理中的心理倾向,是每个人随时具有和普遍存在的(不管是积极的还是消极的),对人的行为会产生关键和重要影响。态度很复杂很难说清楚,态度也就很难测量,态度也具有明显的隐性知识特征。科学态度,特指对科学知识、科学事件、科学人物的内部倾向状态,是科学教育的重要组成部分。本章在介绍态度和阐释科学态度的基础上,分析了科学态度在注意力方面、意志力方面和情绪情感方面的表现,提出了"激发科学学习兴趣""培养科学学习活动动机""培养科学学习的成就感"等方面对科学态度的培养策略。

第九章"科学方法与科学能力培养"。个性心理特征指一个人在心理过程的发展中表现出的比较稳定的心理特点,包括能力、气质、性格等。能力是在认知过程中起直接作用的。能力是内隐于个体的,能力是在实践活动中训练出来的,又是在实践活动中体现出来的。科学能力由科学活动培养,又在科学实践中呈现。科学活动是人类的理性认识过程,依赖于科学方法。因此,既在科学方法的使用中培养科学能力,又在科学方法的应用中表现出科学能力。本章介绍能力的基本知识,讨论不同的科学方法对应的具体能力,对小学生科学能力的培养提出培养策略。

第十章"小学生科学认识特点"。小学生心理发展具有这个阶段的特点和规律,这些特点和规律具有客观性,要基于这种客观性设计教学。科学学科发展具有阶段性,而且是累积进步式的,即今天的科学比昨天的深入和精确、明天的科学也会比今天的更深入和更精确。个体的科学学习,是在重演人类的科学认识过程,也应该是从简单到复杂、程度不断加深、范围不断拓展的发展过程。小学阶段是儿童开始进行正式的科学学习阶段,且小学生的科学认识应该处于人类科学认识的早期阶段。因此,不管是学生基于感知觉的科学观察还是思维发展,不论是学生的科学态度还是科学学习能力,都应该与科学认识过程相协调、与科学认识的发展相统一。本章首先从科学哲学角度介绍科学发展的阶段性和人类科学认识的重演性,基于此阐释小学生科学认识的一般特征。依据

"小学生前科学概念研究"侦测数据，分析归类出小学生科学认识的具体特点，并阐释各个特点在学习时的建议。最后，针对一、二年级小学生，讨论低年级段小学生科学学习的特殊性。

本书是为小学科学教育专业课程"小学生科学学习心理学"编写的教材，可供学习此课程的本科生和研究生作为教材使用，也可以作为在职小学科学教师进行培训的辅导用书，还可以作为小学科学教师进行教学研究的参考资料。另外，本书可以作为小学科学教学论或小学科学教学法课程的辅助资料，为教学设计提供直接依据。

在本书成书过程中，我的本科生、研究生以及小学科学教师都提出过建设性想法和针对性意见，对提供帮助的同学们、一线小学科学教师们表达我的谢意！对湖南科学技术出版社的全力支持，对吴炜老师、赵龙老师、王舒欣老师的辛苦编辑工作表示衷心感谢！

叶宝生

2021 年 10 月

目　录

目　录

第一章
小学生科学学习心理学的理论基础

第一节　普通心理学基础

一、普通心理学的研究对象

一般说来，心理学是研究人和动物心理的科学。人和动物都有心理，人的心理不同于处于低等位置的动物心理，人具有意识。人的意识，没有统一确定的定义，可以从以下几个方面去了解。第一，意识是由人的认知、情绪、情感、欲望等构成的丰富而稳定的内在世界，是人们能动地认识世界和改造世界的内部资源。人凭借对事物和规律的认识，不仅能够了解客观事物的现状，而且能够知道过去和预见未来。这与单纯适应自然界的动物有本质的差别，也是任何动物所不能及的。第二，人的活动具有明确的目的，能够预先计划达到目的的方法和手段，也就是说人的意识表现为人能够计划自己的行动，在实现目的的过程中，能坚持预定的方向，分析出现的新情况、新问题，将行为的结果与目的进行对照，克服各种困难和障碍。第三，人的意识还表现在人能够觉察到外部事物的存在和自己的心理活动，能够把"自我"和"非我"、"主体"与"客体"区别开来。也就是说，人不仅能意识到客体的存在，而且具有自我意识。人不仅能认识事物，还能自觉地去揭示和掌握认识过程的规律。人不仅有各种情绪和情感，还可以理解自己的情绪和情感进而去控制自己的情绪和情感。人的自我意识，使人能够对自己的行为进行自我分析、自我评价、自我调节和控制。动物没有自我意识，婴儿的自我意识也还没有发展起来。自我意识是人的心理的重要特点，是个体发展到一定程度上出现的，对个体发展具有重要意义。因此，心理学更主要的是研究人的心理。从这个角度，可以说心理学是研究人的行为和心理活动规律的科学，它通过探讨人的心理活动、观察人的行为，去调节和控制心理活动，是一门兼有自然科学和社会科学特征的交叉科学。

人的心理现象非常复杂，表现形式多种多样，从心理活动的动态变化过程和相对稳定的心理状态，可以将心理学研究对象划分为两部分，一是心理过程；二是个性心理和人格①。心理过程泛指心理操作的加工程序，包括心理事件的相互作用和相互转化过程。心理过程又包括认识过程、情感过程和意志过程。认识过程也称为认知过程，是人们获取知识和运用知识的过程，它包括感觉、知觉、记忆、思维、想象和言语等。情感过程是指人脑对客观事物是否满足自身的物质和精神需求产生的态度体验。它反映的是客观事物同人的需求之间的关系，凡是符合并满足自己需要的会产生积极、肯定的情感；反之则产生消极、否定的情感。意志过程是指人脑自觉地确定目的，克服内部和外部困难，力求实现预定目的的心理过程。意志过程是人的意识能动性的体现，表现在发动和制止两个方面，发动行动去实现目的，制止与预定目的不符的言语或行为。个性心理包括个性心理特征、个性心理倾向和自我意识。个性心理特征指一个人在心理过程的发展中表现出的比较稳定的心理特点，包括能力、气质、性格等。个性心理倾向是人对周围世界认识和态度的选择和趋向，包括需要、动机、兴趣、信念、价值观等。自我意识是人的自觉因素，在认识方面有：自我观察、自我概念、自我认定、自我评价；在情绪方面有：自我感受、自爱、自尊、自傲、自卑、责任感、义务感等；在意志方面有：自立、自强、自信、自律等。人格是一个人整个心理面貌，是个人心理活动稳定的心理倾向、心理特征和自我意识的总和。

---

① 多俊岗. 基础心理学（第二版）[M]. 北京：化学工业出版社，2012：21-23.

二、普通心理学的研究内容[①]

探索和揭示心理现象发生、发展和变化规律是心理学的基本任务。完成这个任务是对应心理学研究对象通过研究下述内容去实现的。

（1）心理过程研究。人的任何心理现象都在时间上表现出一定的过程。不论是认知过程、情感过程，还是意志过程，都具有其各自的规律性。心理学要科学地揭示出这些规律，并指导人的行为。如认知过程揭示出的记忆规律，指导人们的记忆行为；感知觉规律，指导人的观察行为。情感过程，从情绪的发生、发展到消失，研究其规律，指导对情绪的调节和控制。意志过程，研究需要、动机、兴趣和意志努力及其关系，指导提高工作或学习效率。

（2）心理结构研究。研究心理结构就是要揭示各种心理现象之间的联系。人的心理现象虽然复杂，但不是杂乱无章的。各种心理现象之间存在相互作用，成为一个有结构的整体。如记忆的好坏依赖于理解材料的程度，对材料的加工越深、理解得越好，记忆的效果就越好；知觉的速度依赖于对事物的熟练程度，对常用汉字的反应，要比不常用汉字的反应快得多；一个人成就的大小是他的智力高低和意志品质共同作用的结果。研究心理现象之间的内在联系是心理学的一项主要内容。

（3）心理的脑机制研究。心理是神经系统的机能，特别是脑的机能。一个健康发育的神经系统，是各种心理现象发生和发展的基础。人的视觉和听觉是与视觉和听觉系统的复杂功能相联系的。没有人眼和人耳的特殊结构和机能，人们就不能看到物体的颜色、大小和形状，也不能分辨声音的高低和强弱。当神经系统尤其是脑组织的某些部位受到损伤时，心理活动就会出现异常的情况。如不认识人的面孔。再如能读出字音，但不知道它的意义。能记住几年以前的事情，但失去了对新近事物的记忆等。所以，心理学不仅要在行为水平上研究心理现象的规律，而且要深入研究心理的脑机制，揭示心理现象与脑的关系。

---

① 彭聃龄. 普通心理学（第 5 版）[M]. 北京：北京师范大学出版社，2019：7-8.

（4）心理现象的发生发展研究。人的心理现象是进化过程的产物。从物种进化的角度看，心理现象是动物发展到一定阶段，出现了神经系统以后才真正产生的。从人个体发育的角度看，脑的发育为心理的发生和发展提供了基础。在人的一生的不同时期，在不同的年龄段，心理活动有着不同的特点。例如，儿童口语的发展经历着不同的阶段。首先，发展单词句，再发展双词句，然后才是句法完整的语言。儿童思维的发展，也是由低级到高级逐渐进行的。儿童出生以后，经历着社会化的进程。在不同的年龄阶段，社会化的程度是不同的。正因为这样，研究心理现象的发生、发展与脑发育的关系，也成为心理学的重要任务。

（5）心理与环境的关系研究。人的心理系统及其物质载体——人脑，是一个开放系统，它和周围环境存在着复杂的交互作用。心理现象是由外界输入的信息引起的，客观世界是心理的源泉和内容。人们的颜色视觉依赖于可见光谱中光波的长度。长波使人看到红色，短波使人看到蓝色。人们的声调听觉依赖于物体振动的频率，高频使人觉得声音尖锐，低频使人觉得声音低沉。婴儿情绪的发展依赖于亲子之间的关系，失去父母拥抱的婴儿会产生退缩的情绪反应。儿童语言的发展依赖于社会交往。在隔绝人际交往的条件下，不可能发展正常的人类语言。总之，外界刺激作用于人，在人脑中产生各种心理现象，这些心理现象又会反过来通过人的行为作用于周围环境，进而引起新的心理活动。可见心理现象和人的外部环境，包括自然环境和社会环境，它们之间存在着规律性的联系。揭示这种联系和关系是心理学的研究内容。

三、心理学的分类[①]

心理学主要分为两大领域：心理学的基础理论领域和心理学的应用领域。

心理学基础理论领域，主要研究心理学的基本原理以及人的心理活动与行为表现的一般规律。它包括以下学科：①普通心理学。普通心理

---

① 叶奕乾，何存道，梁宁建.普通心理学（第五版）［M］.上海：华东师范大学出版社，2016：3-4.

学是研究正常成年人心理现象的一般规律的学科。它包括两个方面，心理过程发生发展及个性心理形成及变化的一般原理。普通心理学是心理学分支学科的理论基础，也是心理学入门的基础知识。②发展心理学。发展心理学是研究从受精卵开始到出生、成熟，直到衰老的生命全程中个体心理发生和发展规律的心理学分支学科。发展心理学分为广义的和狭义的两类。广义的发展心理学是探索人类心理发生发展的基本理论和心理发生发展过程的特点和规律。狭义的发展心理学是指儿童心理学及探讨儿童发展阶段的心理特点和规律。③生理心理学。生理心理学是研究人的生理活动、心理活动的生理机制的心理学分支学科，是心理学基础研究的重要组成部分。生理心理学以脑的形态和功能为研究对象。分析在不同生理状态下个体行为与活动的生理机制，探讨神经系统的结构和功能，感知、学习和记忆、动机和情绪等心理活动的神经机制，以及内分泌系统对心理与行为的调节作用。④社会心理学。社会心理学是研究在群体环境条件下，个体心理发生发展及其变化的规律，包括群体心理现象与行为，个体在所属群体影响下产生的心理现象与行为以及自我调适行为。⑤人格心理学。人格心理学是研究个体思想、感情、意向和行为的整体性独特模式的心理学分支，学科涉及人格形成、发展及其变化的规律，以及人格结构、人格动力和人格发展的规律。

心理学的应用领域包括以下学科：现代心理学与社会生活各个领域的结合，形成了以应用为研究目的的心理学分支学科。①教育心理学。教育心理学是研究教育过程中教与学的心理活动规律，揭示教育过程和人的心理活动发展之间内在关系的心理学分支学科。教育心理学以教师与学生之间的相互作用为研究对象，涉及学生掌握知识和技能的心理特点及规律，教与学活动的心理因素，学生良好行为习惯和道德品质形成以及教师的心理活动等。②管理心理学。管理心理学是研究组织中领导和管理风格与方式，提高员工的工作积极性及挖掘潜能，发挥用科学的方法进行管理，促进组织发展的心理学分支学科。③消费心理学。消费心理学是研究消费者的消费心理和消费行为规律的心理学分支学科。它涉及两个方面，消费行为的心理因素，如消费动机、消费信息认知、消费决策等；消费行为的外部因素，如广告宣传、商标命名、销售服务和企业形象等。④工业心理学。工业心理学是研究工业或经济领域中从业人员的心理与行为，以提高生产效率的心理学分支学科。工业心理学涉及组织领导、职工积极性、生产环境以及专业培训和人员选拔等。工业心理学分为注重人际关系与改善工作环境方面的工程心理学和注重人与人关系，人与岗关系方面的管理心理学。⑤心理咨询学。心理咨询师对来访者的心理问题或要求给予疏导或矫正的心理学分支学科。心理咨询学运用心理学原理和技术，通过咨询程序揭示心理问题产生的原因和行为问题，寻找摆脱困境的条件、途径和对策，使来访者改变原有的态度和行为，增强自信心，达到对社会生活的良好适应。⑥法律心理学。法律心理学是研究立法、执法、守法、违法过程中人的心理活动及其规律的心理学分支学科。法律心理学的内容包括四个方面，一是体现公众意志的立法心理学；二是犯罪心理形成和发展变化、犯罪者人格结构的犯罪心理学；三是刑事侦查证言、证词、罪犯改造等司法心理学；四是法制教育的社会效果、法律意识形式等法制宣传教育心理学。⑦临床心理学。临床心理学是运用心理学原理，诊断和治疗心理异常的心理学分支学科。临床心理学涉及心理异常或心理障碍。如精神分裂症以及单纯由心理因素引起的神经症、焦虑症或抑郁症，以及由心理因素引起的躯体疾病等。

第二节　儿童心理学基础

一、儿童心理学的研究对象和内容①

概括地说，儿童心理学是研究儿童心理发展的规律和儿童各年龄阶段的心理特征的学科。儿童心理学是心理科学的一个分支。普通心理学研究人的最一般的心理规律，即人的心理过程和心理特征的一般规律。儿童心理学以普通心理学为依据，对儿童心理发展的规律和年龄特征进

---

① 朱智贤. 儿童心理学（第六版）[M]. 北京：人民教育出版社，2018：2-6.

行专门的研究。

（1）儿童心理的发展。儿童心理发展是人的个体心理发展史一个最重要的组成部分。是儿童心理学研究的专门对象。第一个就是儿童时期的主要特点。儿童时期是指一个人从出生（新生儿）到成熟（青年初期），这个时期是一个人心理发生和形成的时期。儿童时期具有自己的特点。第一，儿童跟动物不同，他一开始就生活在特定的社会环境中，并向着人类社会成员的方向发展。儿童从出生的时候起就过着社会生活，在成人长期抚养和教育下，通过跟成人的交际，有系统地学习去掌握人类已有的社会经验。随着儿童的日益成长，他不仅能适应社会生活，而且也能改造社会生活，这样他就成为一个独立的社会成员。第二，儿童也不完全跟成人一样。当然，从人的社会性来说，儿童跟成人是基本相同的，但从发展的水平上来说，他们之间存在着很大差异，例如儿童的脑结构和机能还是不成熟的，儿童的思维不完全等同于成人的思维，儿童的劳动能力也跟成人不完全一样。儿童时期是一个从不成熟到成熟，从不定型到定型的成长发育的时期，是一个生长特别旺盛的时期，是长身体长知识的时期，是可塑性最大的时期，因而也是受教育的最好时期。

（2）儿童心理发展的基本规律。儿童心理学在儿童心理发展的基本规律方面涉及以下一些问题。第一，关于遗传环境和教育在儿童心理发展中的作用问题。在儿童心理发展上，起决定作用的不是先天遗传，遗传只给儿童心理发展提供自然前提，但不能决定儿童心理的发展。在儿童心理发展上，起决定作用的是环境和教育，而教育则起着主导作用。第二，关于儿童心理发展的动力或内部矛盾问题。一切事物发展的动力或根本原因不在于事物的外部，而在于事物的内部，即存在于事物内部的矛盾性，这在儿童的心理发展上也是一样的。第三，关于教育和儿童心理发展的关系问题。环境和教育对儿童的心理发展起决定作用，但不是机械地决定儿童心理发展，而必须通过儿童心理的内部原因来实现。第四，关于儿童心理不断发展和发展阶段的关系问题。儿童心理是不断发展的，但同时又是有阶段性的。

（3）儿童心理发展的年龄特征。儿童心理学不但要研究儿童心理发展的一般规律或基本规律，而且要研究在不同发展阶段上的具体规律，这些具体规律是通过儿童各年龄阶段的心理特征表现出来的。关于儿童心理发展的年龄特征，我们可以做以下理解。第一，儿童心理发展的年龄特征是儿童心理发展到各个年龄阶段所形成起来的一般特征、典型特征或本质特征，它是和年龄有关系的。因为年龄是时间的标志，一切发展都是和时间相联系的，但是又不是由年龄决定的。同时，它是从许多儿童的心理特征概括出来的，它只能代表某一年龄阶段，是儿童心理发展的一般趋势，不代表这个年龄段所有儿童的特征。第二，在一定条件下，儿童心理发展的年龄特征，既是相对稳定的，又是可以随着社会生活和教育条件的改变而有一定程度的改变的。这是因为，一方面，年龄特征受到许多比较稳定的因素支配。例如，儿童脑结构和机能的发展是有一定过程的，知识本身的深浅也是有一定顺序的，这就决定了儿童心理发展在一定时期或阶段内不可能没有一定的限度。另一方面，年龄特征是可以随着社会生活和教育条件的变化而有一定的变化的，当然也不是毫无限制的变化。例如，在信息社会的条件下，儿童的知识比以前多一些，儿童个性、品质发展也会提前一些。第三，教育的目的方向是由社会决定的，而不是由年龄特征决定的。但在教育的目的方向决定了以后，我们就不能不考虑教材如何安排，以使儿童既容易接受又学得更好更快。创设什么条件，采取什么方法就更适合儿童发展的特点。要很好地解决这些问题，就不能不认识和运用儿童心理发展的年龄特征。在教育中，运用儿童心理发展的年龄特征必须同时兼顾"积极发展儿童的能力"和不使儿童负担过重。如果把儿童心理发展的年龄特征看成是固定不变的，那就会限制儿童的发展，这是片面的。我们既要积极地发展儿童的能力，又要注意不使儿童负担过重，不超越他们力所能及的范围。

二、儿童心理学的应用①

一切科学都来源于实践，反过来又为实践服务。儿童心理学研究儿

---

① 朱智贤. 儿童心理学（第六版）[M]. 北京：人民教育出版社，2018：7-9.

童心理的发展特点和基本规律。这些特点和规律的发现、确定和提高到理论水平，是人类在长期生活实践中，儿童实际工作者和儿童研究工作者共同努力取得的结果。这些结果取得之后，反过来又能而且必须为以后的实践服务，使今后的工作实践更加有效，科学理论不断提高。一个儿童出生以后，他的发展首先取决于教育的质量。所有的父母和教师，以及其他一切儿童教育工作者，如果要想有效地把儿童塑造成为优秀的新一代，仅有良好的教育愿望是不够的，必须同时理解儿童心理发展的特点和规律。根据这些特点和规律进行教育时，既要考虑儿童的现有发展水平，又要恰当地提出新的要求，并把这种要求变成儿童自己的需要，才能使教育工作更好地进行，教育质量不断地提高。每个儿童的生命都是从受精卵开始的。母亲在怀孕以后注意些什么，这与儿童出生以后的发展有密切关系，儿童心理学可以从心理发展的角度提供这方面的知识。而出生以后不论在家抚养，还是在托儿所养育，儿童早期的发展都是人生发展的一个重要起点，起点不好以后改正或补救就困难了。父母或保育工作者必须知道婴幼儿身心各方面发展的特点，针对这些特点进行保教工作，才能恰当地为孩子打下最初的良好的发展基础。认识论要研究物质和意识的关系问题、意识的起源问题、认识和实践的关系问题、感性认识和理性认识的关系问题、认识发展中的矛盾问题和量变、质变问题等。所有这些哲学理论问题不是凭空产生的，而是从很多科学中概括出来的。儿童心理学正是从人的个体心理发展方面来论证这些问题的一门学科。例如儿童心理学要揭示儿童的心理是怎样在一定的物质条件（脑和客观现实）下产生和发展的；儿童的认知是怎样密切依存于它的实践活动的，怎样从感性认识上升为理性认识的；儿童心理发展的动力是什么；等等。所有这些都可以直接为认识论和辩证法提供科学的论据。

三、皮亚杰的儿童发展理论[①]

皮亚杰认为，儿童的认知发展实质上是其行为和思维被不断地组织

① 皮连生. 教育心理学（第四版）[M]. 上海：上海教育出版社，2011：252-253.

为有机的整体结构，这种结构他称为"图式"。可以说，认知发展就是图式的发展。皮亚杰又继续用"平衡"来描述图式发展的机制。当儿童能利用已有的图式理解和应对其周围环境时，儿童与环境之间就处于一种平衡状态。遇到新的环境刺激，而儿童不能用已有的图式加以理解和应对时，就打破了这种平衡。为了重新达到平衡，儿童要么将环境刺激纳入其已有的某个图式中，皮亚杰称之为"同化"，要么改变其已有的图式，以适应新的环境，也就是"顺应"。通过同化和顺应，图式有了发展，或构建了更高层次的图式，儿童与环境之间达到了新的平衡。儿童在学习过程中不断遇到新的问题，不断地进行同化和顺应，不断达到新的平衡，这种平衡化的过程一直持续下去，儿童的认知能力就不断得到发展。

皮亚杰经过长期研究，将儿童的认知发展分为如下四个阶段。第一个阶段是感知运动阶段（0～2岁）。这个阶段，儿童通过自己的感觉知觉和动作来认识、理解周围环境并与之相互作用。当婴儿在观看、触摸移动物体时，他就在进行思维。当这些感知与动作停止后，儿童的思维也就停止了。在这一阶段的后期，儿童形成了一种重要的能力——"客体的永恒性"，即物体不在眼前时，儿童还能将其表象保存在头脑中。这一能力为儿童进入下一阶段从事更高级的思维奠定了基础。第二个阶段是前运算阶段（2～7岁）。"运算"是皮亚杰从逻辑学中借用的一个术语，指借助逻辑推理，将事物的一种状态转化为另外一种状态。例如三加二等于五，可以说成五是由三和二转化而来的。又如两只同样低而宽的杯子装着同样多的水，其中一只杯子的水倒进另一支高而窄的杯子内，则两杯水的外表形状变了，但经逻辑转换及一个维度的增加，比如说高度被另一个维度（宽度）的减少抵消，便知两杯水的数量不变。处于前运算阶段的儿童不能进行这样的转换，他们的思维具有单维性、不可逆性、静止性等特征。所谓单维性，是指儿童只能从单一维度进行思维；不可逆性是指儿童无法改变思维的方向，使之回到起点；静止性则是指他们的认知被静止的知觉状态支配，不能同时考虑导致这个状态的转化过程。前运算阶段，儿童的思维仍受具体直觉表象的束缚。在语言方面，这个阶段的儿童已经掌握口头语言，头脑中有了事物的表象，而且能用词代表头脑中的表象。他们能进行初级的抽象，能理解和使用从具体经验中习得的概念及其间的关系。第三个阶段是具体运算阶段（7～11岁）。这个阶段出现的标志是守恒概念的形成，儿童能认识到客体虽在外形上发生了变化，但其特有的属性不变。如他们知道一杯水倒在另一形状大小不同的杯子里，水的数量是恒定不变的。该阶段儿童已经能进行逻辑思维。相对于前运算阶段的儿童，其思维具有多维性、可逆性和动态性。在语言方面，尽管这一阶段儿童已经能够通过下定义的方式获得概念，但在获得和使用此类概念时，需要实际经验或借助具体形象的支持。第四个阶段叫形式运算阶段（11～15岁）。"形式运算"是指对抽象的假设或命题进行逻辑转换。这一阶段的儿童或青少年已完全具备以下的思维能力：第一个就是假设演绎思维，即不仅在逻辑上考虑现实的情景，而且能根据可能的情境或虚拟的情境进行思维；第二个是抽象思维，即能运用符号进行思维；第三个是系统思维，即在解决问题时，能够在心理上控制若干变量，同时还能考虑到其他几个变量。在此阶段，认知趋于成熟的儿童逐渐摆脱对实际经验的依赖，能够理解并使用相互关联的抽象概念。

皮亚杰所阐释的儿童认知发展阶段是彼此衔接，依次发生，不能超越也不能逆转，各阶段发生的时间大致对应于上述的年龄阶段，但是在个体上存在着较大的差异。

四、维果斯基的儿童发展理论[①]

维果斯基创立了文化历史发展理论，用于解释人类心理在本质上不同于动物的那些高级的心理机能。维果斯基根据恩格斯关于劳动在人类适应自然和生产过程中借助工具改造自然作用的思想，认为工具的使用引起人的新的适应方式，即物质生产的间接方式，而不像动物一样，是以身体的直接方式来适应自然。在人的工具生产中，凝结着人类的间接

---

① 朱智贤. 儿童心理学（第六版）[M]. 北京：人民教育出版社，2018：48-49.

经验、社会文化知识经验。这就使人类的心理发展基本上不再受生物进化规律的制约，而受社会历史发展规律的制约。工具本身并不属于心理的领域，也不加入心理的结构。类比于这种间接的"物质生产的工具"，人类的心理上出现了"精神生产的工具"，这就是人类社会所特有的语言和符号。语言符号和生产工具的类似性，就在于它使间接的心理活动得以产生和发展。所不同的是，生产工具指向外部，它引起客体的变化。符号指向内部，它不引起客体的变化，而是影响人的行为。控制自然和控制自我行为是相互联系的，因为人在改造自然时也改造着自己。

维果斯基指出，必须区分两种心理机能，一种是作为生物进化结果的低级心理机能。另一种是作为历史发展结果的高级心理机能。维果斯基正是用这两种心理机能的理论创建了他的儿童心理学。他认为，由于人的心理是在人掌握间接的社会文化经验中产生和发展起来的，因而在儿童心理发展上，作为传递社会文化经验的教育就起着主导的作用。这就是说，人类心理的发展不能在社会环境以外进行。同样，儿童的心理发展离开了教育教学也就无法实现。在社会和教育的制约下，人类或儿童的心理活动，首先是属于外部的人与人之间的活动，然后就内化为人类或儿童自身的内部活动，并且随着外部活动和内部活动相互关系的发展，人所特有的高级心理机能就形成了。

第三节 教育心理学基础

一、教育心理学的研究对象[①]

皮连生先生所著的《教育心理学》，将教育心理学定义为"应用心理学原理和方法研究学校情境中学习与教学的基本心理学规律的科学"。这样，教育心理学的研究对象就是学校情境中学习与教学的基本心理学规律。第一，它反映了教育心理学与一般心理学的联系，其研究遵循一般心理学的原理与方法。第二，它反映了教育心理学研究对象的特殊性。

---

① 皮连生. 教育心理学（第四版）[M]. 上海：上海教育出版社，2011：12 - 13.

因为教育中包括师生的双向活动。不仅有学生的学，也有教师的教。教育心理学首先要研究学生如何有效地学习。同时，又要研究如何指导学生有效地学习。第三，学与教的基本心理规律，明确区分了教育心理学与学科心理学。教育心理学研究学与教的一般心理规律，而学科心理学研究各种学科学与教的特殊规律。

二、教育心理学的研究内容①

教育心理学研究的主要是中小学学生的学习。具体地说，第一，揭示学习结果的性质。一般来说，学习的结果是人性的变化。人性的变化从其涉及的范围或领域而言，有认识方面的、能力方面的和性格方面的。从程度而言，有暂时的、有相对稳定的和能保留终身的。从方向而言，有积极向上的和向善的，有消极不良的和向恶的。从心理测量角度看，有潜在的、不可直接观察和测量的，有外显的、可以直接观察和测量的。教育心理学应从上述不同方面研究学习结果的性质，并对教育目标的确定提供心理学依据。典型的是从信息加工角度区分的陈述性知识、程序性知识、条件性知识和从哲学角度区分的显性知识、隐性知识。第二，对学习结果进行科学分类。对于复杂的现象，人们最初只能笼统地进行研究。随着认识的深入，人们总要分门别类地进行研究。学习也是一种极为复杂的现象。哲学，心理学和早期的科学心理学对学习的研究是笼统的。直到 20 世纪 60 年代，心理学家才开始意识到学习结果有不同的类型。心理学对学习结果作分类研究。就像医学对疾病作分类研究。不同类型的学习结果具有特殊的学习规律。这样就可以为不同类型的教育目标的达成提供具体的教学措施。典型的是加涅的对学习结果类型的分类。第三，阐明学习的过程。任何结果的实现必须有其相应的过程。教育心理学既要阐明学习的一般过程，也要阐明不同类型学习结果的特殊学习过程。第四，阐明有效学习的条件。学习过程的发生，依赖适当的学习条件。学习条件有学习者自身的，也有学习者自身之外的。前者被称为

① 皮连生. 教育心理学（第四版）[M]. 上海：上海教育出版社，2011：14－16.

内部条件，后者被称为外部条件。教育心理学的任务是要揭示一定的内外条件怎样影响学习发生的过程和结果。因为教学只是为学生的学习创造适当的内部和外部条件。一旦教育学分门别类地阐明了不同类型的学习过程发生的内外条件，那么教学方法的选择便有了科学依据。第五，阐明不同学习结果的测量与评价方法。教学效果、科学评价的基础是学生学习结果的测量。心理测量被认为是心理科学对社会实践的最大贡献之一。教育心理学家需要运用测量这个工具，改进教育测量与评价方法，提高其信度和效度，一般来说，学习结果的测量和评价是针对教学目标的测量与评价。知识与技能的目标易于测量与评价，创造能力与情感价值方面的目标不易测量与评价，这就给教育心理学的研究提出了挑战。教育的需要将会推动教育心理学的研究出现新进展。

教育心理学的第二个任务是对教师教学的研究。关于教学的研究，这里所说的教学主要指中小学的教育和教学。教学是有目的、有计划的师生相互作用过程。从教的方面看，教师要完成如下任务，引导学生达成教学目标。一是用心理测量的方法确定学生的起点和终点，即确定教学目标。二是激励和维持学生的学习动机。三是通过多种形式向学生呈现有组织的信息。四是引导学生对呈现的信息作出适当反应。五是对学生的反应提供反馈和纠正。六是创设良好的人际关系，便于师生之间以及学生之间进行各种交流。七是对学生的学习结果作出诊断和评估，必要时给予补救教学。教育心理学的任务就是从心理学观点对教师的教学行为进行研究。例如，教师应如何引起和维持学生的学习动机；用什么媒体向学生呈现教材更有效；对学生反应的反馈是部分的或完全的，也可以是即时的或延迟的，针对不同任务，哪种反馈更有效？在评估学生的学习成绩时，如何根据学生的外在表现，准确地推测学生的内在能力和品德的变化。教育心理学的任务是用实证研究的方法对上述种种有关教的问题作出有科学依据的回答。

教育心理学第三个任务是关于师生心理的研究。第一个是教师的心理研究。在影响学生学习的外部条件中，教师的素质起决定性作用。社会上长期存在的教育资源的争夺，实际上主要是对高素质的教师的争夺。

所以，教育心理学除了要研究学与教的心理学原理之外，还要重视教师心理的研究。在这一领域，已有的研究包括：鉴别教师职业所需要的个体的心理品质以及教师的心理品质与其职业成就之间关系的研究；通过新教师与专家型教师比较，研究揭示教学专长的知识技能的构成成分；新教师向专家型教师成长的过程与条件；教师心理健康及维护，与学习和教学心理学研究相比，这一个领域的研究相对薄弱。第二个是学生心理研究。学生心理研究包括三个方面：一是儿童和青少年心理发展研究，二是中小学生差异心理研究，三是特殊学生心理研究。从科学研究分工来看，前两项研究主要是发展心理学和差异性心理学的研究任务，而不是教育心理学的研究任务。教育心理学家和教师在进行教学干预时，必须考虑发展心理学和差异心理学已经揭示的心理学原理。如皮亚杰发现的儿童认知发展阶段原理，维果斯基提出的最近发展区的理论，加德纳的多元智能理论等。教育心理学家或教师在运用这些理论知识，可以丰富和检验现有的理论。随着社会的进步，特殊学生已经成为特殊教育专业研究对象，他们中的许多人将进入特殊学校，但有些人会进入普通中小学，所以教育心理学也要关心特殊学生的心理。

教育心理学是一门实践性很强的应用科学。它不是普通心理学原理的简单应用，也不是儿童发展心理学、学习心理学和差异性心理学等几门与教育有关的心理学分支学科的简单组合。它是一个有着自己独特的特点，拥有自己的理论和方法的分支学科，具有专门的发挥作用的领域，具有独特的意义和作用

三、学习与知识

学习是非常熟悉且重要的，如何给学习下定义却是非常困难的。但是学习具有我们认同的重要特征，就是学习是通过实践和认识过程造成行为的持久变化，或按某种方式表现出某种行为能力的持久变化。行为的改变或行为能力的改变，是指当人们做某些事情的方式有所改变时，我们就说学习发生了。学习包含了发展新行为或者改变已有行为的意思。行为或能力的持久改变，是不包括由情绪情感应激状态或疲劳疾病所导

致的行为改变。学习产生于实践和认识经历。按照这个说法，像儿童身上出现成熟的变化等，是由遗传引起的行为变化就应该排除在外。根据认知的观点，学习是推断出来的，因为学习不能直接观察，而我们所观察到的仅仅是学习的结果。我们要根据人们说的、写的、做的，来评估学习。学习还包括以某种方式表现出某种行为能力的改变，因为人们有时虽学会了某些技能、知识、信念或行为，但在学习时并未表现出来，在实际活动中才会表现出来，也才有可能被观察到[①]。

学习的结果是以知识形态储存在头脑中，这些知识具有什么样的表征形态？知识定义为：主体与其环境相互作用而获得的信息及其组织。储存于个体内，即为个体的知识。储存于个体外，即为人类的知识。知识的本质是信息在人脑中的表征。知识的分类，从信息加工的角度，可将知识分为陈述性知识、程序性知识和条件性知识。陈述性知识，回答世界是什么的问题；程序性知识，回答怎么办的问题；条件性知识就是知道在何时以及为什么应用陈述性知识和程序性知识。知道是什么、做什么，以及如何做是基础，学生还必须理解知识和程序，知道什么时候针对什么样的对象做什么、如何做。条件性知识很可能以命题的形式存储在长时记忆中，并与陈述性知识和程序性知识相联系[②]。依据知识不同性质，哲学上把知识分为显性知识和隐性知识。英国哲学家波兰尼首先提出"隐性知识"概念，也称"默会知识"，是指只能意会而不能言传的知识。如幼儿在受正规教育之前，能用合乎语法的句子表达自己的思想，但是他们未清晰地意识到自己的话语中暗含的语法规则，或者说不清楚语法规则。原有的知识概念就是所谓的"显性知识"，也叫明言的知识，是能用语言，包括数学公式、图表等诸多符号表达的知识。如果比对一下，就会发现，陈述性知识就是显性知识。程序性知识中既有可以明确表达的方法和规则，也有很难说清楚的技能、技巧，说明程序性知识中

---

① ［美］戴尔·H. 申克. 学习理论：教育的视角（第三版）［M］. 韦小满，等译. 南京：江苏教育出版社，2003：18.

② ［美］戴尔·H. 申克. 学习理论：教育的视角（第三版）［M］. 韦小满，等译. 南京：江苏教育出版社，2003：208.

既有显性知识，也有隐性知识。条件性知识是根据实际需要调节和控制自己对陈述性知识和程序性知识的应用，大量的是隐性知识。

加涅又对学习结果类型进行了更细致的分类。

四、加涅的学习结果类型①

加涅将学习结果类型分成五种，一是智慧技能，二是认知策略，三是言语信息，四是动作技能，五是态度。其中认知策略，也属于智慧技能。但它是一种特殊的智慧技能，专门独立出来。

（一）智慧技能

智慧技能是个体通过符号来对环境作出反应。语言、数字和其他种类的符号，表征人们环境中的真实客体。字词代表客体，也表征客体间的关系。如上面、后面、内部等。数字代表了环境中事物的数量，各种符号可以用来代表这些数量的关系，如加、减、大于、等于等。其他符号，如直线、箭头儿、圆圈等，一般用来表示空间关系。个体使用这些符号和他人交流各方面的经验。人们记忆和思考他们所生活的世界的主要方法之一就是应用符号，也就是要使用智慧技能。根据心理过程的不同复杂程度可以对智慧技能进行划分。智慧技能又分成：①辨别。辨别是在对一个或更多的物理维度上互不相同的刺激作出不同反应的能力。表现为区分差异的能力。如从动物中辨别"猫"和"狗"，从水中游、陆地跑、天空飞，辨别出"鱼""马"和"鸟"的区别。辨别通常是对低年级儿童教学中的一部分固定内容。辨别是一种非常基本的智慧技能。②具体概念。儿童获得的识别同类事物的能力是针对实体概念，也就是与具体存在事物对应的概念。如从动物中识别出"昆虫"。很多具体概念很难下定义，如"红"等颜色，"左、右"方位等，它们的特征是在生活中重复使用并归纳出来。③定义性概念。是对概念进行定义，然后利用概念进行归类的能力。特别是一些抽象的性质概念和关系概念。如"导体"

---

① ［美］R. M. 加涅，等. 教学设计原理（第四版）［M］. 皮连生，等译. 上海：华东师范大学出版社，1999：54－97.

是根据物体的导电性作出的定义，可以将金属归类为导体。"速度"定义为物体单位时间移动的距离，是距离与时间的比值，可以判断速度值大，物体运动快。④规则。规则是构建概念间的关系，形成原理或规律。当人们按规则办事，或说利用原理或规律指导其行为，就形成规则能力。⑤高级规则。由若干简单规则构成的复杂规则。问题解决过程涉及很多规则的组合使用，突出表现为高级规则的应用能力。通过创造这些较复杂的规则，或称高级规则，其目的是解决一个或一类实际问题。

（二）认知策略

认知策略是指运用有关人们如何学习、记忆、思维的规则支配人的学习、记忆或认知行为，并提高其学习、记忆或认知效率的能力。认知策略包括复述策略、精加工策略、组织策略、调控策略、情感策略。①复述策略。通过此策略学生自己对所学材料进行练习。在练习中，最简单的形式是按顺序自我复述一系列项目的名称，更复杂的学习任务可以经常进行复述，达到熟悉和长时记忆。②精加工策略。在使用精加工技术时，学习者精心地将要学习的项目与其他的能提取的材料进行联系。如学习文章时，可以分段概括、记录要点和自我提问等。③组织策略。这种策略的基本技术是将要学的材料形成组织结构。学习者将要记忆的概念根据意义分类，也可以将各事实间的关系用图表来组织，利用空间线索来回忆材料。另一种方法是找出文章中的主要观点，并为这些观点概括出新的组织。学习者也能获得把文章段落组织成为几种特点，建立它们间的联系。④调控策略。调控策略就是使用认知策略来监督和控制其学习和记忆的内部过程的。也被称为元认知策略。调节控制策略是学习者建立学习目的，评价是否成功地达到目的和选择其他策略来达到目的的能力。这种策略具有监控功能。如在阅读理解中，学生自己形成观点和提出问题来引导和控制他们对短文的理解。⑤情感策略。这是学习者用集中和维持注意、控制焦虑、有效使用时间的策略，这种策略是可以教的，方法是使学生意识到这些策略的运用及提供让他们练习使用策略的方法。其中，调控策略就是元认知，即控制和调节其他学习和记忆的过程。调控策略（元认知）的学习需要单独强调。

（三）言语信息

言语信息是以合乎语言规则的命题网络形式存储的言语知识，也称"陈述性知识"。我们会在学校课堂上和校外社会上获得大量的言语信息。言语信息的学习，一是学习名称，名称是指获得以命名方式对客体或客体类别作出一致性言语反应的能力。二是学习事实，事实是表示两个或多个有名字的客体或事件之间关系的言语陈述。三是学习有组织的知识，由相互联系的事实构成的知识体系。正如学习单个事实性知识一样，构成新知识的命题网络与存于记忆中的更大的命题网络相连。较大的知识体系由较小的单元组织而成，构成有意义有层次的知识体系。记忆知识体系的关键在于以一种能够轻易提取的方法组织它们。组织言语信息需要产生与已储存于记忆中的信息体系相联系。这种组织如果在学习中得以运用，在有效提供线索的条件下，将有助于以后的信息提取。先前获得的信息组织程度越高，学生获得和提取任何能与这些结构相联系的给定新事实就越容易。言语信息，不管是事物的指称、事实概括化知识还是经过组织的有意义的知识体系，都是在学习逐渐复杂的学科或科目中的智慧技能时需要的事实性信息。这些信息可以查阅到，但存储在记忆中一般更方便。某些种类和类型的事实性知识必须学习，因为日常生活中的交流离不开它们。信息通常是以有组织的知识体系的形式习得和记忆的。专门化的知识可以通过个体从事某个领域的学习或工作时积累而得到。一般性知识，特别是那些反映文化传统的知识是合乎需要的和必要的，因为它们使人作为社区或国家的公民发挥作用的必要交流成为可能。这些有组织的知识是人类进行反省思维和问题解决思维的载体。

（四）动作技能

单个动作反应的系列通常被合成为更复杂的被称为"动作技能"的外显行为。动作技能是一种习得的能力，以它为基础的行为表现反映在身体运动的速度、精确度、力量和连续性上。动作技能依赖于内部感觉和外部反馈。内部感觉来自骨骼、肌肉、关节对自身肢体运动的反应，是一种动作表象。外部反馈是学习者动作成功或错误的参照系统。随着练习次数增加，动作的内部感觉与外部要求协调一致，则形成我们需要的动作技能。

（五）态度

态度是影响个人对一类人、客体或事件的行为选择的一种习得的内部状态。态度包含三种成分，即认知、情感和行为倾向性。其中认知指态度主体对事物的了解、知觉、理解、信念和评价；情感指主体对态度对象的情感体验及情绪反应，是态度的核心成分；行为倾向性是由认知、情感决定的对于态度对象的行为反应倾向，即行为的直接准备状态。

第四节　科学哲学与科学学科知识基础

一、科学哲学与科学

科学，广义上讲，包括自然科学和社会科学。这里特指自然科学，也称为狭义的科学，是以自然世界为研究对象，揭示自然存在和发生发展规律的学科领域。它揭示出构成物质世界的分子、原子，也揭示出构成生命体的细胞和遗传基因；既发现了物质运动规律和能量转化规律，也建立了物种进化理论和地质构造学说；既研究微观粒子的运动，也研究宇宙天体的运行；等等。科学哲学的研究对象是科学，阐释科学的存在形式、科学发生发展过程、科学发展的动力以及科学研究方法等，也称为"元科学"研究。如果以广义的科学为研究对象，叫作普遍的科学哲学，或称科学哲学通论；如果以狭义科学为研究对象，叫作特殊的科学哲学，或科学哲学个论[①]。这里所谈的科学哲学是以自然科学为研究对象的科学哲学个论。

---

① 周林东. 科学哲学 ［M］. 上海：复旦大学出版社，2004：10.

科学哲学研究获得对科学的认识：从本体论看，科学是人类对自然世界的认识成果。它反映了客观存在及其发生发展规律。科学的本体规定性就是发现客观事实，揭示事物发生发展规律。其构成要素为科学模型、科学假说、科学定律、科学原理。科学追求事物及其发生发展的内在规律性，是客观世界在人脑中的主观反映，属于精神产品。从认识论看，科学是人类对自然世界的探索过程。表现在探究过程上，包括问题、猜想、假设、设计方案、实施方案、描述与解释、表达与交流等环节。在科学学习上，要让学生经历类似科学家探索自然世界的过程。必须明确，科学是分领域的，不同领域的认识逻辑不同，则由认识逻辑决定的探究流程就区别开来，需要区别对待。从方法论看，科学是人类应用理性思维建构的对客观世界的认识。从方法论角度对科学的定义总是与过程或结果联系在一起。科学方法包括揭示客观事实的观察实验方法和获得科学认识的逻辑思维方法。科学是复杂的，可以从不同角度、不同层面对科学下定义。但基本上是从本体论，或认识论，或方法论，或综合性地进行定义。上面对科学的定义就是单一地分别从本体论、认识论和方法论角度作出的。

科学是综合概括出的抽象概念，凡科学家都是从事具体的科学研究，如物理学、化学、生物学、地理学、天文学及其更细的分支学科。科学哲学家不是科学家，他如何涵盖这么广泛的科学领域，去思考科学、反思科学，从而对科学本质或科学性质作出判断呢？科学史是对科学事件、科学认识发生发展过程、科学家探索过程等的记录，包括科学编年史、横断史、思想史等。科学哲学家思考科学的依据就是科学史。很多科学哲学家本身就是科学史学家。科学史具有通史性，如科学发展史或科学技术史；也有针对某个科学学科的，如物理学史、化学史、生命科学发展史、技术发展史等。这样，科学哲学又分为物理学的哲学、生命科学哲学、地球科学哲学、技术哲学和工程哲学等。科学哲学是要回答"科学是什么"的问题，同样，各科学学科哲学要分别回答各学科领域科学本质与科学性质及其如何发展的问题。

小学科学划分为四个领域，即物质科学领域、生命科学领域、地球科学领域和技术与工程领域。科学内部有分支，这些分支构成不同的科学学科。为什么要分科？作为科学研究，总是在一定的条件下进行的，这些条件构成进行科学研究的规定，科学规定首要一条就是本体规定。本体规定决定各个科学分支及学科的基本研究对象，包括其主要部分及基本程序；另外还决定这些基本对象之间的一般关系。下面就从本体论、认识论和方法论角度，分别去分析物质科学、生命科学、地球科学、技术与工程的学科特征，为小学科学学科的学习心理研究奠定科学学科知识基础。

二、物质科学特征

（一）物质科学的本体规定

对于物质科学，其代表学科为物理学和化学。物理学是研究物质运动最一般规律和物质基本结构的学科。作为自然科学的带头学科，物理学研究大至宇宙，小至基本粒子等一切物质最基本的运动形式和规律，因此成为其他各自然科学学科的研究基础。它的理论结构充分地运用数学作为自己的工作语言，以实验作为检验理论正确性的唯一标准，它是当今最精密的一门自然科学学科。化学是在原子层次上研究物质的组成、结构、性质及变化规律的自然科学。小学科学中物质科学涉及力、热、声、光、电、磁和能量等基本物理现象和燃烧、生锈等基本化学变化现象。与生命科学、地球科学相比，物质科学是研究最基本自然因素及其变化关系的科学。这也就成为物质科学的本体规定。这种本体规定也就决定了物质科学的认识逻辑和研究方法。

（二）物质科学的认识规律

物质科学的研究对象是自然世界基本构成及其发展变化的规律。我们的基本假设是自然世界是客观的，自然事物的发生发展具有客观规律性。因此，强调以事实为基础，探究事实存在的原因或发生变化规律。但是这个事实需要区分。刘大椿教授指出，这个事实分为事实 1 和事实

2。事实 1 又称为客观事实，事实 2 又称为经验事实或科学事实①。客观事实是事物的自然存在及其相互作用、相互联系、发展变化的本真状态。经验（科学）事实是用技术手段反映出的对客观事实的语言、符号或图象描述。这里所说的技术手段即观察与实验。如果不区分客观事实与经验（科学）事实，则科学探索的关键过程——观察与实验过程，就被遮蔽了。对经验（科学）事实的思维加工，形成科学认识。科学认识是根据经验科学（事实）所作出的逻辑判断与解释。因此，科学认识的起点不是客观事实，而是经验（科学）事实。获得科学认识后，要将这种认识公开，接受质疑。质疑的过程存在三种可能，第一种是否定了这种科学认识；第二种是揭示一些问题，促使这种认识深化或完善；第三种是证实和支持这种认识。第二、第三种情况，在科学认识的基础上经过逻辑建构形成具有一般性的结构化、系统化的知识体系，被所属的科学共同体认同，上升为科学理论。按照托马斯·库恩的观点，某个科学理论一经确立即成为某种"范式"。范式是指被所属科学共同体的大多数人赞同，能解决所属领域的很多问题②。科学发展进入常规科学阶段，即科学原理的应用阶段。这个阶段会出现科学原理解释不了的问题，称为"反常"。此时首先是科学辩护，将"反常"作为特例处理。但反常的增多与积累，会出现危机，此时依据新的经验（科学）事实，会出现新的科学认识。如果这个新科学认识既能解决原有理论不能解决的问题，也能解决原有理论可以解决的问题，就会出现替代旧理论的新理论。由此循环往复，是一个永无止境的发展过程。

至此，我们可以梳理出人类科学认识过程的脉络，即面对客观事实，依据观察与实验获得经验（科学）事实；以经验（科学）事实为基础，经过推理判断形成科学认识；科学认识接受质疑，如果得到证实，则被科学共同体认同，再经过严密的思维加工建立科学理论。科学理论在应用过程中，如果出现危机，则由新的经验（科学）事实会产生新的科学认识，由此不断深化。

---

① 刘大椿. 科学哲学 ［M］. 北京：中国人民大学出版社，2011：45.

② ［美］托马斯·库恩. 科学革命的结构 ［M］. 北京：北京大学出版社，2003：21.

（三）物质科学的研究方法

任何有目的的活动都需要相应的方法，科学认识活动需要对应的科学方法。科学方法分为技术方法与思维方法。技术方法，即观察与实验。这里的"观察"实际上是自然观察，"实验"是实验观察，都归属于观察范畴。对于观察来说，有放大法、转化法、对比法、黑箱法、理想外推法等具体方法。对于实验来说，更要强调其特殊的控制变量法。思维方法，即比较、分类、归纳、演绎、类比等人类通用的认识问题的方式。由于科学是探索自然存在和发生变化的因果关系，科学思维方法更强调寻求因果关系的溯因法、获得因果关系的不完全归纳法和证实因果关系的演绎法。其中，溯因法（也称回溯推理，又称归因法），是根据某事物现象特征去推测该现象之原因的逻辑方法，属于类比推理。这种推理是或然性的，需要寻找原因与结果之间的各种可能的证据从而判断出因果关系。尽管它在逻辑学上属于演绎推理中充分条件假言推理的无效形式（即肯定后件，从而肯定前件），但却是科学探究的普遍方法，符合科学的探索性、试错性、创新性特点①。

从客观事实到经验（科学）事实，是技术反映，必须依靠观察与实验。当技术手段无能为力时，则无法得到经验（科学）事实，科学认识无从谈起。从经验（科学）事实到科学认识，必须讲究思维方法。而获得科学认识的思维方法却是或然性的，必须尽量寻找证据，获得接近客观事实的结论。需要明确，"观察渗透理论"，观察与实验设计，已经蕴涵了设计者的已有经验和理论信条，同时包含着方向性的期待。也就是说，用什么样的思维方法去处理观察实验获得的结果，已经体现在观察实验的设计中，思维方法又决定着观察实验这样的技术方法。科学理论之所以确立，一方面是靠技术手段的实证，另一方面是依靠归纳、演绎等逻辑方法进行的抽象与概括。科学原理的应用，既有应用思维方法进行的解释与预测，又有应用技术设计方法创造实现某种功能的人工物。

---

① 王海传，岳丽艳，陈素，等. 普通逻辑学（第二版）[M]. 北京：科学出版社，2011：189.

最后，需要强调的是，物质科学依赖观察实验，属于实验科学，同时追求事物因果关系的数学表达，属于精确的科学。

三、生命科学特征

（一）生命科学的本体规定

生命科学研究生物的结构、功能、发生和发展的规律，以及生物与周围环境的关系等的科学。生命科学的研究对象是生命体。生命体也是由部分构成整体，但与物理客体不同，这些部分在生命体发育过程中不断形成其结构和功能，并耦合在一起。因此，这些部分互为存在条件，即生命体的某个部分既是其他部分的存在条件，又以其他部分作为自己的存在条件。我们看到，生命体的发育过程具有历史性，历史性的发展不会遵循完全相同的轨迹，生命体也就具有了独特性。因此，生物学的概括具有或然性，对生命现象的解释规律也就都不是普遍规律，即"生命科学的规律总有例外"[①]。

（二）生命科学的认识规律

生命科学在解释生命现象时，并不是完全通过寻求构成生命系统的力学行为来完成，而是通过发现整个系统以及它的组成部分发挥作用的功能、需要和目标来进行解释。生命体体现出明显的目的性行为，这就导致生命科学的功能规律：某个环境下，具有特定结构和功能的系统，其某个行为是为了达到某个目标[②]。依功能规律。生命科学就是对生命现象作出功能解释，即某事物或过程是根据它在整个有机体中的功能而被作出解释的，而这种功能往往是出于某种目的的功能，并且这种目的依次又与某种更大的目的相联系，直到整个有机体为止。这就是区别于物理学因果论的生命科学的目的论特征。

上面讨论了生命体和生命体发育的目的论特征，但对于生命世界演

① 李建会. 生命科学哲学［M］. 北京：北京师范大学出版社，2006：19.
② 李建会. 生命科学哲学［M］. 北京：北京师范大学出版社，2006：40.

化过程的说明，却是依靠伟大的进化论。但进化论同样吸收了目的论思想，因为选择的结果虽然不是朝着一个事先确定好的目的发展，但回头看起来，好像又有一定的目的性存在。同时进化论也是以功能解释的形式出现的。"自然选择"这一功能被看成是进化的推动力量。突变的出现是事先无法被预测的。在此前提下，选择是对突变的选择，选择的标准是变种的生存能力，即能否更好地完成保种的功能，而这一功能正是每个由突变产生出来的有机物必须具有的①。

进化论"突变—选择"模式，只能采取"回头看"的方式，说明"现在"这些各种各样的种类是怎样来的以及过去一段时间内曾经存在过的种类"现在"为什么没有了。突变的产生是突然的，因而未来也变成一个无法准确预料的未知数。进化论的另一个特点是，用它可以解释事物及事件的独特单一性与个性，同时又强调单一事物与事件的不可重复性②。进化论对生命世界演化的解释，反映了生命发展的历史性、独特性、复杂性。从生命科学得到的进化论，在各个知识领域产生了广泛影响，产生很多类比性应用。如心理社会进化理论、文化进化理论、经济发展动力理论、技术发育理论等。"进化论"变成了一种解释模式，大大超越了它原来的范围。因此，学生有必要通过生物进化的学习，获得对具有发展历史且具有独特性的事物发展的理解。

（三）生命科学的研究方法

近代自然科学发展的早期，生物学的研究方法与物理学的研究方法大不相同。物理学研究的是物体可测量的性质，即时间、运动和质量。物理学把数学应用于研究物理现象，发现这些量之间存在着相互关系，并用演绎法推算出这些关系的后果。生物学的研究则是考察那些将不同生物区别开来的、往往是不可测量的性质。生物学用描述的方法来记录这些性质，再用归纳法，将这些不同性质的生物归并成不同的类群。细胞是一切动植物结构的基本单位。比较形态学者和比较解剖学者多年来

---

① ［德］汉斯·波塞尔. 科学：什么是科学 ［M］. 上海：上海三联书店，2002：215.
② ［德］汉斯·波塞尔. 科学：什么是科学 ［M］. 上海：上海三联书店，2002：225.

苦心探求生物的基本结构单元，终于有了结果。细胞的发现和细胞学说的建立是观察和描述深入到显微领域所获得的成果。

观察和描述的方法有时也要对研究对象作某些处理，但这只是为了更好地观察自然发生的现象，而不是要考察这种处理所引起的效应。实验方法则是人为地干预、控制所研究的对象，并通过这种干预和控制所造成的效应来研究对象的某种属性。实验的方法是自然科学研究中最重要的方法之一。17 世纪前后生物学中出现了最早的一批生物学实验，如英国生理学家 W. 哈维关于血液循环的实验，J. B. 范·海尔蒙特关于柳树生长的实验等。现在，生命科学的很多实验是依据化学实验去探索细胞中分子层面的发生发展规律。

四、地球科学特征

（一）地球科学的本体规定

地球科学是以地球系统的过程与变化及其相互作用为研究对象的基础学科，包括地质学、地理学、气候学、水文学、天文学等。范围涵盖大气圈、水圈、岩石圈、生物圈和日地空间。其特点是时空的巨系统性。

（二）地球科学的认识规律

地球科学的认识过程，基本上是对地球系统客体进行观察，采用思辨的方式，尤其是辩证的思考，提出关于地学对象的存在和发生、发展的假说。通过假说解释地球系统各种现象的存在特点和运行规律。因此，地球科学的认识逻辑就是依地球科学事实的想象性判断[①]。

相比于物理学和化学，同生命科学一样，地球科学也是描述的科学。但作为描述的科学，地球科学也不同于生命科学。生命科学具有像"进化论"和"遗传规律"这样的描述性规律而地球科学更主要的是建立的假说，无描述性规律。由于地球科学的时空巨系统性，地球系统的发生、发展过程，无法重复。经常应用模拟实验和模型说明，即地球科学无法

---

① 王恒礼，王桂梁. 地球科学哲学 ［M］. 北京：人民教育出版社，2009：97.

实证。在地学思维过程中表现出更多地注重地质事实、更多地运用假说、更多地需要辩证思维①。

（三）地球科学的研究方法

早期的地球科学，基本采用"将今论古法"，历史上也曾称为"均变论"，基本思想是发生在地球历史时期的地质作用及结果，与现在正在发生的地质作用及产物有相似之处。现代地球科学的研究方法，综合了物理学、化学、生物学、计算机技术等学科的研究方法进行地球科学研究，即采用所谓"综合法"。如物理学的地震波能量探测，探测地球内部结构和地壳板块作用；化学元素分析，分析地质年代和岩石成分；古生物学证据，判断生命形式的发展与地球环境变化的关系；计算机断层扫描，寻找和判断石油、矿物的储存等。

在地球科学学科的学习，主要是模型方法，这种模型又主要是解释模型。与解释模型对应的是研究模型。在物理学中，像质点、刚体、理想气体等作为研究对象的模型，称为研究模型。所存在的地学现象，作为原型。根据研究的问题的需要，对原型进行简化和抽象，构建出模型。用模型解释原型。如"地球仪"，就是根据地球个体存在构建的模型。而地球仪用来解释地球特点和各种地物分布。从逻辑思维的角度看，利用模型解释原型，就是进行类比推理，或说认识的方法是类比法。

五、技术与工程

（一）技术及其性质

从本体论看，技术是满足人某种需求的人工实体。人体本身就是技术的存在。人体的各种器官、系统，以某种结构存在，可实现某种功能，达到生存与繁衍的目的。这可以称为内在的技术。但动物也具有这种内在的技术。人与动物的区别在于人创造出外在的技术，使得人体器官功能得到拓展和延伸。因此，一个哲学结论是：技术是人的在世方式。技

---

① 王恒礼，王桂梁. 地球科学哲学［M］. 北京：人民教育出版社，2009：105.

术实体，工具、机器、设备为最终的技术物。首先构成它们的是材料，不同性质的技术物需要不同的材料。其次，材料的形状和各种形状的材料构建的结构直至形成系统实现技术物的功能。再次，技术物的工作或驱动技术物，需要动力，包括畜力（人力）、热力、电力等。最后，对技术物的控制，像汽车、智能设备等现代技术体现得最为明显。由此，我们把实体要素的构成，即材料、形状（结构、系统）、动力、控制等，称为技术因素。

从认识论看，技术是满足某种需求符合技术目的的操作流程形式。表现在设计制造过程中。由需求出发，产生技术目标（观念中的技术物），进行技术设计（包括结构设计和流程设计），依设计进行制作，试验，对技术物进行评价。按照设计进行加工的过程，从人类技术化历程看，至少经历了两个发展阶段：一是以技巧为核心的动作技能阶段，二是以设计为核心的智能技术阶段。技术教育过程体现在心智技能与动作技能结合的技术物的设计制作过程。这样就形成了以"设计"为核心的技术教育理念。特别要注意技术评价。考虑技术的性质，一种新技术的产生给人类带来利益的同时，大都有其负面影响。技术是价值蕴含的，技术进步代表人类的进步，技术的邪恶反映人的邪恶。因此，除技术知识、技能外，必须考虑技术与人类、社会、环境的关系，具备积极的技术态度。

技术可以分为古代技术形态、近代技术形态和现代技术形态。

以经验技巧为标志的古代技术形态。其中的手工工具就是技术的实物要素，经验技巧就是技术的操作要素，感性经验知识就是技术的知识要素。工匠们所形成的经验技能或技巧是构成技术的主导因素。

以机器为标志的近代技术形态。在技术发展的这一阶段，原有的经验知识发展成为系统化的技术规范，经验技能为稳定的工艺流程所取代，手工工具为复杂的机器装备所代替。机器是近代技术体系的核心。

以技术理论为基础的现代技术形态。工程设计是对经验技巧和工艺流程的思维构建，是操作要素的现代体现；技术理论则是对技术实践中经验知识与技术规范的进一步提炼，是知识要素的现代表现形式；机器体系是手工工具和机器装备的进一步发展，是实物要素的现代形态。以科学研究为基础是现代技术的基本特征，技术理论是现代技术的核心要素①。

从方法论看，技术是人类认识自然、利用自然和改造自然的成果。技术的对象是客观实体，在对客观实体认识的基础上，对各种实体的表象进行组合、改造等。形象思维是以表象为载体的思维，其相对的是抽象思维，是以符号为载体的思维。技术设计，不管是结构设计还是流程设计，操作的都是头脑中的表象，组合、改造形成新表象，最后以形象的形式表达出来。哪怕技术制作，也是头脑中的表象运作指导下手眼协调的操作过程。可以看到，技术思维主要是形象思维，表现为形象思维方法，即表象的积累、组合、改造与操作。

(二) 工程及其性质

从本体论看，工程是具有一定规模的人工物品。工程其实就是人的身外自然和人的身内自然所固有的各种潜力通过人的活动所实现的凝聚。工程要素：一为技术要素，二为综合要素。技术要素为基本要素，表现为对各种技术的选择、匹配和组合。综合要素包括环境、安全、经济、劳力等多种影响工程构建的因素。

从认识论看，工程是策划、设计和施工等在内的整个建构过程。人既不满自然，进而不满自己的现状，又不得不依赖自然，立足现状。这是工程面对的一个基本矛盾，工程本身就是这种矛盾的特定程度和范围的解决，就是矛盾双方在生活世界的某一点上所暂时达到的平衡。实践是用身去"做"，而思维则是用心去"想"。故工程既有"想"也有"做"——工程设计是"想"，即筹划，而工程施工便是"做"，即操作或实施。任何一项工程所体现的属性组合都是一种可能的组合，而不是必定如此的组合。人类生存活动的或然性、自由性、创造性在此得到集中展示②。

① 王伯鲁. 技术究竟是什么 [M]. 北京：科学出版社，2006：116 - 117.
② 徐长福. 理论思维与工程思维——两种思维方式的僭越与分界（修订版）[M]. 重庆：重庆出版社，2013：19.

从方法论看，工程是根据人的需要、依据科学原理、采用有效技术，将各种实体复合成一种价值化的新实体。总的来说，是筹划的方法，非逻辑的方法。将各种实体的不同属性组合在一起构成一个满足人多种属性需求的新的人造物。这种统筹规划包括：①将工程主体与相关主体，工程的本身需要和衍生需要，工程要求的事物属性与相关属性（包括问题属性）统筹规划。相关主体、衍生需要、相关属性，往往是作为工程的成本和代价而出现的。因此，工程设计是主客体及其需要和其属性权衡利弊得失的组合。②工程建构是多种技术的组合和应用。必须选择符合工程需要的各种可能的技术，各技术之间要协调。③工程建构过程，必须接受科学原理（包括经验知识）的指导和约束，即应用客观规律和服从客观规律。

（三）技术与工程的关系

技术是指人们在变革自然，实现物质文化需要的过程中所创造、控制、应用和改进人工自然系统的目的性活动序列或方式。工程是人类为了改善自身的生存、生活条件，并根据当时对自然的认识水平，而进行的各类造物活动，即物化劳动过程。

工程要素，一方面是基本要素，另一方面是相关要素。基本要素主要是指相关的、变质异构的技术要素的集成与整合；相关要素主要是指资源、资本、土地、劳动力、市场、环境等。技术要素与非技术要素一起构成了工程的基本结构。技术是工程的基本要素，若干技术的系统集成便构成了工程的基本形态。技术作为工程的要素具有如下特点：第一，个别性和局部性。技术总是工程中的一个子项或个别部分。第二，多样性和差别性。工程中诸多技术有着不同的地位，起着不同作用，它们之间往往存在着不同的功能。第三，不可分割性。实际上，不同的技术作为工程构成的基本单元，在一定的环境下，以不可分割的集成形态构成过程整体。工程是技术的优化集成。工程活动不能理解为单纯的技术活动，而是技术与社会、经济、文化、政治及环境等因素综合集成的产物，它是一种自然科学知识、社会科学知识以及人文学科知识综合集成建构的活动[1]。

从技术的观点出发来看工程，会认识到工程是技术的集成体，技术知识、技术方法、技术手段、技术设备是工程活动必不可少的前提和基础。相关的不同性质、不同功能的技术群，在结合资本等要素后，通过工程系统集成在一起而转化为具体的现实生产力。一个单项技术不能构成工程，工程也不可能只用一种技术构成。技术是工程的构成要素，技术必须动态地、有序地嵌入到工程系统中，才能发挥各项技术的功能和效率。

在起源上，工程和技术是不分家的，技术的起源就是工程的起源。工程起源问题可以在两个层次上来认识和分析。一是把工程活动与人类使用和制造工具的活动联系在一起，这就可以认为人类最初用物和造物的历史就是原初意义上工程活动的开端。二是从严格意义上，将"居住工程"和与此相关的食物工程的出现作为工程诞生的标志。

第五节 小学生科学学习心理学的研究对象和内容

一、小学生科学学习心理学的研究对象

如序言所述，小学生科学学习心理学研究的是小学阶段学生科学学科学习的心理基础、心理特征和心理发展。小学阶段，意味着 6 岁到 12 岁年龄段，区别于普通心理学研究的成人阶段，也区别于儿童心理学研究的从出生到青少年阶段。科学学习心理，意味着属于教育心理学，又区别于教育心理学，属于下一个层次的学科心理学；科学学科，首先明确了学科属性，其次也表明学习活动要遵从科学认识的规律和科学知识特点；学习心理，意味着主要针对小学生科学学习与小学科学教师教学的心理学问题。心理基础，意味着小学生科学学习应遵从的心理规律；心理特征，意味着小学生科学学习心理的阶段性；而心理发展，意味着小学生的科学学习不但要与其具有的心理能力相适应，更要促进其心理

---

[1] 殷瑞钰，汪应洛，李伯聪. 工程哲学［M］. 北京：高等教育出版社，2014：9.

发展。因此，以普通心理学、儿童心理学和教育心理学的研究成果为依据，以科学学科知识特征为基础，考查小学生在科学学科学习过程中的心理现象，将学生的科学认识过程与心理发展过程相协调，既促进学生科学认识的发展也促进学生的心理发展。

二、小学生科学学习心理学的研究内容

小学生科学学习心理学作为学科学习心理学，不涵盖全部的心理过程和个性心理，主要针对科学学习过程和学习结果所涉及的心理学问题。

心理过程中认知过程的第一个环节是感知觉，人类所有信息（内部信息和外部信息）的获取都来自于感知觉。而人类对外部自然世界的认识和对自身自然存在的认识，被称为科学认识，也是源自感知觉，但我们称之为科学观察。显然科学观察是以感知觉为基础的，但科学观察是有目的、有计划的意识行为，又与感知觉区别开来。感知觉与观察的关系是什么？小学生感知觉的特点是什么？根据小学生感知觉特点如何指导其科学观察？这是我们首先要进行的研究内容。

心理过程中认知过程的第二个环节是记忆，我们由感知觉获得的信息要储存在人脑中，没有记忆，这些信息也就不存在了。第三个环节是思维，而思维是记忆信息的转换和应用，没有记忆也无思维。由此可见记忆是非常重要的，但小学生科学学习的记忆与任何学习的记忆，特别是儿童心理学研究的儿童的记忆没有根本差别，或说没有科学学科特点，不再讨论。但思维的最小单元是概念，而科学概念是科学学习的重要成果。如何通过思维获得概念？如何使用概念进行思维？也就是思维和科学概念的关系是我们要研究的内容。

思维是认知过程的重要成分。人脑中记忆内容，一个是事物的形象表征，即表象；一个是事物的符号表征，即抽象。思维是记忆信息的转换和应用，根据人脑记忆内容性质的不同，对记忆中表象的操作称为形象思维，对记忆中抽象符号操作称为抽象思维。科学认识（科学原理）的获得，一个是观察，另一个是推理。观察直接与感知觉相联系，会对事物形象进行形象思维加工，获得抽象认识，或说作出抽象判断。抽象

认识经过抽象逻辑思维建构出科学理论，然后利用科学理论进行科学推理，即对科学现象作出解释和科学事物发生发展规律作出预测。因此，要联系逻辑学的研究成果，厘清抽象思维与科学推理的关系。

科学学习活动中，还密切结合着技术活动。科学中的观察实验是为了揭示科学原理的技术活动，观察实验中使用的仪器设备属于物化的技术，观察实验方法又属于流程技术。科学原理通过技术手段才可以转化为可以实现某种功能的实际产品。还存在不知道科学原理，经过反复尝试获得成功的有效的实用技术。科学是形成抽象的对自然世界的认识，解决"是什么"和"为什么"的问题，技术是对自然世界的应用和改造，解决的是"做什么"和"怎样做"的问题。科学思维的重点是逻辑抽象思维，而技术过程的思维也是从形象思维出发，但其思维结果是做事的规则，特别是形成技术产品，其落脚点还是事物形象。因此，我们还要区别科学思维考察技术过程的思维特点和规律性。

教育心理学是研究教育情境下学与教的心理学问题。对学习结果，加涅提出了五种，即智慧技能、认知策略、言语信息、动作技能和态度。前四种都属于认知过程，特别是认知策略中的调控策略，是学生调节和控制自己去使用其他认知策略，也被称为"元认知策略"。学生应用元认知策略形成的元认知能力，是学生学会学习、学会做事和作出决策的重要能力。科学探究是让学生经历类似科学家探索自然世界的过程，去理解科学知识是怎样获得的、具有什么性质，从而理解科学。科学探究流程依据的是科学认识规律，学生根据探究流程去学习科学，也学习探究程序本身。也就是学生在通过探究获得科学知识的同时，也要学习如何针对问题进行观察实验设计，如何根据观察实验结果作出科学判断。这样看来，教育心理学强调的元认知能力的培养与科学探究本身的学习就统一起来了。这样，元认知能力培养和科学探究学习的关系问题，成为该学科的研究内容。

通过学习获得知识，根据波兰尼的观点，知识区分为显性知识和隐性知识。显性知识就是我们大家公认的用语言符号可以表达出来的知识，隐性知识是人所具有的难以言说的知识。人说不出来的知识远远多于可以言说的，就是说隐性知识是更大量的个人知识。态度，作为一种学习结果，属于个性心理中的心理倾向，是每个人随时具有和普遍存在的（不管是积极的还是消极的），对人的行为会产生关键和重要影响。态度很复杂很难说清楚，态度也很难测量，这说明态度具有明显的隐性知识特征。科学态度，特指对科学知识、科学事件、科学人物的内部倾向状态，是科学教育的重要组成部分。我们要从隐性知识的角度探索积极的科学态度养成。隐性知识和显性知识是可以相互转化的。隐性知识体现在态度中，也体现在技能活动中、社会理解过程中和文本解读中。从显性知识转化为个人的隐性知识，就在于丰富自我、发展自我和创造自我；从隐性知识转化为显性知识，特别是具有社会价值的显性知识，是知识的创造。科学技术的发展是以发现、发明、创造为标志的，科学教育培养科学素养的公民的同时也一定要培养科学技术后备人才。因此，必须研究创造能力如何在科学教育中进行培育。

个性心理倾向是人对周围世界认识和态度的选择和趋向，包括需要、动机、兴趣、信念、价值观等。其中需求是人脑对生理需求和社会需求的反映，动机是由需要所推动欲达到一定目标的行为动力，兴趣是个体对某种事物或从事某种活动的选择性态度和积极的情绪反应。它们都是学生参与认知学习的重要因素。另外，保持学习状态和进行有效学习，还要强调一个重要的心理特征——注意。注意是有选择地加工某些刺激而忽视其他刺激的倾向，是心理活动对一定对象的指向和集中。注意并不是一种独立的心理过程，而是体现在各种心理过程中的共同心理特征。面对自然世界的丰富复杂和奇妙变化，科学最初是起源于人类的兴趣，现在科学发展动力是人类的需求和动机。科学是与人的兴趣、动机和需求相联系的。小学生在科学学习中，很重要的是激发其学习兴趣。小学生从一年级到六年级的时间跨度长达六年，科学学习难度逐渐加大，低年级段主要是直接兴趣，中年级段要发展到间接兴趣和动机，高年级段达到学习动机和学习需求，这样才能保持小学生实现长时间的稳定注意。因此，要研究小学生学习兴趣、学习动机、学习需要和注意之间的关系以及他们在不同年龄段具有的特点。

个性心理特征指一个人在心理过程的发展中表现出的比较稳定的心理特点，包括能力、气质、性格等。我们主要研究对认知过程作用重大的能力。能力是内隐于个体的，能力是在实践活动中训练出来的，又在实践活动中体现出来。科学能力是由科学活动培养的，又在科学实践中呈现。科学活动是人类的理性认识过程，依赖于科学方法。因此，在科学方法的使用中培养科学能力和在科学方法的应用中表现出科学能力。我们要探讨科学方法与科学能力培养的关系，有效展开科学学习。

小学生心理发展具有这个阶段的特点和规律，这些特点和规律具有客观性，要基于这种客观性设计教学。超越或低于小学生认知能力的教学和学习是低效的。科学学科发展也具有阶段性，而且是累积进步式的，即今天的科学比昨天的深入和精确、明天的科学也会比今天的更深入和更精确。个体的科学学习，是在重演人类的科学认识过程，也应该是从简单到复杂、程度不断加深、范围不断拓展的发展过程。小学阶段，是儿童开始进行正式的科学学习阶段，且小学生的科学认识应该处于人类科学认识的早期阶段。因此，不管是学生基于感知觉的科学观察还是思维发展，不论是学生的科学态度还是科学学习能力，都应该与科学认识过程相协调、与科学认识的发展相统一。总结起来，就是要研究小学生科学认识的特点和规律，帮助学生进行有效的科学学习。

三、学习小学生科学学习心理的意义

学校教育是有目的、有计划地培养学生公民素养的社会实践活动，学校科学教育是针对学生科学素养的培养。小学生的科学素养是指其理解基本的科学知识、学习获得基本的科学方法和相应的科学能力，具有积极的科学态度和科学习惯，能利用科学知识、科学方法获得对自然现象的理解。

小学科学教育目标体现在义务教育《科学课程标准》中，而每一节科学课的教学目标，需要教师根据小学生所处的年龄段和所学科学知识性质进行判断和确立。基于小学生心理发展的客观性和规律性，小学低、中、高三个年级段的小学生，具有不同的心理发展水平和不同的心理发展特征，教师要针对不同年龄段的学生确定学习知识或活动的难度。掌握小学生学习心理特点和规律是确立难度适中的教学目标的重要保证。小学科学分为四个知识领域，即物质科学、生命科学、地球与宇宙、技术工程与社会。前三个领域属于科学，即认识自然世界，获得科学知识；第四个领域属于改造自然世界，获得应用自然和改造自然的规则，其结果突出表现在形成人工物。科学与技术的分野，体现在教学目标的内容里。从知识角度看，科学知识是关于世界"是什么"和"为什么"的知识，是认知性的知识；技术工程知识是"做什么"和"怎样做"的知识，是谋划性和计划性的知识。从过程角度看，科学是对自然世界的探索过程，是认识世界的过程，强调探究性；技术和工程是对自然世界的应用和改造过程，强调设计性和筹划性；从方法应用角度看，科学运用实验方法和逻辑思维方法，体现在探究过程中；技术和工程运用形象思维方法，体现在设计和筹划过程中。不同领域的知识学习过程，决定了具体的和具有区别性的教学目标内容。理解和把握不同领域的性质，是确定清晰的目标内容的重要保证。教学目标的培养内容和要求程度确立以后，将成为教学设计的指导原则。

当教学目标确定以后，教学计划是保证预定目标实现的关键和重要措施。对一节课而言，教学计划又可称为教学设计。小学生的科学认识是从感知觉出发过渡到科学概念，或说以感知觉为基础发展到科学概念。教师掌握了小学生感知觉的特点和科学认识特点，才能合理安排科学观察流程，帮助学生学习观察方法、获得观察能力。根据小学生的思维特点，特别是科学领域和技术领域思维方式和方法的差异，结合形象思维学和逻辑学（逻辑学主要研究抽象思维）的研究成果，教师可以依据思维规则设计教学流程，获得培养思维能力的具体方法。小学生的科学学习，宗旨是提升其科学素养。科学素养中既包括显性知识也包括隐性知识。显性知识突出体现在科学认识过程中，而隐性知识主要体现在个性心理中。理解显性知识和隐性知识，知道显性知识与隐性知识的转化方法，将为教师培养学生的科学态度、技能技巧和能力提供具体指导。小学生心理发展具有其对应的阶段性，小学科学课程具有启蒙性和基础性，理解它们之间的统一协调关系，也就是要理解小学生科学学习的特点和规律。这样，教师可以把握小学科学知识的广度和深度、小学生应用科学方法的精确度，为自己进行教学设计提供具体帮助。

小学生科学学习心理学是与小学科学教学实践紧密联系的，是心理学应用于学科教学领域的重要体现。掌握小学生科学学习心理，对于小学科学教师确立清晰的教学目标，作出符合小学生特点的教学设计，进而产生有效的科学学习，都具有重要的实际意义。

第二章
感知觉与科学观察

人类生存在世界中，不断从外部环境和身体内部获得各种信息。依据这些信息，人类获得对世界的认识，展开各种活动，保证生存和发展。人获取信息，依赖的就是感知觉。感知觉也就成为一切心理活动的开端。科学是对自然世界的认识，采用观察的方法，显然观察是与感知觉直接关联的。

第一节　感知觉概述

一、感觉

感觉是指客观事物作用于感觉器官而引起的对该事物的个别属性的直接反映。如我们看到一朵花，或一个苹果，或一个西红柿，是红色的。"花""苹果""西红柿"是客观事物，我们的眼睛作为感觉器官，直接反映出它们的颜色属性，这就是感觉中的视觉。听到"汪汪""咩""咯咯哒"的声音，耳朵会反映出这些声音特色，即音色属性。舌会感觉到酸、甜，鼻子能嗅到香味，等等。由此可知，感觉是与感觉器官对应的，即不同的感觉器官对不同的属性产生感觉，而且每次对应单一属性。从信息来源角度看，感觉可以分为两种。一是通过感觉器官从外部世界接收到刺激信息，也称为外部感觉；二是通过人身体内部感受器获得的关于机体内部的刺激信息，也称为内部感觉。

外部感觉，包括视觉、听觉、嗅觉、味觉、肤觉。视觉是可见光波作用于视分析器所产生的。视觉的适宜刺激是波长为 380—780 纳米的可见光。视觉中的色调、明度、饱和度是由光波的性质决定的。听觉是声波作用于听分析器所产生的感觉。听觉的适宜刺激为 20—20000 赫兹的声波。声波有三种物理属性：频率、振幅和波形。与声波的三种物理属性对应的是声音的三个基本特征，也称声音的三要素，即响度、音调和音色。嗅觉是由有气味的气体物质引起的。当这种物质作用于鼻腔上部黏膜中的嗅细胞时，产生神经兴奋，经嗅束传至嗅觉的皮层部位，产生香、臭等嗅觉。味觉是对物体味道的感觉，它的适宜刺激是溶于水或唾液中有味道的化学物质。味觉的感受器是分布在舌面和口腔黏膜上的味蕾。肤觉是皮肤接受外界刺激所引起的感觉，是物体的机械特性、温度特性、电的特性作用于相应的外周感受器时产生的触觉、痛觉、压力觉、温度觉[1]。

内部感觉，包括运动觉、平衡觉、内脏觉。内脏觉是反映内脏各器官活动状况的感觉。内脏觉的感受器分布于各脏器的壁内，它们把内脏的活动及其变化的信息传入中枢，产生饥渴、饱胀、便意、恶心、腹痛等感觉。平衡觉是反映人体和头部位置的运动速度和重力方向的感觉。如人的移动、升降、摇晃、侧卧、倒置等。运动觉是反映身体各部分之间位置的相对变动以及肌肉紧张程度的感觉。运动觉的感受器存在于肌肉、骨骼、关节等部位。我们人体做的各种动作，像推、拉、踹、蹬，抬臂、迈腿、弯腰等，都是来自肌肉、骨骼、关节等人体内部部位的感觉，都属于内部感觉的运动觉。而这些肢体动作的强度又明显体现在肌肉的紧张强度。这个肌肉的紧张强度就是"力"的感觉。

二、知觉

知觉是客观事物直接作用于感官而在头脑中产生的对事物整体的认识。我们前面讨论感觉时，看到一朵花，说这朵花是红色的。"花"是客

---

[1] 多俊岗. 基础心理学（第二版）[M]. 北京：化学工业出版社，2012：54-55.

观事物，我们的眼睛作为感觉器官，直接反映出"花"的颜色属性，这就是感觉中的视觉。如果说这是一朵红色玫瑰花，我们看到了"花"的总体形态（包括花形、花瓣、颜色等）作出的判断，是视知觉。它是在花形、花瓣、颜色等视觉的基础上进行综合概括的思维活动，是对这朵花进行的归类。再如，听到"汪汪"的叫声，是我们的耳朵产生的听觉。当我们判断出是"狗的叫声"，则是听知觉，也就是将一种动物的叫声与这种动物建立了对应关系。

　　知觉，按起主导作用的感官的特性，即与感觉通道相对应，分为视知觉、听知觉、触知觉、味知觉等。视知觉是将一个事物的多个视觉属性分别感觉的基础上，获得对事物整体的反映，能够对事物的类别进行判断，如上面"红色玫瑰花"的例子。听知觉主要是耳朵获得的音色感觉与发出这些独有音色的事物之间的对应关系。如"汪汪"的听觉判断出是狗叫，树枝啸叫判断出刮风，都是听知觉。对于语言（口语）的理解，表现在音节组合上。如"下雨天留客天留我不留"，音节组合为"下雨天—留客天—留我不留"与"下雨—天留客—天留—我不留"，不同的音节组合，产生不同的理解，也是听知觉。若作为文字，断句为"下雨天，留客天，留我不留？"和"下雨，天留客，天留，我不留。"则是文本表达问题，属于纯思维了。触知觉、味知觉，都会将触觉、味觉与具体事物联系，产生对事物的理解。如柔软的触碰被感觉为棉花或羽毛、风刮过脸部判断出风的强弱等。"辣"的感觉，是皮肤痛觉与味觉结合的产物。吃"辣椒""大葱""大蒜""生姜""芥末"……都是"辣"，但你能判断是什么物质产生的，这属于味知觉。

　　知觉，按人脑所认识的事物特性，即空间特性、时间特性和运动特性，分为空间知觉、时间知觉、运动知觉。

　　空间知觉是人脑对事物空间特性的反映。包括物体形状、大小，空间深度，上下、东南西北方位等。由多种感觉，包括视觉、触觉、运动觉等协调产生。如物体的形状、大小，可以视觉看到，触觉感觉出，也可以用臂、拳测量；空间深度，可以用双眼视距判断，也可以用"步"测量；方位，既与视觉上看到的太阳的东升西落有关，也与运动觉的左右上下有关。空间知觉是多种不同性质的感觉参与的，也常常是多种感觉协调的。

时间知觉是人脑对事物变化的延续性、顺序性和周期性的反映。时间知觉是不与任何感觉直接对应的，具有自己的独特性。如对一年的知觉，是以"春夏秋冬"四季变化为标志的。春接着夏，夏结束是秋，秋到冬，冬又接春。春夏秋冬，具有变化的延续性；其变化次序不会变化，具有顺序性；一个春夏秋冬结束，又一个春夏秋冬开始，具有周期性。人经历一个个春夏秋冬，产生一年又一年的时间知觉。人参与愉悦或紧凑的活动，会觉得时间过得快，反之，参加无聊或腻烦的活动，会感觉时间过得很慢。从早晨开始，经历中午、下午和傍晚，兴奋的活动，你会判断：这一天过得真快。反之，厌烦的活动，你会说：这一天好难熬呀。但你都知道经历了一天的时间，这就是依据阳光变化产生的一天的时间知觉。

运动知觉是人脑对物体空间位置移动的反映。（注意与运动觉的区分：运动觉是肢体相对自身身体位置变化的反映。）包括对运动与否和速度快慢的反映。常常由视觉、运动觉、平衡觉共同参与。我们的挥臂、摆腿、弯腰的感觉，都是自身肢体或器官的运动，属于运动觉。而看到汽车行驶、鸟飞翔、鱼游水，对这些人身体之外的物体运动状态的判断，是运动知觉。视觉是看到物体位置变化，即物体运动了；看到连续变化，即物体在运动；连续变化的快慢，即速度。在行驶的汽车内，我们前倾或后仰，运动觉告诉我们汽车是加速还是减速；在匀速行驶的汽车内，路面的颠簸，平衡觉告诉我们，汽车在运动。如果在行驶的汽车内，透过车窗看到外面物体向后运动，身体有晃动和摆动，则是视觉、运动觉和平衡觉共同参与，获得运动知觉。

将感觉与知觉对比可以看到，感觉是第一位的，但感觉会很快转化为知觉。知觉以感觉为基础，形成对感觉的整合。具体说，知觉是按一定方式来整合个别的感觉信息而形成一定的结构，并根据个体经验来解释由感觉提供的信息。产生知觉的过程已经有思维的参与，进行了基于感觉的理解性判断，也就具有了一定的主观性。

三、感觉的基本规律

（一）感觉强度对刺激强度的依从性[①]

感觉是由刺激物直接作用于某种感官引起的。但是人的感官只对一定范围内的刺激作出反应。只有在这个范围内的刺激，才能引起人的感觉。这个刺激范围及相应的感觉能力，分别称为感觉阈限和感受性。

第一是绝对感受性与绝对感觉阈限。并不是任何刺激，都能引起人们的感觉。刺激物只有达到一定强度才能引起人们的感觉。例如，平时看不见空气中的灰尘。当灰尘落在人的皮肤表面时，也不能觉察到它的存在。但是当细小的灰尘聚集成较大的尘埃颗粒时，不但能看见它，而且能感觉到它对皮肤的压力。这种刚刚能引起感觉的最小刺激量叫作绝对感觉阈限。而人的感官对这种微弱刺激的觉察能力叫作绝对感受性。绝对感受性可以用绝对感觉阈限来衡量。绝对感觉阈限越大，能够引起的感觉所需要的刺激量越大，绝对感受性就越小。相反，绝对感觉阈限越小，能够引起感觉所需的刺激量越小，则绝对感受性越大。因此，绝对感受性与绝对感觉阈限成负相关。

第二是差别感受性与差别感觉阈限（相对感受性与相对感觉阈限）。刺激量的变化（增加或者减少）一定要达到一定的量，个体才能觉察出来。比如原刺激量是 100 克，加上 1 克，个体觉察不到 100 克与 101 克之间的差别。增加到 103 克时，能觉察到 100 克与 103 克之间有差别。这里的 3 克就是感觉在原重量 100 克时的差别感觉阈限。这种刚刚能感觉出的两个同类刺激的最小差别量叫差别感觉阈限。而这种刚刚能觉察到刺激物最小差别量的能力叫差别感受性。人的差别感觉阈限越大，差别感受性越低。差别感觉阈限越小，则差别感受性越高。

（二）感受性变化的规律

由于感觉的相互影响而导致的感受性变化的现象叫作感觉的相互

---

① 多俊岗. 基础心理学（第二版）[M]. 北京：化学工业出版社，2012：58-60.

作用。

第一个是感觉适应。由于刺激物对感觉器官的持续作用，从而使感受性提高或降低的现象叫作感觉适应。感觉适应在不同感觉中，其表现和速度各不相同。视觉适应分为暗适应和明适应两种。暗适应是从亮处转入暗处或照明停止时，视觉系统感受性提高的过程。如人从亮处进入暗室，最初漆黑一片，什么也看不到，过一会儿就能看到一些东西，这是暗适应。是视觉感受性提高了。明适应是从暗处转入亮处或照明开始时，视觉系统光感受性降低的过程。若待在暗室里待久了，突然到强光照射的地方，最初很耀眼，看不清外界的东西，稍后才能逐步看清东西，这是明适应，是视觉感受性降低了。在厨房炒菜的人，并没有强烈感觉到油烟味，这是嗅觉的适应。当人从室外进入厨房时，却感觉到浓烈的味道。人们依靠感受性的变化来适应外界环境的不断变化，以与环境保持平衡，便于生活和工作。

第二个是感觉对比。同一感受器接受不同刺激而使感受性发生的现象叫感觉对比。感觉对比分为同时对比和继时对比两类。同时对比是几个刺激物同时作用于同一个感受器时产生的对比。如同一灰色方块放在白色背景上显得暗些，放在黑色背景上显得亮些。继时对比是刺激物先后作用于同一感受器时，会产生先后对比现象。如吃糖后再吃苹果，会觉得苹果很酸；吃了苦药之后喝杯白开水也觉得水甘甜。

第三个是感觉后像。感觉后像是刺激停止作用后，感觉现象并不立即消失，仍然在头脑中保留一段短暂时间的现象。感觉后像存在于各种感觉之中。在视觉中表现得特别明显。如电扇转动时，几个叶片看上去像一个圆盘，这就是视觉后像原理作用的结果。视觉后像暂留的时间约0.1秒。延续时间的长短与刺激的强度和作用的时间有关，刺激的强度大、作用的时间长，则后像的延续时间也长。视觉后像还可以使一定频率断续的光产生连续的感觉，这叫视觉的闪光融合现象。例如，一张张电影胶片是间断的。由于后像作用的原理，每秒放映24格底片时，人们就能看到连续的活动画面。这种刚能被感觉为连续的最低断续频率，叫作闪光融合频率。

还有一种感觉，称为联觉，是指一种感觉引起另一种感觉的心理现象。色彩感觉最容易引起联觉。红、橙、黄等色彩类似太阳、火光的颜色，能引起人温暖的感觉，因而也被称为暖色。蓝、青、绿的颜色，像蓝天、海水、树林的颜色，往往引起寒冷、凉快的感觉，被称为冷色。音乐家常会发生视听联觉。在声音作用下，大脑中产生某种视觉形象。不同的色调也会引起不同的心理效应。红色使人兴奋，蓝色使人镇静，绿色使人和缓，玫瑰色使人振奋等。联觉现象在建筑设计、绘画、环境布置等方面经常得到应用。

四、知觉的基本特性[①]

人的知觉过程是一个有组织有规律的心理活动过程。表现为知觉整体性、知觉选择性、知觉理解性和知觉恒常性。它们保证了人们对客观事物的认识。

（一）知觉的整体性

知觉的整体性是指人根据自己的知识经验把直接作用于感官的客观事物的多种属性整合为统一整体加以识别的过程。知觉是在知识经验的基础上对感觉信息的整合过程。知觉的整体性就是人把事物各部分属性综合起来，从而能够整体地把握事物。我们把它归纳为以下几种知觉组织原则。

第一，接近原则。视野中的接近及空间位置相近的客体，容易被知觉为一个整体。如图1所示，由大到小逐渐缩小的方框顺序放置，会产生由近及远的像走廊式的整体感觉。

图1

---

① 叶奕乾，何存道，梁宁建. 普通心理学（第五版）［M］. 上海：华东师范大学出版社，2016：80-87.

除了空间视觉方面的接近外，在时间听觉方面，按不同时间间隔发出的一系列声音，时间接近的声音就容易被人知觉为一个整体。前面谈过的例子："下雨天留客天留我不留"，音节组合为"下雨天—留客天—留我不留"与"下雨—天留客—天留—我不留"，不同的音节组合，产生不同的理解，也说明听知觉的整体性。

第二，相似性原则。物理属性相似的客体，例如形状、大小、颜色和亮度等方面相似的客体容易被知觉为一个整体。如图2，有4条等长线

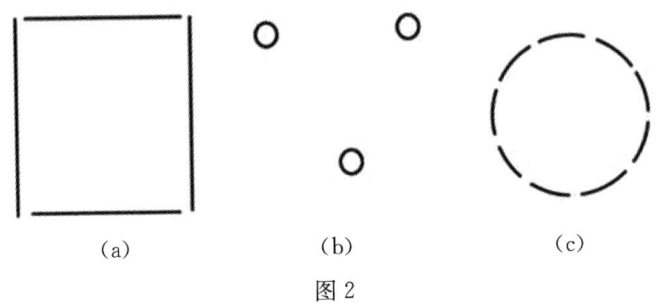

（a）　　　　　（b）　　　　　（c）

图2

段、三个小圆圈、几条弧线，我们会直接感觉线段构成的正方形、小圆圈构成的三角形状和弧线组成的圆，形状上相同或相似的图形，容易被整体直觉组合为一体。

第三，连续性原则。具有连续性或共同运动方向等特点的客体容易被知觉为一个整体。如图3所示，图形中间的符号，在横着看时，

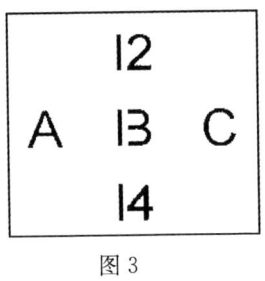

图3

视为英文大写字母ABC整体中的B；纵着看，视为12、13、14数字序列的13。ABC和12、13、14，两个连续的序列分别感知为整体。

第四，闭合原则。当刺激物中的特征聚合成型，形成一个完整的图或形状的倾向，称为闭合原则。人的知觉之所以能够把当前客观事物刺激中缺失的东西在主观上进行补充，是因为客观事物的各个部分和它的各种属性，是作为一个整体对人发生作用的。也就是说，客观事物对人是一个复合刺激物。事物的各个部分和属性分别作用于感觉器官，它们之间形成了固定的联系，使人能在大脑中把这种联系保存下来。当客观

事物再次作用于人的感官时，大脑会对来自
感官的信息进行加工处理，对客观刺激中缺
少的东西，能用头脑中的经验进行弥补。即
通过主观上的弥补、删略、替代或改组，使
人对客观事物产生整体的知觉。有三个缺失
一部分的圆形和三个 V 形折线，按图 4 方式
摆放，会感觉有一个黑色三角形面和被它遮
挡的白色三角形。人的脑会将散乱的事物聚

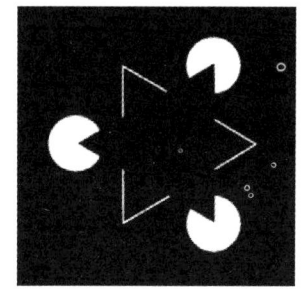

图 4

合为一个整体感知，六个图形的摆放方式恰好构成一个三角面的遮挡关
系，这个三角面将几个独立的图形聚集在一起，构成对这个图形的整体
反映。三条 V 形折线造成的三条边并不闭合，但头脑中将其填补上了，
暂仍能直觉为三角形。由此产生的在客观上没有而在主观上却认为有的
图形轮廓，这个轮廓称为主观轮廓。

（二）知觉的选择性

知觉选择性，指人根据当前的需要，将客观刺激物有选择地作为知
觉对象进行加工的过程。也就是说，人对同时作用于感觉器官的所有刺
激并不都进行反应，而只对其中某些刺激加以反应。这样才得以把注意
力集中到某些重要的刺激或刺激的重要方面，排除次要刺激的干扰，从
而更有效地感知外界事物，适应外界环境。人从纷繁的刺激中主观地选
择某些刺激，并对其做进一步加工。被选择的刺激就是知觉的对象。而
同时作用于感觉器官的其他刺激就成了知觉对象的背景。知觉对象与知
觉背景的区别在于：知觉对象有鲜明的、完整的形象，突出于背景之前，
知觉对象是有意义的、容易被记忆的。知觉对象和知觉背景的这种结构
成分是知觉选择中的最基本特点。知觉对象的选择受到主观和客观因素
的影响。因为人的认知活动是在实践中产生，并为实践服务的。当一个
人同时面临着很多刺激时，客观上来说，同时作用于人的这些刺激彼此
之间并不存在着轻重缓急之分，但人对这些刺激的取舍，受到对象和背
景本身具有的结构特点的影响。那些强度大的、对比明显的、色彩鲜艳

的、具有活动性的刺激物容易成为知觉的对象。客体本身的组合若符合良好图形原则，即具有简明性、对称性，容易被迅速而准确地知觉记忆。知觉选择性规律是人把知觉对象从背景中分离出来，辨别、确认，进而记忆的心理活动规律，它对于直观教学的组织，学生观察能力的培养，具有重要的意义。

（三）知觉的理解性

知觉的理解性是指人以知识经验为基础，对感知的事物进行加工处理，并用语词加以概括且赋予其意义的加工过程。知觉的理解性主要受到个人的知识经验、言语指导、实践活动以及个人兴趣爱好等多种因素的影响。对知觉对象的理解，是以个体已有的知识经验为前提的。具有不同知识经验的人在知觉同一个对象时，对它的理解不同，知觉的结果也不同。言语指导是影响知觉理解性的重要因素之一，由于言语能够指示知觉的内容，当外界对象的标志不明显时，通过言语的指导可以唤起人的过去经验，补充知觉的内容，有助于对知觉对象的理解。

（四）知觉的恒常性

知觉的恒常性，是指人的知觉映像在一定范围内不随知觉条件的改变而改变，保持相对稳定的过程。知觉的恒常性对人类的生存和发展具有重要意义。客观环境中的事物具有一定的稳定性，因此人类的知觉就需要有相应的稳定性，以此来真实地反映客观对象的自然属性和本来面貌。同时，在知觉恒常性中人的知识经验也起着重要作用。人在知觉某对象时，总会利用过去的知识经验来解释感觉印象，反映事物所固有的特征，这样就保证了人能够根据客观事物的实际意义来适应环境。如果人的知觉不具有恒常性的话，那么人类适应环境的活动就会变得十分复杂。所以，知觉恒常性除了能够使人获得对物体本身特点的精确知觉而不受外界变化的条件影响外，也是人类适应周围环境的一种重要能力，它既是人类认识世界的需要，也是人类长期实践活动的结果。

知觉的恒常性在视觉范围内有下列几种。第一，大小知觉恒常性。

大小知觉恒常性使人对物体大小的知觉不完全随映像变化，而是趋于按物体实际大小来知觉的特性。例如，同一个人站在离我们两米、四米、八米、十米和二十米的不同距离处，他在我们视网膜上的像随距离的不同而变化。但我们在知觉这个人的大小时，仍然是按照他的实际大小来感知的。这是因为人类所具有的学习能力已经把物体的距离因素估计在内，当在不同距离判断同一物体大小时，结果始终保持一致。第二，明度和颜色恒常性。明度和颜色恒常性是人对客观事物体具有的明度和颜色的知觉，不随映像变化而保持不变的知觉特性。例如煤和白粉笔，由于它们对光的反射率不同，其明度差异很大。人在看到白粉笔时总觉得要比煤块亮些。当把白粉笔放在暗处，煤块在亮处，使煤块实际上所反射出来的明度远大于白粉笔，从刺激的物理特性上分析，放在亮处的煤块应该是反光多的，而放在暗处的粉笔反光少，但从知觉恒常性来说，人还是把白粉笔知觉为亮，把煤块知觉为暗。颜色恒常性，是指人不因物体色光变化而变化，保持其颜色知觉不变的特性。物体表面有其固有的颜色，如果色光照射在物体表面，根据色光混合原理，其色调会发生变化。但人对物体表面颜色的知觉并不会因此而改变。例如一面红旗，不管在白天或晚上，人们都会把它知觉为红色。这种不受照射到物体表面色光影响，保持对物体颜色知觉相对稳定的心理特性是与人的生活经验紧密联系的。第三，形状恒常性。形状恒常性是人在反映客观客体本身形状时，不因物体在视网膜上投射的形状发生变化而变化的知觉特性。例如，观察一扇房门，当门从全闭到全开时，其在观察者视网膜上投射的形状发生了多种变化。全闭时是长方形，全开时是竖直条形，半开时则为近长远短的梯形。这种房门因角度改变而产生的形状变化在眼睛的视网膜上随时反映出来，并随视角的改变而变化，但是由于人在生活实践中把从不同角度获得的物体印象在触觉、视觉、听觉之间建立了牢固的关系，因此对该物体的形状知觉仍保持不变，即保持门是长方形形状的印象不变。这就说明人过去经验在知觉恒常性中所起的作用。第四，方向恒常性。方向恒常性是指人不随身体部位或视像方向的变化而改变知觉物体实际方位的特性。身体部位一旦改变，如弯腰、侧卧、仰头、倒立等，与之相应的环境中的事物之间的上下左右位置关系也随之变化。但人对环境中的物体方位的知觉仍保持相对稳定，并不因身体的变化而改变。

第二节　科学观察

一、观察与观察品质

观察是有目的地用感官来考察事物或现象的方法。是对某个对象、某种现象或事物有计划的知觉过程。常与积极的思维相结合，是人类认识外部世界的基本方法。科学是人类对自然界的存在及其发生发展规律的认识成果。科学观察是以自然世界为范围，以获得对自然世界的认识为目的的观察活动。

观察的有效性和观察能力表现为观察品质。观察品质包括四个方面。一是观察的目的性，就是集中注意使观察服从于规定的目的或任务要求；二是观察的顺序性，就是感知过程的有序性和系统性；三是观察的精确性，是对客体细节感知的细致性与精确化；四是形成观察的判断力，即对所观察事物作出整体概括的能力，表现为对有意义的特征分辨力、判断力和系统化能力。如"蚂蚁的观察"，观察目的确定为观察蚂蚁的结构，则要先按顺序观察，确定其身体的整体结构，即：头、胸、腹，这就是观察的顺序性。再看头胸腹各部分上的细节，可以借助放大镜等观察工具，看到头上有触须、眼、口器等，胸部有三对足，腹部有环形条纹等，这是精细观察。这样获得对蚂蚁的整体概括和全面认识，然后可以与螳螂、蜻蜓等节肢动物比较，根据胸部有三对足的共同特征，判断蚂蚁同它们一样，都是六足节肢动物，称为昆虫，这是归类能力或说系统化能力；又可以根据这个共同特征，与蝎子、蜘蛛、蟹这样的非六足节肢动物区别开，这是分辨能力。同样，对蚂蚁细节的认识，也可以与其他昆虫区别开，也是分辨能力。这样，形成观察的判断力。

依据不同的标准，对观察有很多分类。根据观察时间的长短，可以分为长时观察与短时观察。在小学科学课程中，将在课堂上可以完成的观察视为短时观察，超过一节课或更长时间的观察，称为长时观察。如光的反射现象观察属于短时观察，种子萌发过程观察为长时观察；根据对观察物体的特征或属性是否数字化，分为定性观察与定量观察。定性观察获得对科学事物特征或属性的描述，定量观察是对特征或属性的测量数值。如观察岩石或矿物特征属于定性观察；给水加热到沸腾，用温度计测量的一系列水温记录，就是定量观察。根据是否使用观察工具，分为直接观察与间接观察。人们直接用感觉器官对自然事物的观察是直接观察，使用观察工具、仪器或现场拍摄的图片和视频进行的观察是间接观察。如对鱼的特征观察属于直接观察；使用显微镜对微生物或细胞的观察属于间接观察，而小学科学课堂上经常使用各种动物照片、地形地貌照片和动物活动视频，都是使用摄影、摄像工具获得的影像进行的间接观察。根据观察对象是客观实物还是人们构建的模型，分为实际观察与模型观察。当我们观察下雨时水流将泥土冲下，是实际观察；当用水流冲击盆中的土，看水流强弱对泥土冲刷的影响，就是模型观察。按照是否对观察对象进行干预，分为自然观察和实验观察。对观察对象自然发生发展过程的观察为自然观察，采用技术手段控制观察对象或造成观察对象发生发展变化的观察为实验观察。如观察"花"的特征和内部结构，属于自然观察；观察"摆动快慢"，影响摆动快慢的因素可能有多个：摆线长短、摆角大小、摆球重量等。我们要控制各个因素保持不变，只使其中一个因素变化，找到这个因素对结果的作用。这是控制变量法，是典型的实验观察。我们常说的观察实验是自然观察和实验观察的简称。

二、科学观察与感知觉的关系

感知觉是人类的本能。人类生存在这个世界中，要不断地接受外部信息并作出相应的反应，这也是人类的内禀属性。但科学观察是一种有目的、有意识、有计划、持久的知觉活动。如果说感知觉是人类的内禀属性，往往是无意识的本能性需求，那么，科学观察则是为达到认识目的的有意识的外在要求。如早晨出门，会知道冷暖，这是温度的感知觉；气象台会测量每天各个时段的温度，要和这个地区过去的温度进行比较，也会在每天测量的基础上描绘温度变化规律，这才是观察。观察是多种感觉器官参与科学现象的知觉，观察力的发展须在感知觉的综合发展的基础之上。但需要强调，观察不等同于感知觉，更不能将感知觉视为观察。不管有意识还是无意识，感知觉总是存在的；但观察是有目的的行为，总是有目的而为之。观察以感知觉为基础，无感知觉肯定谈不上观察。但观察是高于感知觉的人类的意识性行为，是认识世界和改造世界的行为基础。

观察是科学认识及其发展的基础。观察依赖感知觉，科学观察也是以感知觉为基础的，但又是有明确目的的感知觉。在科学教学中，应该明确观察与感知觉的关系，采用有效的观察策略。

三、从感知觉到科学观察

（一）从特征观察到特性观察

物体既具有外在的形象表征，也具有内在的性质，分别称为物体的特征和属性，也称为物体的特征和物体的特性。物体的特征可以直接感知。如轻重、颜色、形状、大小等，可以手掂、眼看、触摸感觉到；也可以通过仪器感知。如质量、温度、长度等，分别使用天平、温度计、直尺测量出来。由于感觉具有感觉阈限，即感受性。对于"空气有重量"，我们感觉不到。气球未充气（瘪）和充满气，也感觉不出它们的差异。这时要采用电子秤进行对比测量，即将气球充气和未充气，看总重量的差异，说明空气有重量。对于物体特性，是内隐在物质内部的，需通过某种作用或者实验手段才能揭示或反映出来。如导电性，需要给实验材料加电压，看电流流通情况才可以反映出来。导热性，需要热源对材料加热，观察材料对热的传递速度。透明性，需要光源照射不同材料看透光的多少。漂浮能力，要将不同材料构成的物体（设置相同形状和体积）放置在水中，通过水面上露出的体积来判断。对于"空气可以压缩"，或者"空气具有弹力"的性质，可以使用"针管实验"，被封闭于针管中的空气可以用手柄推进一部分，体积变小，说明空气可以被压缩。放开手，手柄被推出一部分，说明空气有弹力。

科学观察一般要从科学事物的特征观察开始，再深入到对其内部属性的认识。而对内部属性的反映需要设计实验，进行实验观察。从对物体的特征观察到对物体的特性观察，是从自然观察到实验观察。

（二）力——从感知觉到科学

运动觉的感受器存在于肌肉、骨骼、关节等部位。我们人体做的各种动作，像推、拉、踹、蹬，抬臂、迈腿、弯腰，等等，都是来自肌肉、骨骼、关节等人体内部部位的感觉，都属于内部感觉的运动觉。而这些肢体动作的强度又明显体现在肌肉的紧张强度。这个肌肉的紧张强度就是"力"的感觉。人作出某个动作的感觉属于运动觉，而肌肉的紧张程度则表现为对应这个动作的"力"。如"推"对应"推力"、"拉"对应"拉力"、"蹬"对应"蹬力"、"握"对应"握力"等。这还是对"力"的感觉。当我们看到推土机在推土、火车头牵引着车厢，"推"是离开身体的动作，"拉"是朝向身体的动作，都与肌肉紧张关联，都是"力"的作用。由自身感觉理解推土机对土施加了"推力"、火车头对车厢产生了"拉力"。这时摆脱了人的作用，产生了作为生活概念的"力"。而生活概念的"力"是人从对"力"的感觉上升到对"力"的知觉。也就是说，生活概念的"力"是从一个物体对另一个物体施加了作用从而产生了运动进行判断的。"力"已经脱离了感觉，上升为知觉，属于知觉中的运动知觉。

从肌肉紧张程度开始的感觉的"力"，发展到对物体产生作用的知觉的"力"，就是具有了生活概念的"力"。推土机对土产生推力，土也阻碍推土机前进，产生阻碍的力；火车头对机车产生拉力，机车在反方向对火车头产生拉力。科学追求"物我"分离，也就是追求对自然世界存在与表现的客观性的认识。超越人的感知觉，形成具有普遍意义的"力"，就是科学概念的"力"。科学上"力"由牛顿第三定律概括出来，包括"力"的性质、特点和方向。牛顿第三定律指出："两个物体之间的作用总是相互的。一个物体对另一个物体有力的作用，后一个物体一定同时对前一个物体有力的作用。"物体间相互作用的这一对力，通常叫作作用力与反作用力。作用力和反作用力的性质是相同的，这两个力分别作用在两个物体上，大小是相等的，方向是相反的，且在同一条直线上。桌面上放一木块，木块对桌面具有竖直向下的压力（此压力与木块自身重量相等），同时桌面对木块具有竖直向上的支持力，这两个力大小相等，在同一直线上。任何物体间的相互作用都是"力"的表现，"力"也就普遍存在于任何相互作用之中。

（三）从空间知觉到空间观念

空间知觉是人脑对事物空间特性的反映。包括物体形状、大小、空间深度的认识，也包括前后左右上下、东南西北方位的认识。《课标》要求学生对"前后左右上下、东南西北"方位的认识，属于空间知觉。对这些方位的确认和辨认，就是对学生空间知觉能力的培养。

空间知觉能力的形成，采用的是实指定义的方式。实指定义，即通过用手指着某一个对象，从而教会儿童去认识事物和使用语言。对于"前后左右上下"，是以人眼所视方向为标准的，即眼睛所视为前方。脑后则为后方。左右上下则是以前后方为标准，通过反复指认的方式将左手与符号"左"（包括语音符号和视觉符号）建立联系。其他方位的建立也是如此。将实际方位与符号之间建立准确、固定的联系，学生能够在具体情景下进行辨别和识别。

以人眼为标准的空间方位的确定与识别，显然与人的运动，特别是转动，联系在一起。这时，人们会用某个物体为标准，摆脱以人为中心的知觉，去建立空间概念。也就是要识别和判断相对这个选定的物体，其他物体所处的方位。此时需要注意，要明确这个物体的朝向，也就是还是要规定一个方向，如前方或后方，来确定其他相对的方位。如柜子，靠墙面为柜子后，则柜门在前，柜腿在下，柜子面在上。也可判断，人在柜子前、座钟在柜子上等。

"前后左右上下"方位的描述，可以从自我为中心，发展到以某个物体为标准。当我们找到普适的标准，则空间方位知觉发展到科学。由于我们在北半球（具体讲在北回归线以北，没有太阳直射点），每天太阳升起又落下，地面竖直杆的日影不断变化，但是在正午时，日影的方向不变。正午太阳照射的方向不变，将这个方向规定为南，日影的方向就是北。太阳升起方向为东方，太阳下落为西方。这样，确定了东南西北方向。由于太阳升起和落下的现象学生都可以感知，一般在教学中以东西为标准获得东西南北的空间方位。

有了"东南西北"标准方位，我们选定一个物体作基准，就可以描述其他物体的位置了。如选定学校旗杆为基准，可以描述教学楼在旗杆的北面，音乐楼在旗杆西面等，也可以描述物体位置变化。如由旗杆向北走 30 米到达教学楼，由旗杆向西走 40 米，再向南走 30 米，到达音乐楼门口等。

如何在地球表面确定物体的位置？这时需要建立地理坐标系统。以地球南北两极连成的地轴为基准，所有通过地轴的平面，都和地球表面相交而成为同样大小的圆，称为经线圈，每个经线圈都可分为两条相差 180°的半圆弧，就是经线。所有经线都表示南北方向，是地理坐标系的纵轴。地轴通过地心与地面相交的两个端点为地极，即南极和北极，通过地心而又垂直于地轴的平面与地表相交而成的圆，称为赤道。所有与地轴相垂直的面与地表相交而成不同大小的圆，称为纬线。所有纬线都与赤道平行，是地理坐标系的横轴，赤道把地球分为南北两个半球，是最长的纬线圈，也叫作 0°纬线。从赤道向南北两极，各有 90°的纬度。地球上某一点的纬度就是该点代表重力方向的铅垂线与赤道面的夹角。地球上的经纬线，标示在作为地球模型的地球仪上，可以清晰观察和理解。

纬线是横线，经线则是竖线。平面上的直线，到了球面上就成了弧线。一切垂直于地轴的平面，与地面相割而成的圆都是纬线。所有纬线相互平行，大小不等。一切经过地轴的平面与地面相割而成的圆都是经线，所有的经线都是大圆，因而有同样的大小。在地球上，经线就是南北线，所有的经线都相交于南北两极，向北就是向北极，向南就是向南极，南北两极是地球的两个顶端，它们分别是南北方向的终点，同时又是二者的起点。北极是向南的起点，那里的四面八方都指南，没有别的方向。南极则是向北的起点，与北极情景相反，因此南北方向是有限方向，有其起始和终了。东西线垂直于南北线，因而纬线的方向就是东西方向。纬线都是正圆，没有起点和终点。因而东西方向是无限方向，如图5所示。一地如位于另一地的东方，它也必定位于该地的西方。当年哥伦布和麦哲伦等人都是向西航行，可他们的目的地却是东方。因为两地互为东西，所以西行可以东达。但是实际上，人们总是采取两地之间的最短距离，即取圆的劣弧来定东西。任何地点不是位于另一地点的东方就是位于它的西方，不能两者兼而有之。这样，规范地确定了东南西北。

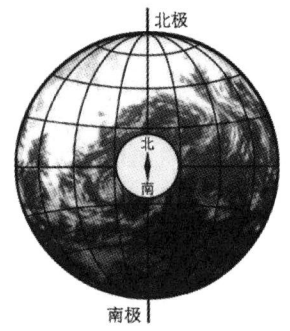

图 5

（四）从时间知觉到时间观念

任何物体都处于空间之中，是空间的组成部分。所有的物体包括空间都处于变化之中，而变化有先后顺序，对这种顺序的表达就是时间。空间演变和时间描述不可分割地联系在一起。时间是没有起点、没有终点、单方向延续的。人类为自己规定了历史发展标识点，即公元元年。此年之前发生的事件，以公元前计数。这是时间的特点。而如何计量时间呢？人类利用事物变化的周期性计时。四季变化，即地球公转一周，为一年。朔望月一次，即月球围绕地球转动一周，为一个月。昼夜交替一次，即地球自转一周，为一天。以太阳相对地球的位置，将一天划分为24小时。每天的时刻规定：用太阳高度角确定时刻。阳光直射时，为正午，12点；地球对面点为子夜，0点。过正午、子夜和地轴剖地球，得最大圆面，此圆周为子午线。沿纬度规定24个时刻。每条子午线形成一个时间系统，即地方时。这些事物变化的周期形成了不同的时间计量单位。

时间知觉是人脑对事物变化的延续性、顺序性和周期性的反映。如对"年"的时间知觉，就是春夏秋冬的顺序变化和不断重复，对"天"的时间知觉就是"天黑"又"天亮"的顺序和反复。但是直到"小时"这样的时间单位，都是以自然界事物的周期变化来计时的。如"日晷"，可以对时间计量到"小时"，同时也存在阴天和黑夜无法计时的缺陷。当伽利略发现"摆"的等时性，由惠更斯制作出"摆钟"，才替代"沙漏""水漏"这样的弱周期计时，实现时间单位"小时"下的精确计时。在科学史上，这个发现对于时间计量具有革命性意义。在小学阶段，小学生主要是体验"单摆"的运动特点和理解等时性。也就是说"单摆"具有往复运动的特点，往复运动的时间是相同的，用这个确定的时间（周期）可以测量时间间隔。

时间是用事物周期性变化来计量的，但这种周期的重复是无止境的，既没有无限向前延伸的起始点，也没有无限向后延伸的终结点。时间知觉是对时间计量周期性的反映，要引导学生知道这些周期性构成无限的时间，理解时间的性质，形成时间观念。

（五）从运动知觉到运动描述

运动知觉是人脑对物体空间位置移动的反映。包括对运动与否、运动快慢和运动形式的反映。

对物体运动快慢的知觉，不是以物理学上的规定为标准的。一般都是以实际运动距离为参照。同一时间间隔，物体运动轨迹短，感觉物体移动快，就是运动快；或者相同运动轨迹长度，用时短，就是运动快。教学中，要设计实验，一是同距离，比较用时长短；二是同时间，比较运动距离。体验物体运动快慢和描述物体运动快慢，帮助学生获得运动知觉。然后，要过渡到不同距离和不同时间运动快慢的比较。如一位同学50米跑了10秒，另一位同学100米跑了25秒，谁跑得快？可先折合相同的距离，判断快慢：前者若100米，要20秒，后者100米是25秒，前者跑得快；然后取50米/10秒、100米/25秒，即5米/秒、4米/秒，前者跑得快，路程与时间的比值大。再举个例子，一位同学1分钟跑了200米；第二位同学2分钟跑了360米，谁跑得快？同样道理，第一位同学也跑2分钟，可以跑400米，第一位同学跑得快。再取200米/分、360米/2分，即200米/分、180米/分，前者跑得快，路程与时间的比值也大。得到判断在不同距离和不同时间运动快慢的比较时，可以用走过的路程与时间的比值表示运动快慢，即这个比值越大，物体运动越快。这样获得科学上表达物体快慢的方法，就是用距离与时间的比值。这个比值就是物体运动速度。换一种表达方法，就是速度越大，物体运动越快。（在小学阶段，选取容易进行整除的数据，重点在于对事物性质的理解。如例子中的 50 米、100 米，1 分钟、2 分钟。）最后，要利用学生的经验，将学生的运动知觉与科学描述建立联系。也就是说人走路的快慢感知觉与速度的科学描述对应起来。同样，对于自行车行驶速度、汽车行驶速度也建立起这样的对应。像高铁、飞机的速度只能在理解速度的基础上建立知觉了。

当物体平动时，因为物体上各点运动情况都一样，我们只关心它的轨迹，就是其是直线运动还是曲线运动。如果我们只关心物体整体运动，则不考虑各个组成部分的运动情况，也会视物体为平动。如火车、轮船、汽车的运动，都可以视为平动。小学科学没有把平动作为一个必须学习的概念。但对转动的理解，特别是平动与转动复合运动的理解，隐含着与平动的对比。

定轴转动，是小学生容易感知和理解的运动方式。教学中，可以调动学生的生活经验，举例说明转动运动。如大厅的旋转门、娱乐项目旋转木马、电风扇扇叶等。同时，在课堂上可以进行体验。如制作的纸风车、电池小风扇等，观察它们的运动，获得转动概念。还有大量的例子是平动和转动共同进行的结果，也就是平动和转动复合运动。典型的且可以很容易在课堂上让学生体验的是玩具陀螺。当我们使陀螺在桌面上旋转时，可以看到陀螺直立旋转，也可以看到陀螺在桌面上的移动。陀螺的整体移动就是平动，稳定时可能完全是转动。还可以让学生观察将螺栓拧进或拧出螺母的过程。拧的过程既有螺母的旋转，又有螺母沿螺距方向的移动。而螺母的运动轨迹就是参与转动和平动的螺旋线。进一步可以选择"车轮"，分析其质心是如何运动的？车轮上某一点是如何运动的？车轮的质心是同车一起运动，即平动。而车轮上某一点的运动，即随车整体运动，也绕车轮中心轴转动。用一个圆片模拟车轮，画出这点运动轨迹，发现是复杂的跳跃线。可以得到结论：物体的多种多样的复杂运动形式，都是物体整体运动和整体转动结合运动的结果。

第三节　小学科学观察设计

一、增强感知觉的观察方法

观察和实验不论是寻求自然世界的因果关系还是证实因果关系，都是以人的感知觉为基础的。感觉是客观事物作用于感觉器官而引起的对该事物的个别属性的直接反映。但感觉器官对客观事实和科学事实的反映是有阈限的，如人的听觉范围是从 20 赫兹（Hz）到 2 万赫兹（Hz）、视觉范围在可见光范围等。知觉是客观事物直接作用于感官而在头脑中产生的对事物整体的认识。但知觉具有可发展的内禀属性，即知觉的特性（知觉选择性、知觉整体性、知觉理解性和知觉恒常性）。知觉的特性在很大程度上影响观察的效果和结果。因此，小学科学观察和实验设计必须考虑小学生的感觉、知觉特点与规律，达到能够感知、更好地感知和充分感知。观察仪器和测量工具的应用，就是人类感觉器官的延伸和知觉特性的反映[1]，同时在认知角度也体现出对知觉特性的促进与发展。如放大镜、显微镜扩展了视阈，温度计是肤觉的精确，电流表将电流的存在及其强度转化为指针的偏转等。

感觉是知觉的基础，但感觉会被大脑加工迅速形成知觉。在小学科学教学中，考虑知觉特性和小学生的观察实验的特点，其关键在于知觉的选择性和知觉的理解性上。知觉的选择性在于把一些对象（或对象的一些特性、标志、性质）优先地区分出来。明显刺激、新异刺激、对比刺激会被优先选择。其教学意义是使科学现象或观察目的物具有强刺激。知觉的理解性表现为人在感知事物时，总是根据过去的知识经验来解释它、判断它，把它归入一定的事物系统之中，从而能够更深刻地感知它。其学习意义一是利用已有经验使观察深化，二是采用技术手段反映事物的关键细节，因此存在利用与促进知觉选择性和理解性的观察与实验设

---

① 刘大椿. 科学哲学［M］. 北京：中国人民大学出版社，2011：6.

计方法。归纳总结出来，有放大法、转化法、对比法、黑箱法、理想外推法等与感知觉相关联的观察实验方法。

放大法是将观察对象放大，以利于形成强刺激或对细节的感知理解。如"种子的内部结构"，将蚕豆、大豆、黄豆等种子浸泡一段时间，使其有一定程度的发育，可显示胚芽、胚根等，利于学生的解剖观察。如果不经过这样的放大处理，学生很难观察到种子的内部结构。再如"液体的热胀冷缩"，将装满某种颜色水的烧瓶用中间插入玻璃管的橡胶塞塞住，当烧瓶受热时，玻璃管内液柱上升。此时将烧瓶内液体体积的变化放大为玻璃管内液柱高低的变化。

转换法是将不明显或无法感觉的科学现象转换为可清晰感知的现象。如振动的音叉轻触水面，使音叉的微小振动转化为水的波纹。鼓面上放置塑料小球，使鼓面的振动转化为小球的跳动。小灯泡或电流计连接入外部电路，是否构成闭合电路而产生电流，由小灯泡的亮、灭或电流计指针是否偏转判断。

对比法是将两个（或多个）具有同种性质的科学现象或变化过程进行比较观察，突出观察对象或通过比较作出逻辑判断。如"动物生存需要氧气"（利用的是空气中的氧气）。学生自然呼吸和闭嘴捏鼻不呼吸的不同感受进行比较。再如"固体热胀冷缩"。选择铜环和铜球，室温下铜球刚好可穿过铜环，将铜球加热后，铜球被铜环卡住，经对比说明铜球受热后体积膨胀。

黑箱法是指对未知系统，通过输入信息，观察输出信息来判断系统性质或功能的方法。如"电源（电池）"的学习，接入闭合电路可以产生电流，判断电源可以产生电流（对小学生，电源的内部构造和工作原理是未知的）。再如"人脑具有调节控制功能"，睁眼和闭眼分别沿一条直线行走，如教室中的地板缝。睁眼时可以走直；闭眼时走偏。睁眼时走直，是人根据直线信息不断调节自己的落脚方向。说明大脑可以对行为进行调节和控制。

理想外推法是指根据事物变化规律，将一个因素的变化极限化，从而判断随其变化的另一个因素的极限变化结果。如"抛硬币"，每一个学生抛出一个硬币，记录正反面呈现次数。统计每个小组、半个班、整个班硬币正反面呈现次数。会发现统计次数越多，硬币正反面呈现次数越接近的规律。理想外推，次数无限多，硬币落到桌面其正反面呈现数相同。再如"水降温变化"，若干杯不同温度的热水，测量它们温度下降变化，画出温度变化曲线。曲线开始高度不同，但趋于同一个值。根据这个规律性趋势，若经历很长时间，温度将降到同一温度，就是室温。

二、自然观察设计

科学观察，首先要明确为什么要观察，解决观察目的的问题；其次是选择观察对象，确定观察内容，解决观察什么的问题；再次是制订观察计划，解决怎样观察的问题；然后是获得观察事实，得到科学认识；最后是依据科学认识，解释或回答观察问题，也就是实现观察目的。先阐明观察目的、观察内容和观察计划的心理学依据，然后结合实例说明自然观察设计流程。

（一）观察目的的确定

科学观察首先要有清晰的观察目的。观察的基础是感知觉，但观察与感知觉的首要区别是认识客观世界的目的要求。一般来说，当人们不能解释自然世界中的自然现象而产生困惑，对自然事物发生发展的原因不明白时，都会提出问题。针对问题会产生揭示科学事物存在和变化的原因，这样就要通过观察去有针对性地进行探究，则观察目的就必须被明确了。有些问题是人类的问题，并非个人的问题，人们会以接受研究任务的方式展开科学研究，此时观察目的已经蕴含在研究目的中。这种情况往往是成人从事的科学研究。对于科学教育，尤其是科学教学，科学学习主题往往就限定了观察目的。一方面可以通过创设对应学习主题的问题情境，提出观察问题，明确观察目的；另一方面可以采用任务式的学习方式，直接明确观察目的。由于知觉具有选择性，强刺激、新异刺激会被优先选择。我们可以利用这个特性，使观察目的物具有强刺激或新异刺激，使学生自然被吸引和学习外在要求协调在一起，易于组织教学和提高学习效率。这也是小学科学教师在教学中追求的。如果观察目的物不具有被自然选择的特征，就要强调对目的物的观察，尤其观察目的物过程中出现了无关的强刺激，还要努力抑制它们，保证观察目的不会产生偏离。

观察目的是确定观察内容和作出观察计划的前提。

（二）观察内容的确定

科学观察对象包括自然世界的各种事物，这些事物各自具有多重特征和属性。对应不同特征和属性，不同的感官获得对应的感觉信息。如形状、颜色等是视觉信息，声音是听觉信息，温度是肤觉中的温度觉……。科学观察对象不同，直接导致基于观察目的的观察内容不同。观察内容又决定了感官所能获得的感觉信息。如观察"月相"，只能用视觉；辨识水果"甜度"，只能用味觉；分辨音色，只能用听觉。当观察内容可以提供多种信息且这些信息是观察目的的要求时，可以综合各种感觉信息，获得对科学事物的直接反映。如观察"西瓜"，观察目的是认识一种水果。视觉会获得西瓜外部的形状、颜色、花纹，内部果皮的颜色、质地等信息；嗅觉会获得外部的青草味、内部的甜味等；味觉会获得西瓜瓤的"甜"等。通过多种感官获得对西瓜的各种特征的综合感觉。再如由听觉获得声音的音调，由视觉获得声音振动在示波器上产生的波形，将听觉信息与视觉信息建立联系，为揭示音调与声音振动频率间的关系奠定基础。

需要明确，科学观察对象指向某一个具体科学事物，而其中符合观察目的要求的特征或属性才是观察内容。观察内容决定了可以由某种或几种感官获得感觉信息。能用多种感官获得信息是最好的，但最多的往往是视觉信息。

（三）观察计划的确定

知觉的选择性，作为人的内禀属性，直接影响的是观察的目的性。知觉的恒常性是知觉整体性和知觉理解性的结果。而直接影响观察计划的是知觉整体性和理解性。知觉的整体性表明人在知觉客观对象时，总是把它作为一个整体来反映。知觉的理解性表现为人在感知事物时，总是根据过去的知识经验来解释它、判断它，把它归入一定的事物系统之中，从而能够更深刻地感知它。基于知觉的整体性，我们要强调观察计划的全面性；基于知觉的理解性，强调观察计划的精确性。因此，以观察目的为前提，在全面性和精确性两个方面，作出观察计划。观察的全面性，会促进知觉的整体性；观察的精确性反过来也促进知觉的理解性。基于知觉特性进行有计划的观察，又是在促进感知觉发展。

（四）观察设计流程

在明确科学观察与感知觉关系的基础上，指导学生进行科学观察的一般流程是什么？下面主要以观察"沙"为例，进行教学实践策略分析。

1. 针对观察问题，明确观察目的

观察是目的性的有意识行为，这种行为的起点是疑问或问题。首先要提出观察问题。如观察"沙"，要以"沙漠""沙丘"等地貌为例（如图6所示），提出"沙"为什么形成"山""波纹""平面"等多种形态的观察问题。分析这些问题，发现"沙"既具有流动性又具有塑形性。这样，观察目的清晰了，就是"沙"的结构如何造成流动性和塑形性。明确的观察目的是选择观察内容和规划观察计划的依据。

图 6　沙漠

知觉选择性的特点是明显刺激、新异刺激、对比刺激会被优先选择。而观察目的性的特点是感知被要求指向目的要求的事物和现象。在教学设计时，我们首先追求的是使目的物或现象具有强刺激，即利用知觉选择性的内禀属性与有意识的观察目的外在要求相统一，凸显观察目的。教师利用新奇的实验现象、与平时认识的矛盾等激发学生的好奇心，核心是提出观察问题，聚焦观察目的。如果观察目的与知觉选择性不能统一，或者说观察目的物或现象不具有强刺激，教师就要指导或要求观察者将注意指向目的物或现象。这时，语言符号的使用可以促使观察者注意到刺激的关键性和区别性的特征，使观察者更加认识到以前不曾注意到的信息。这时明确观察目的是更为重要的。如观看"沙漠""沙丘"图片或视频，教师要引导学生思考：风可以将沙吹动，风停止后沙出现各种形态。帮助学生注意沙的特征，从而明确观察目的。

观察目的是与学习需要相联系的，学习需要不同，观察目的就不同。像观察"蚂蚁"，如果就是认识蚂蚁的结构特征，观察目的是为这样一种六足节肢动物划类；如果是理解蚂蚁的运动能力，观察目的是蚂蚁的身体结构具有的功能，即身体分节利于转动、节上有肢利于跳跃等。较之软体动物，节肢动物的运动能力大大加强。

2. 针对观察对象，明确观察内容

当观察目的明确以后，作为科学研究，要选取研究样本作为观察对象。而依据观察目的所要观察的样本特征或属性，则是观察内容。观察"沙"，显然要选取自然界的沙作为样本，即作为观察对象。对"沙"观察的目的是沙为什么具有流动性和塑形性，这要从沙的构成去寻找原因。这样，沙的特征和沙的结构就是观察内容。像观察"蚂蚁"，观察目的是给这种动物分类，观察内容就是蚂蚁的身体结构。如果观察目的是认识蚂蚁运动功能，则观察内容既包括蚂蚁的身体结构，也包括蚂蚁的运动。或者说观察内容是蚂蚁的身体结构与运动功能的关系。

观察内容是事物的特征或属性，而不同的特征或属性有各自对应的感觉器官或者说感觉通道。一般说来，对具有多种特征或属性的事物的认识，或者说观察内容是多种特征或属性，会应用多种感觉通道。如观察"水"，认识水的特征，视觉上的颜色、透明度，嗅觉上的气味，味觉的滋味等。观察内容是单一特征或属性，一般是某一个感觉器官发挥作用。如观察"声音"，认识声音的特征，主要是听觉。对于温度，我们的感觉是肤觉中的温度觉，但在科学观察中使用温度计，将温度觉转化为视觉。观察内容决定了感觉器官的应用。

3. 根据观察内容，明确观察计划

针对观察内容，作出观察计划。观察计划包括观察顺序和精确观察方法。

根据知觉整体性的特点，即对一个事物的各个侧面或属性的综合概括性和对相近或相似的多个事物作整体感知性。观察首先要规定观察顺序，从外到里、从前到后、从整体到局部等。观察顺序性就是按某种顺序进行精确观察以达到整体认识的观察方法。接下来就是精确观察。根据知觉理解性的特点，即将已有经验带入感知过程，并努力将感知结果纳入或深化到自己的经验系统。观察的精确性，要利用学生已有感知经验使观察深化，更重要的是采用技术手段反映事物的关键细节。所谓关键细节就是体现事物质的细节特征或关键属性或现象变化的节点。通过精确观察增强对事物或现象的关键细节的感知。精确观察方法，包括放大法、对比法、转化法和量化方法等。放大法是将观察对象放大，以利于形成强刺激或增强对细节的感知，如放大镜、显微镜、听诊器的使用等。对比法是将两个（或多个）具有同种性质的科学现象或变化过程进行比较观察，突出观察对象或通过比较作出逻辑判断。如将一个鸡蛋分别放入清水和盐水中，一种情况鸡蛋沉，一种情况鸡蛋浮，说明物体沉浮与液体性质有关。转换法是将不明显的事物特征或无法感知的属性转换为可清晰感知的现象。如导线中电流的强弱，用电流计指针偏转角度表示。量化方法就是使用测量工具或测量仪器仪表对事物的特征或属性测量获得客观数据，使我们的感知数字化从而达到精确化。如温度是物体的冷热程度，用温度计测量的示数显示，比我们的感觉要客观和精确。

如观察"沙"，观察目的是沙为什么既具有流动性又具有塑形性，观察内容是沙的特征和结构。观察计划，一是沙的宏观特征的全面观察，二是细微结构的精细观察。对于沙的特征观察，要选取沙样本，提供盛沙的容器，可以放沙的托盘，进行倒沙、搅沙、捻沙等对沙的作用，获得沙的外在表现。对于沙精细结构的观察，要提供放大镜或手机微细摄像，获得沙粒体形状的细节影像。

4. 实施观察计划，得到观察事实

观察计划是"想"的结果，必须通过实施观察计划，也就是"做"的过程，才能获得观察信息。这个观察信息就是观察事实。

观察"沙"，对于全面观察，可以用器具装沙，然后倒入托盘，看到沙可以流动。用手指搅沙，沙可以很容易变成各种形态。用手指捻沙，感觉沙是细小颗粒。

对于精细观察，使用放大镜或手机微细照相。看到沙粒是棱边圆滑、形状很不规则的颗粒，而且颗粒大小不同，搀杂在一起。如同我们看到大小不同的石块堆积起来一样（图7）。此时，必须作观察记录。这个观察记录记录的是观察事实，是我们作出观察判断的事实依据。

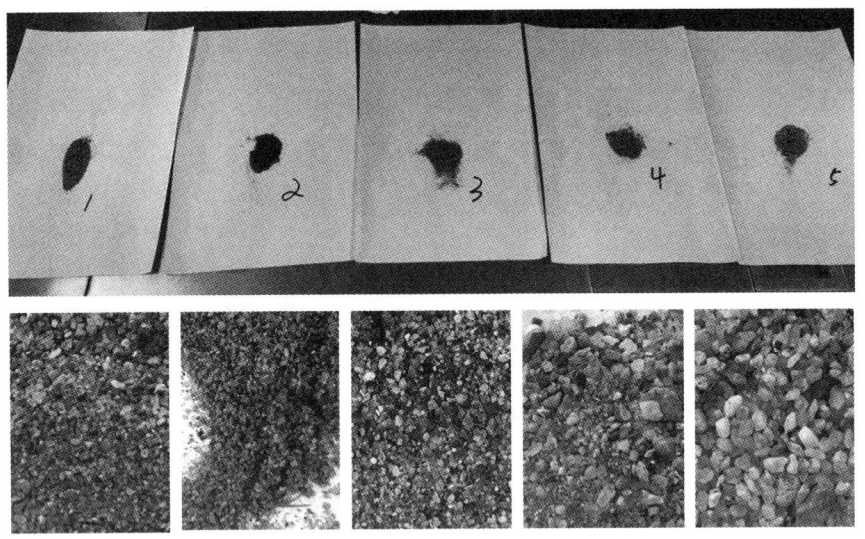

图7 沙的精细观察（五份沙的样品，用手机拍照后得到对应的五张同样放大的照片。照片提供：中国人民大学附属小学张驰老师。）

5. 作出观察结论，回答观察问题

根据观察事实，作出观察结论。由全面观察，沙是由细小颗粒组成的，很小的力就可以使它们移动。作出判断：沙很容易流动，具有流动性。由精细观察，五份沙的样品，取自不同的沙堆，直接看，没有什么差别。但放大以后发现，沙粒不是球形的，而是不规则形状的颗粒，相互之间存在粘滞作用而可以垒堆起来。作出判断：沙粒不规则可以垒堆，具有塑形性。概括起来，就是沙粒细小且不规则，因此具有流动性和塑形性。这样，达成了观察目的。由于沙是由沙粒构成的，沙粒细小且不规则，在自然界风的作用下，形成"沙丘""沙漠的波纹"等风成地貌。这样，回答了最早的观察问题。

三、实验观察设计

实验观察与自然观察最根本的区别是对自然事物存在或发生发展过程是否进行人为干预。事物的特征或物体的特征，是它们的外在显现，可由感官直接感知或由测量工具间接感知。对特征的观察经常是自然观察。事物的特性是需要在某种作用下才可以被揭示出来的内在属性，经常采用人为进行干预和控制的实验观察。而人为的干预方法或控制措施及其实施，就是实验。实验观察设计也简称为实验设计。

实验观察与自然观察一样，都是要解决自然现象或自然变化产生的问题，然后由问题聚焦为假设，形成观察目的。但是当自然观察无法揭示内在原因或变化规律，要进行干预和控制，也就是要进行实验观察，这时观察目的变成实验目的。根据实验目的进行仪器设备选择和操作流程安排，观察计划成为实验设计。进行实验，获得实验现象或实验数据，进行逻辑推理得到判断，也就是通过实验结果得到实验结论。这时实现了实验目的，回答或解决了观察问题。从整个过程上看，实验观察设计流程与自然观察设计流程都是符合科学认识规律的，没有质的差别。区别体现在观察内容的难度上，属性的内隐性质和复杂因素作用，都需要设计巧妙的实验才能揭示出来。科学史上很多重大的理论都是依赖巧妙的实验确立的。在小学科学学习中，也应该明确科学实验是科学发展的关键环节，是需要精心设计和准备的。实验设计分为实验装置设计和实验流程设计，实验设计方法就区分为现象制造法和变量控制法。下面主要讨论这两种方法。

(一) 变量控制法

一个科学现象变化过程涉及多个影响因素，要使其中一个因素变化，其他因素保持不变，寻找这个因素对变化过程的作用；同理，使各个单一因素变化，寻找其对结果的影响。最后得到各个因素与科学现象之间的关系。这是科学研究中常用的一种方法。其中，被考察的科学现象称为因变量，各个影响因素称为自变量，控制一个自变量变化（其他自变量保持不变），寻找其与因变量的关系，最后得到所有自变量和因变量之间的关系，就是变量控制法。

下面以"摆的快慢与什么因素有关"为例，说明控制变量法的使用过程。在铁架台横杆上悬挂一个小球，则搭建了一个"摆"的装置。将小球从平衡位置（小球静止时位置）移开，小球开始摆动。不同的"摆"，往复摆动的快慢不同，引发摆动快慢的问题。首先要识别变量。摆动快慢是要考察的结果，是因变量。而往复运动具有周期性，可以用往复摆动一次所用的时间表达运动快慢，也就是用周期表达往复运动的快慢，所以因变量就是摆动周期。影响摆动快慢的因素就是自变量。从"摆"的构成上看，摆动快慢与摆绳长度、摆绳质量、小球质量有关；从摆动过程看，与摆角大小、空气阻力有关。识别出自变量为摆绳长度、摆绳质量、小球质量、摆角大小和空气阻力。第二步是确定变量。考虑空气阻力很小，使用比较重的小球，空气阻力可以忽略。线绳坚硬和细一些，特别是与重的小球比较质量小得多，也可以忽略线绳质量。这是一个简化和纯化的过程。这样，确定自变量为摆绳长度、小球质量和摆角大小。第三步是控制变量设计。只改变摆绳长度若干次（三次以上），测量摆的周期；再只改变小球质量和改变摆角大小，测量周期。第四步是进行实验操作，获得实验数据（为减小误差，可以测量 10 次或 20 次摆动时间，再除以 10 或 20 得到周期值）。第五步是分析实验数据，得到各个自变量与因变量之间的关系，也就是得到实验结论，解答了实验问题和完成实验目的。对摆动快慢：摆长越长，摆动越慢；与摆角大小和摆球质量无关。

（二）现象制造法

很多科学存在和变化原因是隐藏在自然世界的，很难被感知到。这时需要制造科学现象，间接地揭示内在原因或变化规律。这就是实验设计方法的现象制造法。这种方法是创造性的，是科学家聪明智慧的集中体现。小学科学学习过程中，主要是模仿和理解这种方法。

以"固体的热胀冷缩"为例。固体吸热、放热，温度变化，其体积发生变化吗？由于学习了"气体""液体"具有热胀冷缩的性质，提出假设：固体温度升高，体积也会膨胀。一般情况很难观察到温度变化下固体的体积变化，必须采用技术手段进行实验设计。

钟表指针，轴的微小转动可以使指针产生明显的转动。也就是转动的微小角度变化可以带动指针更明显地显示出来。这就是旋转放大法。搭建如图8所示的实验装置。左右两块立木，一根粗铜线，左端固定在左立木上部，右端搭在右立木上部的一段小细铁丝上。小铁丝上固定一个轻质的纸片（指针）。设想：给铜棒加热，铜棒伸长，铜棒摩擦力使铁丝滚动，纸质指针向左偏转。实验操作：酒精灯给铜棒加热，指针向左偏转；停止加热，指针慢慢回转。由实验现象作出判断：指针向左偏转，说明铜棒伸长。也就是铜棒受热，体积膨胀。冷却后，指针回转，说明铜棒冷却，体积缩小。

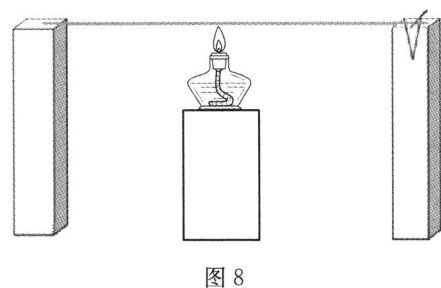

图 8

如果联想到金属可以导电，闭合回路可以点亮灯泡。靠得很近的导体，其微小变化能否导致电路导通而被感知到。这时体积的微小变化变成了电路通、断变化，这是电路转化法。搭建如图 9 所示的实验装置：将电池、电键、灯泡和两段铜丝构成一个电路，两段铜丝留有很小的缝隙。设想：当用酒精灯给铜丝加热，铜丝膨胀伸长，产生接触后，电路构成回路，小灯泡被点亮。实验操作：给铜丝加热一会，电路中小灯泡亮；停止加热，稍后小灯泡突然熄灭。根据实验现象作出判断：给铜丝加热，电路灯泡亮，说明铜丝接触使电路连通。也就是铜丝受热，体积膨胀。隔一会小灯泡熄灭，说明电路断开，也就是温度降低，铜丝体积收缩。

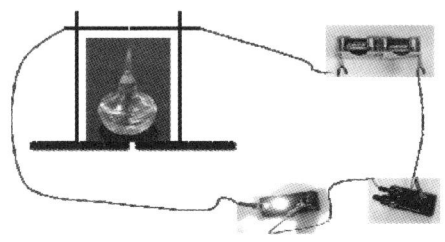

图 9

我们知道，螺母、螺栓需要精密匹配。螺栓粗一点将很难拧入螺母。采用这种精密匹配，物体加热后看是否还可以匹配，这样可以直接进行对比。这就是直接对比法。构建如图 10 所示实验装置，一个铜环，一个铜球，在室温下，铜球刚好能够穿过铜环。设想：给铜球

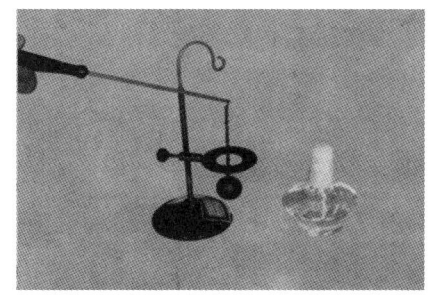

图 10

加热，铜球体积膨胀，将不能穿过铜环。实验操作：室温下，铜球刚好可以穿过铜环；将铜球加热，则铜球被铜环托住。放置一会，铜球又会穿过铜环。根据实验现象作出判断：给铜球加热，铜球穿不过铜环，说明铜球体积变大。又穿过铜环，是铜球放热体积缩小。实验结论是：铜球受热，体积膨胀；铜球放热，体积缩小。

运用制造科学现象的实验设计，不论是放大法、转化法、对比法，都可以将我们不能直接感知的科学事物的属性揭示出来，得到固体具有

热胀冷缩的性质的认识。这个结论回答具有普遍性的观察问题。生活中很难直接观察到固体的热胀冷缩，说明固体热胀冷缩体积变化很小。但是通过这些实验，我们在没有直接感知固体热胀冷缩的情况下，确信固体具有热胀冷缩的性质。

第三章
思维与科学概念

第一节　思维概述

一、思维的本质

一般意义上讲，"想一想""思考思考""动脑筋"等，都是思维。从心理学角度看，人通过感知觉获得外部信息，这些信息存储在大脑中，即产生记忆。凭借记忆信息，人们可以进行辨别和识别，也可以进行抽象判断。首先看，没有记忆，思维无法进行。一个"失忆"的人，总是"想不起来"，无法识别，也无法判断。因此，记忆是思维的基础。再看辨别和识别，是应用记忆信息，将头脑中的储存形象与客观物比较，在相同与不同方面作出判断。最后看抽象，是将形象的记忆信息转化为语言、符号等抽象信息。我们可以概括出来：思维就是记忆信息的转化和应用。

二、思维的分类

依据不同的标准，思维可以被分成不同的种类。

（一）形象思维和抽象思维

依据思维对象是事物形象还是语言符号，区分为形象思维和抽象思维。形象思维是以事物的具体形象和表象作为材料的思维。学龄前儿童的思维主要是形象思维。正常成人虽以概念思维为主要形式，但也不可能完全脱离形象思维，特别是在解决比较复杂的问题时，鲜明生动的形象或表象，有助于思维过程的顺利进行。作家、画家等的文艺创作也更多地运用形象思维。抽象思维是以概念、判断、推理等形式进行的思维。学生运用数学符号和概念进行数学运算或推导，科学工作者根据实验材料进行某种推理、判断等，都是抽象思维。抽象思维也叫逻辑思维，是人类特有的一种思维形式。

（二）直觉思维和逻辑思维

根据思维时是否依据规则，区分为直觉思维和逻辑思维。直觉思维是人们在面临新的问题、新的事物和现象时，能迅速理解并作出判断的思维活动。这是一种直接的领悟性的思维活动，也包括想象联想、灵感和顿悟等。直觉思维具有快速性、跳跃性等特点。逻辑思维也就是分析思维，它遵循严密的逻辑规律，经过逐步推导，最后得出合乎逻辑的正确答案或作出合理的结论。

（三）聚合思维和发散思维

依据思维方向是集中的还是发散的，区分为聚合思维和发散思维。聚合思维又叫求同思维、集中思维、辐合思维、会聚思维，是指把问题所提供的各种信息聚合起来，朝着同一个方向得出一个正确答案的思维，其主要特点是求同。发散思维又叫求异思维、分散思维、辐射思维，是指从一个目标出发，沿着各种不同路径去思考探求多种答案的思维，其主要特点是求异。这种思维无一定方向和范围，不墨守成规，不囿于传统方法，是由已知探索未知的思维，具有变通性和独特性。

（四）常规性思维与创造性思维

依据思维结果是常规性的问题解决还是创造性的解决新问题，区分为常规性思维与创造性思维。常规性思维是指人们运用已获得的知识经验，按现成的方案和程序直接解决问题。如学生运用已学会的公式解决同一类型的问题。这种思维不需要对原有的知识进行明显的改组，也没有创造出新的思维成果，因而称为常规性思维或再造性思维。创造性思维，是指重新组织已有的知识经验，提出新的方案或程序，并创造出新的成果的思维活动。创造性思维是人类思维的高级形式。许多心理学家认为，创造性思维是多种思维的综合表现，它既是发散思维与聚合思维的结合、直觉思维与逻辑思维的结合，也是形象思维与抽象思维的结合。它需要理性思维又依赖想象联想。

三、思维过程

思维是记忆信息的转换与应用，是人类所具有的高级认识活动。按照信息论的观点，思维是对新输入信息与脑内储存知识经验进行一系列复杂的心智操作过程。一般讲，思维是经历思维过程，应用思维方法，获得思维结果的过程。从心理学的角度，思维过程包括：分析与综合、比较与分类、抽象与概括。

（一）分析与综合

分析与综合是最基本的思维活动，分析是在头脑中把事物的整体分解为各个组成部分的过程，或者把整体中的个别特性、个别方面分解出来的过程。客观事物整体与部分的关系是分析方法的客观基础。整体是由它的各个组成部分构成的，客观事物在一定条件下分解为它的各个组成部分，事物的各种属性、方面或关系从不同方面表现了事物的整体性。综合是与分析相对立的方法，是在头脑中把对象的各个组成部分联系起来，或把事物的个别特性、个别方面结合成整体的过程。事物的部分与整体的关系，事物的可合性是综合的客观基础。

我们从科学实体、科学现象和科学过程的考察，看如何经历了思维的分析、综合过程。先看科学实体，对"苹果"的认识（结构方面），将苹果剖开（横剖，纵剖），看到有外果皮、内果皮和中果皮（果肉），中心有一个籽粒（种子）。对苹果各个组成部分的认识，就是分析的过程。

整体看，苹果是由果皮和种子构成的。这个认识是对苹果的整体认识，是综合的过程。再看科学现象，对"空气占据空间"中"空气占据气球内空间"的认识。用打气筒向气球内充气，气球由瘪变鼓、膨胀变大。出现这个现象的操作过程是可视的形象化过程，对这个过程的认识（打气筒充气，气球膨胀）是分析过程。将这个现象总结出来，即膨胀的气球内充满了空气，或空气占据了气球内的空间，是综合过程。最后看科学过程，对"铜导电"的认识。将铜棒（或铜片，或铜线）连接到闭合电路中。有电池表明可以提供电能，闭合电路表明构成了电流通路，小灯泡亮，说明电流流通。这是思维的分析过程。将电路各个部分联系起来，铜棒构成闭合电路的一部分，电流流通，说明铜棒导电。这是思维的综合过程。综合作出结论"铜能导电"。

（二）抽象与概括

抽象是在分析、综合的基础上，抽取事物共同的、本质的特征而舍弃非本质特征的思维过程。概括是把同类事物的共同点、本质特征综合起来的思维过程。抽象是概括的基础，概括是抽象的目的。

上面讨论的"苹果"，经历分析、综合后得出结论"苹果是由果皮和种子构成的"，摆脱了苹果的具体形象，形成了用文字符号表达的人的认识，是抽象的，即综合后形成的判断，或说对苹果本质（或关键）特征的认识，就是抽象。这种对单一事物作出的抽象判断，称为单称判断。对"桃子""大豆""柿子椒"等的结构认识，经历分析综合以后，都可以得到抽象的单称判断，即"桃子是由果皮与种子构成的""大豆是由果皮和种子构成的""柿子椒是由果皮和种子构成的"。"桃子""大豆""柿子椒"等一类事物都具有相同的结构，将这一类事物称为果实，得出判断：果实是由果皮和种子构成的。这个过程就是概括。概括出的结论是对所有果实而言的，这种判断称为全称判断。全称判断是在单称判断的基础上作出来的，全称判断比单称判断抽象度更高。也就是说，概括是在抽象的基础上作出，概括也是抽象的判断，比抽象的级别更高。

"空气占据空间"，作为科学现象的判断，也是在对"打气筒给气球充气，气球膨胀""用塑料袋在空中一兜，然后迅速将开口扎紧，塑料袋是鼓的""将针管手柄拉出，堵住出气孔，手柄很难推进""将内部塞入棉花或纸团的玻璃杯竖直插入水槽的水中，玻璃杯内有一个水进不去的空间，棉花或纸团不湿"等，经历分析和综合得到多个抽象的单称判断，即"空气占据了气球内的空间""空气占据了塑料袋内的空间""空气占据了针管内的空间""空气占据了水杯内的空间"等。在各种具体情境中都呈现空气占据空间的现象，则可以去掉具体情境得到一般性结论，也就是全称判断——"空气占据空间"。这个过程就是概括。

铜棒接入闭合电路，使小灯泡发光。经历分析综合后的结论"铜导电"，是摆脱具体情景的抽象，也是针对铜具有的一种性质作出的单称判断。同样，将铁棒、铝棒接入闭合电路，也可以使小灯泡发光。分析综合后得到单称判断，"铁导电""铝导电"。通过比较发现，"铜""铁""铝"是一类性质的材料，即金属。根据金属这一类材料的性质，概括出结论，也是作出全称判断，即"金属能导电"。

（三）比较与分类

比较是在头脑中确定对象之间差异点和共同点的思维过程。在可比较的条件下，任何两个相同或相似的事物之间，总有其不同之处；任何两个不同的事物之间，总有其相同的地方。事物之间存在的这种相同点和差异点是比较的客观基础。分类是认识纷繁复杂的世界的一种工具，是根据对象的共同点和差异点，把它们区分为不同类别的思维过程。把世界条理化，使表面上杂乱无章的世界变得井然有序起来。

在心理学中，将比较和分类归属于思维过程，是考虑在分析、综合的过程中比较与分类总在进行。如"空气占据空间"，对于"空气占据气球内的空间"，肯定要进行充气与未充气的比较，气球瘪与鼓的比较，气球内空气多和少的比较，还有气球材料不透气与已有经验布袋、纸袋透气的比较等。无时无刻不在进行着比较。也可以看出来，这些比较是差异比较。"空气占据了气球内的空间""空气占据了塑料袋内的空间""空气占据了针管内的空间""空气占据了水杯内的空间"，比较得出共同特征，都占据了空间，这又是求同比较。求同比较的结果得到一类事物的共同特征，则将具有共同特征的事物划归为一类，就是分类。可以考察各种各样的思维过程，分析、综合，抽象、概括，都离不开比较与分类。

从另外角度看，比较与分类也具有方法特征，也需要明确如何比较和如何分类。尤其在小学科学学习中，需要训练小学生学习比较和分类。但比较与分类不属于逻辑思维方法。寻找差异点的比较，称为差异比较或求异比较；寻找相同点的比较称为求同比较。比较是在两个事物间进行的，当有三个或三个以上的事物进行比较时，也是以两两比较为基础的。如比身高，甲、乙二人可直接比较，判断出高矮。若甲、乙、丙三人比较，也是甲与乙比较，乙与丙比较，甲与丙比较。假如甲比乙高，乙比丙高，则可以省略一次比较，判断出甲、乙、丙身高递减，即甲最高、丙最矮。如果甲比乙高，丙也比乙高，那么甲还要与丙进行比较。如果甲比丙高，则甲、丙、乙身高递减排序。比较在事物同种性质间进行，非同种性质无法比较。如身高可以和身高比较，但身高不能和体重比较。物体的导电性可以和导电性比较，但导电性不能和导热性比较。数学抽象出的数，其大小是可以比较的，但一旦表达为科学上的数量，则一定是数字加单位，必须是同单位的数字才可以比较。在科学上，数字后的单位规定了数字的性质。如 2 米，表明是长度的数值；2 牛顿，表明是力的大小。同单位可以比较，就是同性质可以比较。

比较是分类的基础。比较在认识客观事物中具有重要的意义。只有通过比较才能确认事物的主要和次要特征，共同点和不同点，进而把事物分门别类，揭示出事物之间的从属关系使知识系统化。分类，对应比较，也分为差异分类法和求同分类法。差异分类也叫作二分法，这种分类方法是在规定标准下，对于符合标准和不符合标准进行区分，即回答"是"和"否"。符合标准的为一类，不符合标准的为另一类。对回答"是"的一类和回答"否"的一类，又可以分别选定标准，进行二分。如此递进下去，达到目的为止。这样会形成一个倒树状结构。如小学科学教学中，将各种铁制品和各种非铁制品放到一起，用磁铁靠近，以磁铁吸引为标准，可以吸引的为一类，不能吸引的为另一类。能够吸引的都是铁制品，发现磁铁具有吸铁的特性。这是一步达到目的，只有一次的二分法差异分类。再如，取铁钉、塑料、橡胶、铜线等材料和石块、树枝、沙土、竹棒等材料，以是否为人加工为标准，要求学生回答"是"和"否"，区分人工材料和自然材料。对人工材料是否为金属材料，可以再进行差异分类；对自然材料是否为生物性材料，也可以再进行差异分类。差异分类进行到什么程度，视具体教学要求，由科学认识的目的决定。求同分类法，也称为集合分类法，是依据一定的标准将科学事物划分为一类。也就是构成一个集合，符合标准的各个科学事物为集合中的元素。如节肢动物中以具有三对足特征为标准，则具有三对足的节肢动物为一类，或构成一个集合。这个类或集合中的节肢动物称为六足节肢动物，也称为昆虫。在科学分类时，一般都是差异分类和求同分类结合使用。实际上，差异分类中就包含着求同分类。对差异分类回答"是"的分支就是符合标准的、具有共同特征的一类，就是求同分类。当对一个群体分成若干类时，就是典型的差异分类和求同分类共同应用。用一个例子来理解。动物的一大特征是运动，而运动形式不同。我们看动物的主要运动形式（兼有两种运动形式，选择其最具特征的）进行差异分类。会飞行吗？会，选出一类，这是以"飞行"为共同特征的求同分类；不会飞行，选出另一类，这类没有共同特征。对不会飞行，再发问，会游水吗？会，选出以"游水"为特征的一类。不会，又选标准，会奔跑吗？会，选出"奔跑"为共同特征的一类。不会，可再选标准。如果只存在会爬行的动物了，它们也具共同特征了，则不可再分了，差异分类结束。我们看到，整体上是差异分类，每一步都有求同分类。运动形式，由每一步的求同分类揭示出来，由差异分类揭示出所有的类别。将所有肯定的分支和最后一个不可再分的否定分支罗列出来，就是动物的主要运动形式：飞行、游水、奔跑和爬行。总的来说，分类有差异分类和求同分类，经常结合应用。需要明确，分类必须依标准分类，每一次分类标准不能改变。在教学过程中，可以给定标准分类，也可以自选标准分类。上面以"材料是否为人工制造"为标准，是给定标准分类；以"会飞行""会游水""会奔跑""会爬行"，是自选标准分类。

（四）思维过程中各因素的关系

分析与综合是针对一个事物或一个系统的认识过程。如对苹果结构的认识，对空气占据气球内空间的认识，对铜导电的认识，都是针对一个对象进行的。对一个对象各个方面或组成部分的认识是分析过程。将各个方面或组成部分联系起来形成整体认识或本质认识是综合的过程。可以看到分析是综合的基础。先分析，再综合，获得对单一事物的整体认识。

抽象与概括是对一类事物的本质属性的认识过程。严格讲，概括是对一类事物本质属性的认识过程。抽象是紧随综合后就作出了。对每一个事物或系统进行分析、综合后，获得对该事物或系统的整体认识，将这个整体认识用语言符号表达出来，或说作出判断，就是抽象。这样形成多个抽象的单称判断。只有对各个抽象判断找到其共同特征、共同属性或共同本质，得到更抽象的普遍性判断，才是概括的过程。如认识到"苹果""桃子""大豆""柿子椒"等都具有共同结构特征，才能针对这一类得出果实具有的结构特征。概括是对群体或说一类事物的更抽象的判断。抽象是为概括服务的，抽象后不概括，则不能得到更高级的认识。抽象后要概括，才能获得对一类事物的普遍认识。

比较普遍存在于分析、综合、抽象、概括中，是人类认识事物最初始，也是最基本的方式。没有比较，不能作出任何判断。分类典型地存在于概括过程，概括就是对一类事物共同特征或本质属性的揭示，分类必在概括中使用。比较与分类也具有方法特征，尽管不属于逻辑方法，但也要学习和训练。比较与分类也不是截然分开的。当你判断一个人是男人时，可以认为是与女人比较得出的判断，但同时也作出分类，即将这个人划归为男人类。总的来说，分析与综合是抽象与概括的基础，比较与分类贯穿思维过程。

四、思维形式

概念是思维的基本单元。思维的结果是形成概念和作出判断，概念、判断也称为思维形式。小学科学课程所选取的科学学习内容是以核心概念的形式构建出小学科学概念体系。从逻辑学角度看，这个概念体系包括了科学概念和科学判断。概念与判断的性质是不同的，我们要对小学科学教学设计进行逻辑分析，必须区分出科学概念和科学判断。

逻辑与语言之间的关系是十分密切的。这是因为逻辑的研究对象是思维，而思维是和语言不可分割的。无论是思维的产生，还是思维活动的实现以及思维成果的表达、传播，都要借助于语言。没有语言作为载体或说没有语言这种符号表征的思维是不存在的。思维与语言之间的联系，具体表现为思维的逻辑形式与语言形式总是联结在一起的，即概念和判断的存在和表达需要运用语词和语句。我们先从形式上进行划分，即科学概念对应科学语词、科学判断对应科学结论（规律或原理）。

（一）概念和语词

语词是概念的表达形式，概念是语词的思想内容，二者是不可分割的。概念的形成和存在必须依赖于语词，不依赖语词的概念是不存在的。换句话说，任何概念都是通过语词来表达的。概念可以用一个词或一个词组来表达，如"动物"是用语词表达的概念，而"各种各样的动物"就是用词组（偏正词组）表达的概念。因此，我们考察小学科学知识体系，用语词或词组表达的思维形式或说思维成果，才可称为逻辑学上的概念。

概念是反映事物本质属性的思维形式，也可以表述为反映一类事物的特殊属性或关键特征的思维形式。每一个事物都有自己的特征和属性，且都具有多种特征和属性，如颜色、形状、硬度等特征，透明度、导电性、导热性、漂浮性等属性。事物与属性是不可分离的，在一类事物的属性中，有本质属性和非本质属性。本质属性是决定一事物与他事物相区别的属性；非本质属性不仅为本事物所具有，而且也为他事物所具有，对区别某个事物不具有决定意义。例如，"人"的本质属性是"有语言，会思维，能制造和使用工具"，这些属性是其他动物不具有的。而人有四肢躯干，有眼耳鼻舌，这些是非本质属性，因为这些属性不仅人具有，其他很多哺乳动物也具有。因此，用来作为概念的语词，必须能够反映出事物的本质属性。否则只是语词，而非概念。对于小学生而言，如果只知道表达概念的语词，而不理解概念的意义，只能称其知道概念词，而非具有概念。概念与语词不是一一对应的，即不是所有的语词都是概念。从语言学角度，汉语中语词分为实词和虚词两大类，实词可以表达概念，而虚词一般不表达概念。

在逻辑学上，同一个概念可以用不同的语词来表达，如番茄和西红柿、屎壳郎和蜣螂。也存在一个语词在不同的语境中表达不同的概念，如"本末倒置""本本主义""书本知识"中，"本"的内涵各不相同。但是，科学上，要求用统一的语词表达科学概念，尤其是科学术语，即保证对科学事物指称的明确性，也避免在科学交流中产生歧义。尤其是科学上运用符号表达概念，具有在使用各种语言的世界范围保持概念的统一性。物理学追求概念和规律表达的数学化更体现出这个特点。

概念，根据不同的标准，可以有多种分类。逻辑学上，一是以概念所反映的对象的数量范围或说外延中对象的数量多少来区分的概念有普遍概念、单独概念和虚概念。普遍概念，也叫类概念，指以两个或两个以上的事物为反映对象的概念，它的外延一般具有很多对象，如"金属""昆虫""丘陵"等。单独概念是以某个独一无二的、特定事物为反映对象的概念，如"地球""牛顿""北极星"等。虚概念是外延为零的概念，这类概念所反映的对象在现实世界根本不存在，如"天堂""小鬼"等。二是以概念所反映的对象内容来区分的概念，有实体概念、属性概念和关系概念[①]。实体概念是以具体事物为反映对象的概念，如"兔子""河流""茎"等。属性概念是以事物的属性为反映对象的概念，如"导电性""硬度""绝缘体"等。关系概念是以事物之间的关系为反映对象的概念，如反映数量关系的"大于""小于""等于"等；反映时间关系的"早于""晚于""同时"等；反映方位关系的"在……之上""在……之下""在……之间"等。关系概念存在于至少两个或两类事物之间，通过

---

① 王海传，岳丽艳，陈素，等. 普通逻辑学 [M]. 北京：科学出版社，2013：26.

及物动词和表达关系的词组表达。

(二) 判断和语句

判断是用对思维对象有所断定的思维形式。断定某对象具有某种属性或对象间具有某种关系，是对该对象有所肯定；断定某对象不具有某种属性或对象间没有某关系，是对该对象有所否定。肯定或否定，都是有所断定。如果在思维中对一定对象没有进行断定，即既不肯定什么，也不否定什么，就不是判断。判断必有所断定。判断作为一种思维形式，通常是关于事实的判断。根据其内容与实际是否相符而区分为真假。判断所断定的对象情形同实际的对象情形可能相符，也可能不相符。相符的判断为真，不相符的判断为假。判断必有真假。

判断是用语句表达的。语句是由语词按语法规则构成的，对应而言，判断是由概念间的逻辑规则构成的。"人"是一个概念，"脊椎动物"是一个概念，"人属于脊椎动物"是一个判断，其断定的是人与脊椎动物的从属关系。因此，判断反映的是概念间的关系。判断与概念的区别，除了其语言形式上语句与语词区别外，在性质上，概念是用来指称对象的，自身无所断定；而判断是对指称的对象作出断定。如，"金属"指称的是一类物体；"导体"也是指称可以导电的一类物体，两者都是概念，概念反映了事物的共同特征或关键属性，不涉及真假。"金属是导体"则是作出了判断。若通过实验看到，金属可以导电，则此判断为真，否则为假。

判断和语句的关系如同概念和语词的关系，既相互联系，又有明确的区别。语句是判断的语言表达形式，判断是赋予语句以真假意义，这是它们的联系。它们的区别，一是判断和语句具有学科性的本质差别。判断是逻辑学的研究对象，运用判断要遵从逻辑规律；语句是语言学的研究对象，运用语句要遵守语言规则。二是判断要用语句表达，但不是所有的语句都可以成为判断。从语言学角度，存在四种语句，即陈述句、感叹句、祈使句和疑问句。逻辑学上，陈述句肯定可以形成判断。特殊的感叹句，如有实际意义的感叹，"这花多美啊！"可以作为判断；特殊的祈使句，如强制性要求，"不许触摸电线！"，可以作为判断；特殊的疑问句，如反义疑问句，"难道物体能自己飞上天吗？"，可以作为判断。一般情况的感叹句、祈使句和疑问句不能形成判断。如，"啊，科学！"（感叹句）、"请随手关门。"（祈使句）、"明天下雨吗？"（疑问句），都无所断定，不具有真假，也就不是判断。科学上，科学作为人类对自然的认识成果，是用陈述句表达的理论体系①，其结论形式除概念外都是判断，所以也就不具有语言学和逻辑学意义上的复杂性，关注的重点就是陈述语句。但是，科学结论作为对自然世界发生发展规律的认识，必是有所断定，也必涉及真假，科学也就冒风险。

判断依不同的标准，可以有多种分类。这里，根据判断是用一个单句还是复句，区分为简单判断和复合判断。简单判断是用一个单句表达的概念间关系的判断；复合判断是对两个或两个以上简单判断之间关系的判断。简单判断又分为性质判断和关系判断。性质判断是直接断定对象物具有或不具有某种性质的判断。因其对对象物性质的断定简单明了，也称直言判断。根据对象物的数量，分为以下几种判断：一是单称判断，即说明一个特定对象或事物具有或不具有某种性质的判断，如"地球是太阳系中的一个行星"。二是全称判断，即说明一类事物的全部对象都具有或不具有某种性质的判断，如"物体受热体积膨胀，物体冷却体积缩小，即热胀冷缩"。三是特称判断，即说明一类事物中存在着一定数量的对象具有或不具有某种性质，如"大多数的鸟会飞"。在简单判断中的关系判断，是断定对象物之间具有某种关系的判断。有对称性关系，如"光路是可逆的"；从属性关系，如"鱼是脊椎动物"。复合判断又区分为联言判断、选言判断和假言判断。联言判断是断定几种事物情况都存在的判断。它一般由两个或两个以上的简单判断联结而成。如"水是无色、无味、透明的液体"。选言判断是断定若干种事物中至少有一种情况存在的判断，如"植株枯萎了，或者是因为水量不适宜，或者是因为温度不合适，或者是因为有虫害"。假言判断又称条件判断，是指断定一种事物的情况存在或不存在是另一个事物情况存在或不存在的某种条件的判断，

---

① 刘大椿. 科学哲学［M］. 北京：中国人民大学出版社，2011：262.

如"如果给一物体足够大的初速度，它就可以摆脱地球的引力飞向太空"。简单判断的真假要看是否与实际符合而定。复合判断的真假取决于其包含的各个肢判断的真假。

概念、判断、推理，都是思维形式。概念、判断及其关系，我们已经作了讨论。而推理是从一个或多个判断得到一个新的判断。这时，我们要从过程和结果两个方面考察"推理"。从结果看，推理的结果还是判断，尽管它是新的判断，是与判断同义的，具有名词性质。从过程看，推理是思维方法的使用，具有动词的性质。

第二节　小学科学概念

一、小学生科学概念的起源

从逻辑学角度，我们知道，概念是反映事物本质属性的思维形式。同理，科学概念是在科学认识中反映事物本质属性的思维形式。它是科学思维的"细胞"，是思维结构的基本单位。但是，我们必须从科学角度考察科学概念。首先，考察科学概念的来源。科学概念的来源很广泛，由客观事物提供了像"水""山""桌子"这样有具体指向的分类性的概念；现代科学在实验室中由操作仪器"制造"出的现象提供了像"阴极射线""电磁波""光电效应"等实验概念；构建科学理论时提出的"电""原子""基因"等理论概念；也有与日常生活相联系，但意义已发生变化的，像力学中"力"、电磁学中"场"和生物学中"种"等转义概念。科学概念总是与科学事物相联系的，或指向客观物，或代表经验事实（实验现象），或嵌入科学理论体现其意义，或同时具有前面二个或三个关系。

基于科学概念的来源，我们来考察科学概念具有的共同性质。实体概念，如"水"，很显然指向自然存在物，也确实是可以感知的存在。而理论概念，如"电"，指向了自然存在物，但无法用感官直接感知。我们是在关于"电"的理论中获得"电"这个概念的意义。摩擦琥珀，吸引轻小物体，这种吸引作用是电的一种表现；打雷、闪电，富兰克林证明也是电的表现；有两种不同的电，一种规定为正，另一种规定为负，形成所谓的静电理论。电可以转移，在金属中可以流动，形成电流，电流可以做功，形成电流理论。而电可以产生电场，电场又可以产生磁场，形成电磁场理论。"电"这个概念，可以处于静电理论系统，也可以处于电流理论系统和电磁场理论系统。在每一个系统中，"电"这个概念都会与系统中的其他概念构成一个概念网络。在概念网络中，决定了"电"与科学现象的关系，同时，在这种关系中得到证明，并显示其意义。回过头，再看"水"的概念，它对应了可感知物的存在。它也分别在自己的概念网络中。"水是解渴的，水是动植物生活必需的"，则"水"这个概念处于生物生存系统；"水是无色、无味、透明的液体"，这个概念处于物质系统；而"水是由两个氢原子和一个氧原子结合而成的一种物质"，则进入化学分析系统。"水"这样的实体概念与"电"这样的理论概念具有共同的性质：具有指向性，都处于不同的概念网络中且获得其意义。而实验室制造的概念、转义概念，都可以分别归入上述的两类概念。这样得到科学概念的基本性质：从形式看，科学概念对现实世界具有指向性，每一个科学概念都处在一个系统中并与系统中的其他概念构成一个概念网络；从结果看，每一个科学概念在概念网络中与其他概念的联结决定了和科学现象的关系，通过这种关系与现实世界对应，或得到模型证明。

科学概念的性质如何成为我们对一个科学语词是否是科学概念的判据？显然，具备科学概念性质的概念，就是科学概念。如科学史上，关于"热质"概念，它指向了热现象。热的物体热质多，热质密度大，冷的物体热质少，热质密度小，当冷热物体接触时，密度大处的热质向密度小处移动，直到热质密度相同，这就是当时的热传导理论。当我们把冷热不同的物体放到一起，看到热的物体温度下降，冷的物体温度上升，最后达到温度相同，则在热传导理论的概念网络中证实了"热质"概念。因此，"热质"概念是科学概念。"热运动学说"取代"热质说"，是因为其可以解释更多的热现象，也包括"热质说"可以解释的现象。可以说，"热运动学说"是解释力更强的科学概念，但不意味否认"热质说"是科学概念。从"热质说"到"热运动学说"，可以看出科学概念的进化。同样，小学生观察光的传播，得到概念"光在空气中沿直线传播"。这个概念指向一种光的现象，其传播路径被观察经验证实是直线的。这就是科学概念。当学生的认识上升，认识到"光在均匀介质中沿直线传播"，则是概念的发展或者说进化。中国台湾的学者陈瑞麟提出"经验投射理论"，说明如何判定科学语词为科学概念：首先，必须对概念形成意向状态；其次，"意向对象"必须具有"可经验特征"；再次，概念所相关的概念网络中，至少有一个"可落实模型"被实际地落实了，即至少是说明一个既存的现象。具备这三点，说明某概念具有"经验的可投射性"，则是科学概念①。用一句话总结：科学概念必须指向科学事物，这个科学事物在概念网络中（至少在一个概念网络中）被证实，或者其对应模型被证实。小学科学概念处于科学概念发展的初期层次上，其指向是明确的，其被证实的概念网络是单一的或相对较少的。但必须明确其是科学概念，也表明小学科学概念的特征是指向明确、只具有初期意义或单一意义。在以后的科学学习中，这些概念会在更多的概念网络中被证实，会获得更丰富的意义。

二、小学科学概念体系

（一）小学科学概念

小学科学概念有哪些种类？从概念来源角度，分为实体概念和创生概念。实体概念又分为实体特征概念和实体定义概念；创生概念又分为理论概念、特性概念、规定概念和转义概念。实体特征概念是指根据一类实指事物的特征概括出的概念，如"动物""植物"。实体定义概念是指根据实指事物的独特性质定义的概念，如"电源""光源"。理论概念是指因科学理论发展需要而诞生的概念（包括实验室产生的概念），如"原子""基因"。特性概念是指由科学现象的性质、功能或来源方面形成的概念，如"导电性""导热性"。规定概念是指人为地为科学事物赋予的标示或标记，如"经线""纬线"。转义概念是指生活中的语词赋予了科学内涵形成的概念，如"力""能"。

（二）小学科学判断

判断是概念之间关系的断定。科学判断就是作出科学结论，也就是断定科学概念间的关系。在初中、高中科学课程中，科学判断表达为科学定律、科学定理、科学原理等，在小学科学课程中，科学判断表达为科学认识，以核心概念的形式呈现。因此，《小学科学课程标准》知识内容表述的核心概念和分解概念，就是逻辑学上所谈的判断。

概念之间的关系，决定了判断的性质。从概念间关系的角度，可分为五种：对事物属性或特征的真假断定，如"金属导电""种子可以萌发，发育成长为植株"，可称为事实判断。概念的抽象度不同，则概念间存在从属关系，如"地球是太阳的一颗行星""鸟属于脊椎动物"，对这种从属关系的断定，可称为从属判断。一个概念对应的变量随另一个概念对应的变量的变化而变化，呈现某种规律，如"物体浸入水中体积越大，所受浮力越大""距离地面越高，大气压力越小"，对这种规律的揭示，可称为规律判断。对一个概念是另一个概念存在的原因或结果的断定，如"空气的流动是风形成的原因""地壳运动是地震、火山喷发等自然现象形成的原因"，可称为因果判断。一个概念是另一个概念存在条件的断定，如"一般情况下，当温度升高到 100 摄氏度或降低到 0 摄氏度时，水会沸腾或结冰""植物生长需要阳光和水"，可称为条件判断。

三、概念的定义

逻辑学中，概念的定义就是给概念下定义，定义的对象就是概念（或称词项）。采用陈波先生所著《逻辑学十五讲》的阐述：所谓定义，就是以简短的形式揭示概念、命题的内涵和外延，使人们明确它们的意义及其适用范围的逻辑方法[①]。简言之，定义就是对一个概念的内涵和外

---

① 陈波. 逻辑学十五讲 ［M］. 北京：北京大学出版社，2008：79.

延确切而简单的说明。

概念的内涵是指概念所指称的一类事物的特有属性或区别性特征。概念的外延是指概念所指一类事物包括的对象的集合。一般认为，概念的内涵是识别它的外延的向导、依据和标准。外延又是可以帮助理解内涵的具体事例。

概念都有内涵和外延。因此，要明确一个概念，既可以从内涵角度着手也可以从外延角度着手，于是就有"内涵定义""外延定义"。如果被定义项仅仅是该词项本身，于是就有"语词定义"。

（一）内涵定义

最常见的内涵定义的形式，也就是常用的下定义的方法，即先找出被定义概念的属概念，然后找出它与同一个属下的其他种概念之间的区别，简称"种差"，并以"被定义项＝种差＋属"的形式给出定义。

从不同的认识需要和角度出发，事物之间会显现出不同的差别，并且其中许多差别都能够把不同类的事物区别开来。因此，属加种差定义就有多种多样的表现形式。因为表达一类事物的概念，可以在性质方面，也可以在功能作用、来源、发生、形式、结构、操作程序、特殊关系等诸多方面寻找其差别。因此，就区别出性质定义、功用定义、发生定义等。

1. 性质定义

性质定义是以揭示对象物的特有属性作为种差的定义方法。

例：给"导体"下定义。首先寻找其属概念。即铜棒、铝块、铁丝、木棒、塑料块、橡胶条等，都属于物体，属概念就是抽象的上位概念——物体。而铜棒、铝块、铁丝等区别于其他物体的不同属性，是容易导电，这就是种差——与同级别其他概念的性质上的区别。换一种说法，导体属于物体，而导体区别于其他物体的是其容易导电性。此时得到如下定义：导体是指容易导电的物体。

2. 功用定义

功用定义是指以某种事物的特殊用途作为种差的定义形式。

例：给"电源"下定义。各种电池、水力发电、燃煤发电，都是一系列内在结构的运行和工作系统，都可以称为装置。装置为电源的属概念。而这些装置与其他装置的区别性功能是在工作状态下能够输出电能，这就是功用上的种差。得到电源定义：电源是能够提供电能的装置。

3. 发生定义

发生定义是从所指称的事物的发生、来源方面揭示种差的定义形式。

例：给"热传导""热对流""热辐射"下定义。热可以从高温物体向低温物体传递或从一个物体高温部分向低温部分传递。固体是从接触部分逐渐传递热，热辐射的物体可以不接触把热传递出去，而空气、水这样的流体产生相对流动在冷热流层传递热。热传递有三种方式。因此，三个概念的属概念是"热传递"，而它们传递热的差别是传热方式。因此，从传热的方式差异区分出三种传热情况。得到结论：热传导是指物体相互接触热从高温传向低温部分的热传递的一种形式。热对流是指通过流体（液体或气体）的相对流动而传递热量的一种形式。热辐射是热源通过发射光或电磁辐射进行的热传递。

4. 关系定义

关系定义是以事物之间的特殊关系作为种差的定义。

案例1：给"微生物"下定义。微生物与动物、植物一样，属于生物。但与动植物的区别是远比动植物要小。因此，微生物的属概念是生物，而在与动植物大小关系上区分，为种差。结论：微生物是一般要用显微镜才可看到的微小生物体。

案例2："奇数"的定义。奇数属于自然数、属于整数，选取整数作为其属概念。奇数与其他整数的区别是具有不能被 2 整除的数量关系，此为种差。结论：奇数指不能被 2 整除的整数。

5. 操作定义

通过一整套相关的操作程序的描述来给概念下定义。种差反映在操作程序的独特性上。

案例："实验"的定义。科学认识源自于观察，而观察分为自然观察和实验观察。因此，实验观察属于观察（简称实验）。但实验观察与自然观察的区别是是否控制变量或干预自然过程。而控制变量过程描述，就是呈现这种区别。结论：实验是通过控制自然变化中的变化因素去寻找各个变量变化对结果产生影响的因素的一种观察方法。

6. 合取定义和析取定义

合取定义是指一类事物具有共同的综合性特征，这时表征这类事物的概念是由这些特征所决定的。这种定义的属概念经常不是很明确的，充当种差的是事物的一些属性，合而取之，缺一不可。

案例：水是无色、无味、透明和可流动的。这就是对"水"概念的合取定义。当无色、无味、透明和可流动都满足时，才可判定这种物质是水，或说符合"水"的概念。而当其中有一项不满足时，则不符合"水"的概念，即判定不是水。

析取定义是指一个事物只要具有数个特征中的一个特征，就可以归入某一类。这种定义的属概念也不明确。充当种差的是某个特征，取而选之，数者择一。

案例："湿地"的概念。湿地是指不论天然或人工、常久或暂时之沼泽地、湖泊、泥炭地或水域地带，有静止或流动，或为淡水、半咸水或咸水水体者，包括低潮时水深不超过 6 米的水域等。这是析取定义，满足其中之一，则符合"湿地"概念，或说可以判定为湿地。

属加种差定义是有局限的。对于哲学的那些最普遍、最一般的概念，如"物质""意识""宇宙"等来说，在它们之外或者之上已经没有更大的、包含它们的属概念，因此就不能给它们下属加种差定义。也就是说它们的外延已经是最大的了，不可能找到其属概念，也就不能以"属加种差的方式"揭示其内涵。这种情况将使用下面讨论的语词定义中的描述性定义方式了。对于属加种差定义，除了最大、最外、最上的概念无法定义以外，最初的概念也无法定义。因为属加种差定义，是用概念定义概念，则最早的概念是如何形成的？这将形成无止境的嵌套。外延定义中的实指定义是解决这种情况的方法之一。

（二）外延定义

外延定义指出通过列举一个概念的外延，使人们获得对该概念的某种理解和认识，从而明确该概念的意义和范围。因此，外延定义也是一种比较常用的定义形式①。外延定义根据构成外延集合对象或元素的数量范围和列举方式，又分为穷举定义、列举定义和实指定义。

1. 穷举定义

如果一个概念外延集合内的对象很少，或者其种类有限，则可以对它下穷举的外延定义。

案例：岩浆岩、沉积岩和变质岩都是岩石。此定义没有揭示岩石的内涵，只是把外延都列举出来，通过岩石的种类获得对岩石的认识。

2. 列举定义

如果一个概念外延的对象数目很大，或者种类很多，无法穷尽地列举，于是就举出一些例证，以帮助人们获得关于该概念所指称的对象的一些了解。

案例：像铜、铝、铁这样的材料构成的物体，就是导体。该定义也没有揭示导体的内涵，即其容易导电的性质。而是通过具体导体去理解导体。

3. 实指定义

通过手指着某一个对象，从而教会儿童去认识事物和使用语言，这样的方法常被叫作"实指定义"。这是一种最粗糙、最幼稚和最不完善的获得概念的认识方式。但儿童正是使用这种方式获得大量的原始概念。

人们在科学上获得的很多最初始的概念，也是采用实指定义的方式。如"红色"，人们就是反复不断地指认这种颜色，将它与声音和文字的符号表征对应起来，建立"红色"概念。这样的概念似乎也只有通过这样的方式才能建立起来。小学生认识动物，也不断地反复指认诸如"蚂蚁""小狗""金鱼"等各种各样的动物，尽管没有"动物"概念内涵，但依据丰富的认识可以进行辨别和识别。

在讨论概念内涵定义时，曾经强调，用属加种差进行内涵定义，是用概念定义概念，最初始概念是无法由属加种差方式进行定义的，而最

---

① 陈波. 逻辑学十五讲 [M]. 北京：北京大学出版社，2008：84-86.

初始的概念获得的一种方式就是"实指定义"。

（三）语词定义

语词定义是指对语词的意义、用法、来源进行解释、说明或规定。语词定义不揭示事物的内在属性，在严格意义上，并不是概念。一个明显的特征是很难呈现确切的内涵和外延。而内涵和外延是概念具有的特征。在科学上，不断发现的科学事实和构建的科学规律、科学上共同的约定和统一的规定，要经常赋予符号表征，即指称科学事物。因此，就经常用到语词定义。

1. 描述性语词定义

对语词的解释性说明构成描述性语词定义。

属加种差定义时，对于无法找到属概念的最高、最大、最上的概念，就要用描述性语词定义了。

案例1："原子"概念。纷繁复杂的自然世界，总是可以从大的系统分解为小的部分，小的部分又可以分解为更小的部分……分解的最终结果是什么？应该有一个不可分割的最小部分。这个最小部分就被定义为"原子"，即构成自然世界的最小微粒称为原子。原子虽然最小，却是哲学上的上位概念。这就是对原子作出的描述性语词定义。

案例2："物质"概念。世界是由物质构成的，但物质是什么？世界上所有的存在，不论以什么方式、什么性质、什么结构，都是物质世界的组成部分。因此，物质被描述为：物质是客观存在。

2. 说明性语词定义

说明性语词定义是对某个语词既定含义的说明。

案例："乌托邦"，源自希腊语，是一个想象的、虚构的美妙、童话般的世界，表示一个理想的地方。这就是对"乌托邦"的说明性语词定义。

3. 规定性语词定义

对某个语词人为地规定某种意义就叫作规定性语词定义。

案例：地球绕自身轴的旋转称为"自转"。地球绕太阳的转动称为

"公转"。地球运动包括这两种形式，分别用两个语词给这两种运动形式作出规定，用来指称它们和区别它们。这就是规定性语词定义。当使用这两个概念时：地球自转，其对应的意义就是地球绕自身轴的旋转；地球公转，其对应的意义是地球绕太阳的运动。

第三节　小学科学中的概念定义方式

逻辑学是关于人类思维和思维规律认识的学科。科学中的思维活动脱离不了人类思维特点和规律。但科学更强调依据事实的思维，强调思维过程的清晰性和肯定性。而小学生的科学认识过程运用思维又处于人类思维的早期阶段，因此，对于小学生获得科学概念而言，具有这个年龄段的特点或说早期科学认识特点。

心理学对概念的研究，提出了概念的双层表征观点，即概念的表征分为原型和核心成分。原型在知觉上是显著的，但对概念的成员资格并不具有完全的诊断意义。核心成分则对确定概念的成员资格更具有诊断性，但倾向于相对地隐藏起来，不那么明显[1]。如"女人"概念，概念的原型就是女人的特征，包括女性的身体特点、服装、发式等。核心则是决定性别的染色体。染色体对性别判别是权威的，但是这个因素是深深隐藏的。"女人"的原型是明显表现出来的，我们在生活中就是通过原型对女人作出判断的。我们也明白这种判断不具有强说服力。对于科学概念的理解，小学生基本处于对于概念原型的感知和理解。注意，概念的原型和核心，都是概念的内涵，应该是内涵的两个层次。概念的另外一个属性是外延。我们谈到的"女人"，其外延应该包括女婴、女童、姑娘、大娘、媳妇等。

在了解逻辑学概念定义方式的前提下，重点提炼和讨论小学科学概念的定义方式。首先是属于外延定义的实指定义和列举定义，其次是语词定义且是语词定义中的规定性定义，最后是属于内涵定义的性质定义、

---

① 陈刚. 自然学科学习与教学设计 [M]. 上海：上海教育出版社，2008：115.

发生定义和功用定义。

一、实指定义

实指定义亦称"实指的外延定义""指示定义",是指出现实对象来揭示被定义项所指称的事物的定义[①]。实指定义的被定义项是个概念,定义项则是实物,它属于逻辑学中外延定义的一种。通过用手指着某个对象,或者借助其他身体姿态,教会儿童去认识事物和使用语言。例如:摸着耳朵教儿童说"耳朵"、指着灯教儿童说"灯"等等。实指定义是儿童学习母语、了解概念最原始、最有效的手段。实指定义是建立在语言基础之上,词与物的指称关系是以语言为前提条件的。实指定义是将语言指称为外在对象,词与物要建立起指称关系。

小学科学概念在理解层次上主要分为两类:第一类科学概念属于成年人能够准确理解,但处于小学阶段的学生由于认知发展水平没有达到能够理解抽象概念的高度而作出的感知性理解。第二类科学概念属于成年人也不能准确理解的科学概念。由于人类认识的局限性以及科学知识的发展性和可错性,目前还存在许多科学领域的谜团难以解答,对于部分科学概念,科学家也只能根据现有的观察或实验来给出定义。

例如:在科学上对"光"的定义是"能够引起人们视觉的电磁波",但小学生根本不知道什么是"电磁波",头脑中对"电磁波"没有明确的概念,那么用这种属加种差的方式来定义"光"的概念也就不能被学生接受。相反,教师可以通过给学生提供大量丰富的同类典型实物,引导学生亲历科学探究,来增加学生对科学概念的感性认识,让学生从事物外部特征的角度辨别、识别科学概念。教师可以为学生提供阳光、灯光、烛光等多种"光"的实例,使学生在头脑中形成"光"的丰富表象。在对"光"的感性实例进行思维加工的基础上,即通过比较、分类、分析、综合、抽象、概括思维过程,有效辨别"光"区别于其他概念的不同之处,形成"光"的关键特征,获得对光的认识。特别重要的是将"光"

---

① 陈波. 逻辑学十五讲 [M]. 北京: 北京大学出版社, 2008: 85.

与各种光现象建立联系。

　　小学中存在很多类似的科学概念。一般说来，科学上的特征实体概念，由于其具有可以指向的实体，又是以呈现的特征为识别标示，很多会用到实指定义方式。科学上的一些概念，如鱼类、鸟类、热、光、电、磁等，在人类的科学认识上有本质性认识，但是对于小学生而言，还只能认识这些概念的原型，即外部表征。因此，采用指认的方式获得这些概念的大量原型，并将这些原型储存在大脑中，能够在具体情景下进行辨别和识别。

二、列举定义

　　有些科学概念，其核心没有清晰地揭示或小学生还无法感知其核心，可以通过列举符合概念的例子，来获得对概念的理解。这种用列举的方式习得概念就是概念的列举定义法，列举定义属于外延定义。如果一个概念所指的对象数目很少，或者其种类有限，则可以一一列举出来，又称穷举定义。如果属于一个概念的外延的对象数目很大，或者种类很多，无法穷尽地列举，于是就举出一些例证，帮助人们获得关于该概念所指称的对象的一些了解，这就是列举定义[①]。

　　例如，"地形"概念，我们看到的陆地地形主要有平原、高原、山地、丘陵和盆地。列举典型的地形，理解地形概念。这是穷举定义。又如"太阳系"概念，由行星、行星的卫星、小行星、流星、彗星等构成太阳系，列举太阳系的具体成员，理解太阳系概念。这是列举定义。

　　由于小学生科学认识处于具体感知阶段，需要用各种方式获得丰富的关于科学事物的表象。因此，大量存在用列举定义的方式去获得对科学概念的理解。"种子的传播方式"，教材中是这样定义的："种子的传播有各种各样的方法，例如：巧借风力、动物帮忙、随水漂流和靠自身弹射力量等。"在列举这些例子的同时，还把用相应方法传播种子的植物列举出来，这样学生通过这些具体的实例，在头脑中有了清晰的反映，对

---

　　① 陈波. 逻辑学十五讲 [M]. 北京：北京大学出版社，2008：85.

于植物种子的传播方式这一概念就有了比较深刻的理解。"珍稀植物"就是通过列举银杏、水杉、银杉、人参、珙桐、金花茶这些植物，让学生去理解珍稀植物这个概念的。"动物的繁殖方式"，动物繁殖的方式主要有卵生和胎生两种。一般情况下，蚕、蚂蚁等昆虫，鱼类、青蛙、蟾蜍等两栖类，蛇、海龟等爬行动物类以及鸟类等动物都是卵生的，大多类哺乳动物是胎生的，但有一些低等的哺乳动物是卵生的，例如鸭嘴兽。"动物的生命周期"，动物出生后，都要经历生长、发育、繁殖、衰老和死亡等生命过程。不同动物的生命过程各不相同。例如：蚕经历了卵、幼虫、蛹、成虫的生命过程；蝗虫经历了卵、幼虫、成虫的生命过程；兔经历了胎儿、幼兔、小兔、大兔的生命过程等。简单机械，杠杆、滑轮、轮轴和斜面都是能帮助人们工作和生活的装置，又称简单机械。

用列举的方式习得概念，是获得对概念的理解。一般说来，大多数概念都可以用列举定义的方式获得某种程度上对概念的理解。但列举定义的方式没有揭示概念的内涵，完全用列举的方式可以习得的概念，局限性大。因此，列举定义的方式常常与其他习得概念方式，特别是内涵定义方式结合使用，列举定义对概念理解的作用更为凸显。

三、规定性语词定义

科学是对自然世界无止境的探索过程。考察科学技术发展史发现，不断有新事实、新规律、新方法产生。因此，要对这些新出现的认识成果给予指称，对其含义进行说明或规定。这种概念的习得就是语词定义。描述性语词定义往往涉及哲学层面的大概念，如"物质""宇宙"等，在小学科学中经常直接使用，也就是不去作出定义。说明性语词定义往往是先存在语词，然后对语词进行解释，与小学生科学认识过程不符，很少用到。小学科学中存在的语词定义，一般是对科学事物的规定，即对某个语词人为地规定某种意义，也就是规定性语词定义。因此，在小学科学学习层面，我们只讨论规定性语词定义。

小学科学中规定性语词定义又可以规定内容的性质，划分为以下几种。

一是方法性规定。如"纬线"的概念，与地轴垂直并且环绕地球一周的圆圈，赤道是最大的纬线圈。"风向"，风吹来的方向叫作风向。"摆"，把细线系在一个支架上，在细线下面栓一个重物，用手横向拉起重物，然后放手，重物就会像吊灯一样摆动起来，这个装置叫作摆。"滑轮"，滑轮是一种边缘有槽的特殊轮子。"定滑轮"，有的滑轮可以固定在一个地方，叫作定滑轮。"动滑轮"，有的滑轮和重物同时移动叫作动滑轮。"滑轮组"，把定滑轮和动滑轮组合在一起的装置，叫作滑轮组。"轮轴"，像方向盘这样的装置叫作轮轴。"斜面"，斜搭的木板和引桥是斜面。"乐音"，有的声音悠扬和谐，悦耳动听，这种声音叫作乐音。"噪音"，噪音是物体无规律、杂乱的振动产生的声音。"地轴"，地球仪转动时，围绕旋转的轴叫作地轴。"地球自转"，地球每时每刻都在围绕着地轴转动，地球的这种运动叫作自转。

二是命名性规定。鱼的结构中各部位名称："头、鳃、鳞、鳍"等。种子的结构各部分的名称：菜豆种子外层的皮叫种皮。菜豆种皮里的豆瓣叫子叶。菜豆的种子有种皮、子叶和"小芽"等部分。"小芽"主要由胚芽、胚轴和胚根组成。子叶和"小芽"合起来叫作胚。"大气层"，在地球的周围围绕着一层厚厚的空气层，这就是大气层。"北极星"，有一颗星星几乎整夜不动地挂在北方的天空中，这就是北极星。"银河系"，通过天文望远镜观测，人们在晴朗的夜晚，遥望天空看到的"银河"，原来是由大约 1000 多亿颗恒星组成的，人们把这个庞大的恒星集团叫作银河系。"河外星系"，天文学家在银河系外已经发现了 10 亿多个像银河系一样庞大的恒星集团，人们把银河系外的恒星集团，叫作河外星系。

三是纪念性规定。在科学中，有很多新发现的科学现象是用科学家的名字或地名来给予指称的，也有很多物理量规定为科学家的姓名。如"伦琴射线""喀斯特地貌""雅丹地貌"，力的单位"牛顿"、频率的单位"赫兹"、温度的单位"摄氏度"等，具有纪念性。小学科学中涉及纪念性规定不多，主要是力的单位"牛顿"、温度的单位"摄氏度"。

四是划分性规定。如"青春期"概念，"青春期是人从童年到成年的过渡期，是指从生殖器官开始发育到成熟的阶段"。"风力"，风力是指风速的大小，风力用"风级"表示，通常把风力划分为 13 个等级，即 0～12 级。一年分为四季、一年十二个月、一天 24 小时、经度、纬度、震级等。

作为语词定义，其揭示了语词的本身意义。它没有揭示概念的内涵和外延，只是对表达概念的语词意义作了定义。因此，规定性语词定义，不要简单地作为科学规定告知学生，在教学中要明确其指称的意义或定义的目的，使学生顺畅地理解和正确使用。规定性语词定义适用的被定义的概念，相对实指定义和列举定义，是很清晰、易于识别的。小学科学课程标准中涉及的规定性语词定义概念：物质科学中的东、西、南、北，正电、负电，磁极，磁铁的南极、北极，乐音、噪音。生命科学中的胚，胚轴，胚根，子叶，胚乳，种皮，叶的表皮，叶肉，叶脉，花柄，花托，萼片，花瓣，雄蕊，雌蕊，鳍，鳃，大脑，小脑，脑干。地球科学中的地球自转，地球公转，经线，纬线，地轴，风力，风向。

四、性质定义

有些科学概念，是从科学事物的性质或特征方面揭示其核心的。这种习得概念的方式称为性质定义。性质定义属于内涵定义或说属加种差定义。性质定义就是从被定义概念所指称的事物性质或特征方面揭示种差定义的形式[①]。

如"光源：能够发光的物体叫光源。"光源的属概念是物体，其特殊的性质是能够发光。"热的良导体：容易传热的物体。"热的良导体的属概念是物体，其特殊的性质是能够传热。"肉果：果皮肥厚多肉的果实。"肉果的属概念是果实，其特殊的性质是果皮肥厚多肉。

有些性质定义概念揭示了科学事物的多种性质或特征。如，"水是透明的、无色、无味的液体（没有固定形状，可以流动）"。水的属概念是液体，与其他液体的区别是透明的、无色的、无味的。由于透明的、无色的、无味的多种特征要同时存在才符合水的概念，这种定义也称为合

---

① 王海传，岳丽艳，陈素，等. 普通逻辑学 [M]. 北京：科学出版社，2013：38.

取定义。再如，"砂土：颗粒大、黏性小、颗粒之间缝隙大，容易渗水。"砂土的属概念是土，与其他土的区别是颗粒大、黏性小、颗粒之间缝隙大，容易渗水。颗粒大、黏性小、颗粒之间缝隙大，容易渗水要同时存在才符合砂土的概念。还有一些性质定义概念是用多种特殊性质或特征之一来表征的。如，湿地不论是天然的，还是人工的；不论是持久的，还是暂时的；不论是停滞的，还是流动的；不论是淡水的，还是半咸水、咸水的水体，凡是沼泽地、湿原、泥炭地，包括低潮时水深不超过 6 米的水域，都属此列。湿地的属概念是水域，符合定义所描述任何一种特征就符合湿地概念。这种多种特征符合其一就符合概念的定义，又称析取定义。再如，植物的向性运动：植物因受外界环境的影响所产生的定向反应运动，如：向光性、向重力、向触性。向性运动的属概念是植物的运动，符合定义所描述任何一种特征就是符合向性运动的概念。

五、发生定义

有些科学概念是从科学事物的发生、来源方面揭示其核心的。这种习得概念的方式称为发生定义。发生定义也属于内涵定义或说属加种差定义。发生定义就是从被定义概念所指称的事物发生、来源方面揭示种差的定义形式。

《勺柄是怎样变热的》一课，对"热传导"这一科学概念是这样描述的：温度不同的两个物体接触时，温度高的物体会向温度低的物体传递热；同一个物体，也会从温度较高的部分向温度较低的部分传递热。这个概念是从热传导的发生条件（接触）和发生过程（传递）进行定义的，属于概念的发生定义。《流动的空气》一课，对于"风""自然界的风"分别是这样描述的：空气流动形成风；自然界的风是在空气有冷热差别的条件下形成的。从概念的描述看，这两个概念是从风的发生、来源角度进行定义的，也属于概念的发生定义。"转动是物体绕一个固定轴的运动"，转动有明确的属概念"运动"，其独特的发生方式是绕固定轴运动。如果一个叶柄上只生有一个叶片，那么它就是单叶。如果一个叶柄上生有两个或两个以上小叶的，那么它就是复叶。一个叶柄上生长出叶片数量是"单叶""复叶"的种差，也就规定出单叶、复叶的区别。

六、功用定义

有些科学概念，是从科学事物的功能和作用方面揭示其核心的。这种习得概念的方式称为功用定义。功用定义属于内涵定义或属加种差定义。功用定义就是以某种事物的特殊用途作为种差的定义形式①。

《茎的组成》一课，"在植物的茎里有运输水分的管道，叫导管"，植物茎中的导管，是从其功能上与其他管道作出区别，属概念是管道。这种定义方式就是功用定义。《流动的水》，学习"水能"概念，"水流冲击小水轮使小水轮转动的能就是水能"，属概念是能，而与其他能的区别是从水流的作用上体现的，就是功能、作用上的种差，也属于功用定义。其他的，如，土壤是陆地表面能够生长植物的物质。土壤的属概念是物质，与其他物质的区别是存在于陆地表面具有能够生长植物的功能。脑是人的各种活动，主要由神经系统控制，脑是控制中心。脑的属概念是控制中心，与其他控制中心的区别是具有通过神经系统控制人各种活动的特殊功能与作用。生物学上的很多概念是通过功能与作用揭示其内涵的，如"繁殖""胃""小肠""肌肉"等。

科学概念是对科学事物本质的揭示，应该从内涵上定义。实指定义、列举定义，都是外延定义，严格讲都不是概念定义。但是这些外延定义，对小学生理解概念和习得概念却具有重要作用。实指定义是最不严谨的，但通过这种方式可使小学生获得大量概念的原型，可以进行辨别和识别，是后续科学认识的基础。列举定义也不能揭示概念的核心成分，但其易于感知的特点却能有效地帮助学生理解概念。发生定义、功用定义、性质定义，属于内涵定义，在小学科学概念习得过程中，大量地与列举定义结合使用，显示出小学生概念形成的形象性特点。在小学科学概念教学中，教师要区分不同性质的概念，有针对性地采用不同的概念习得方式，帮助与促进小学生对科学概念的理解。

---

① 王海传，岳丽艳，陈素，等. 普通逻辑学 [M]. 北京：科学出版社，2013：39.

第四节　概念定义方式在小学科学教学设计中的应用

一、实指定义的使用

（一）使用实指定义的原则

第一，使用实指定义的概念是小学生不能理解其内涵或者是人类也还没有认清其内涵的概念。6 到 12 岁的小学生处于皮亚杰认知发展心理学中所划分的具体运算阶段，这一阶段学生的基本思维特点是：从以具体形象思维为主要形式逐步过渡到以抽象逻辑思维为主要形式。但这种抽象逻辑思维在很大程度上，仍然是直接与感性经验相联系的，仍然具有很大成分的具体形象性。小学低年级段学生根本不能指出事物的最本质含义，而高年级段学生即便是能够逐步区分事物的本质与非本质特征，但在很大程度上还是需要具体实物来支撑。正是由于该阶段小学生的思维特点是与感知具体事物密切相关，所以通过实指定义对科学概念下定义、做解释也在情理之中。小学生的思维与认知发展水平还没有成熟，还没有足够的能力去接受相关的学习内容，对许多内涵定义中"属"的概念和"种"的差别不能准确理解，也就不能将"种"的差别内化到"属"的概念中。这样的概念，考虑用实指定义的方式学习。

第二，使用实指定义的概念是要清晰地指向具体科学现象。实指定义的被定义项是个概念，定义项则是实物。这里的"实物"，在科学上，指可以被感知的对象。既包括视觉上的具有具体形象的物，也包括视觉的"光"、肤觉的"热"、听觉的"声音"等。因此，实指定义是将语词与具体科学现象之间建立起指称关系。能用实指定义的概念必须是可具体感知的。像"繁殖"这样的发生概念、"生态系统"这样的功用概念等，就无法使用实指定义方式给概念下定义了。

第三，学习实指定义的概念，反映概念的具体物要尽量多，认识次数也要多。通过实指定义对科学概念作出解释，必须亲自体验多种具体实物，还需要在一定的时间段内反复指认，才能建立起概念词与实物之间的关系，在一定程度上理解科学概念的内涵。只有以小学生这种特有的思维认知方式为基础，从身边的自然事物导入学习活动，用学生能够理解的语言对科学概念进行描述，才能帮助他们理解抽象的科学概念。

第四，从概念获得的意义上讲，用实指定义获得的概念，主要是用来进行辨别和识别。也就是说，概念是可以使用的，但不要求学生说出概念定义，确切讲也说不出来概念定义。因此，不能强调解释概念内涵，而重点是概念外延的学习，尤其需要强调的是建立概念词与实物的对应关系，间接地去理解概念。

(二) 使用实指定义的要点

首先说，采用实指定义进行概念学习，要满足这种定义方式的第一、第二条原则，即小学生无法理解其内涵且概念本身明确指向某一科学现象。但是因为没有概念定义，在课标和教材中很难识别。如"动物（各种各样的动物）""植物（各种各样的植物）""光""热""声音"等。一般说来，教材中有明确标题，标题概念下呈现若干实例，但不对概念下定义。这种情况的概念学习，就是在使用实指定义。其次，对于实指定义的使用，需要大量实例和反复指认。特别强调的是在不同情景中的变式重复。最后达到以辨别、识别的方式应用概念。

如，"热"的概念，表述为"物质运动的一种表现。其本质是大量实物粒子（分子、原子等）的混乱运动（热运动），这种运动越剧烈，由这些粒子组成的物体或体系就越热（即温度越高）"。此概念揭示了"热"的运动本质，也就是概念的核心。作为儿童，开始学习"热"的概念，微观粒子是无法感知的，他们不能将微观粒子的运动与宏观热现象联系起来。因此，首先获得大量关于"热"的原型，即火、冷热水、冷热不同的物体、冷热气等，然后感知热的产生、热的传递、热平衡及热的测量（温度）等。小学科学课程标准，包括各版本小学科学教材，都没有要求"热"的概念，小学生对"热"概念的学习就是通过对各种热现象的感知中获得一定程度的理解。这个例子，只是帮助小学科学教师理解实指定义。下面的例子用来说明实指定义的教学设计应用。

例如，"参照物"的学习。

教师在讲台上摆放了一只红粉笔和一只白粉笔，拿着红粉笔放到白粉笔旁边，与学生互动："红粉笔动了吗？白粉笔呢？"通过学生回答，揭示运动和静止两个词语。追问学生："你怎么知道红粉笔运动了？"学生会说："我看到红粉笔动了。"接着，教师请大家闭眼，趁机将红粉笔摆放到稍远的位置后请大家睁开眼。再问："红粉笔动了吗？""动了！""你怎么知道的？"学生会说："原来在这儿，现在在那儿。"教师揭示："根据红粉笔的位置变化，你们发现红粉笔运动了。一个物体相对于另一个物体的位置发生了变化，我们就说这个物体运动了。（揭示了运动的概念）红粉笔的位置，原来在哪？现在又在哪呢？"学生会说："原来在白粉笔旁边，现在离白粉笔远了。"或者说："原来在桌子的左边，现在在桌子的右边。"教师肯定："你们说的都对！我们借助桌子和白粉笔都可以发现红粉笔的位置发生了变化，它们相对于红粉笔来说都是另一个物体，它们就是红粉笔运动的参照物。参照物是指事先假定不动或静止的物体。"为什么要假定呢？再次创设情境，将红粉笔放在科学书上，教师移动科学书，问："红粉笔运动了吗？"这时，学生会产生分歧，一部分学生认为红粉笔运动了；另一部分学生认为红粉笔没有运动。通过追问，他们会说：红粉笔相对于科学书来说，位置没有变化，红粉笔没有运动；红粉笔相对于桌子来说，位置发生了变化，红粉笔是运动的。根据运动的定义，这两种观点都是合理的，问题的关键就在于同学们选取的参照物是不同的。桌子可以是参照物，运动的书本也可以是参照物，因此"假定"这个关键词就是非常必要的。最后，再请学生思考：有人说我们居住的房屋也在运动。你怎么看待这个说法？通过学生对地球自转和公转的了解，学生发现地球本身都在时刻进行运动，在地球上的物体当然也随之在运动。教师再将范围扩大：太阳是静止的吗？银河系是静止的吗？宇宙中有静止的物体吗？最终渗透"绝对运动，相对静止"的科学思想。描述物体的位置变化与否，总是相对一个标准物的，而这个标准物是可选择的。在动与没动的反复指认中，凸显出相对不动的标准物。将这个每次确定为不动的标准物称为参照物。建立起"参照物"概念与

"假定为不动的物体"之间的联系或说指称关系。学生在以后学习物体运动时，使用参照物概念，理解描述物体的运动必须相对于参照物而言。

二、列举定义的使用

(一) 使用列举定义的原则

小学生所处的科学学习阶段，很大程度上，进行概念的原型的感知性学习。有很多概念还不能解释其内涵，经常进行举例说明。因此，使用列举定义的第一个原则，就是针对小学生无法理解或说还没有能力理解其内涵的概念，需要通过外延列举来体会，这时采用列举定义的方式。第二，所使用例子，或说外延中的对象，或说几何中的元素，一定要具有典型性。所谓典型性，是指所使用的这些例子要具有共同特征或共同属性，属于一个类当中。尽管这些共同特征或属性对小学生来说是抽象的或模糊的，但教师在进行教学设计时是清楚的，是由教师来把握的。第三，通过列举的方式，可以通过概念的划分进行分类，理解概念本身。划分是明确概念外延的逻辑方法。以概念所反映的对象的一定属性作为标准，将一个属概念分为几个种概念，以明确概念的外延①。列举定义的方式就是概念划分的逆过程，也就是通过列举种概念，获得共同特征或属性，说明属概念或说获得对属概念的理解。分类属于划分，但是分类这种划分要求根据事物的本质属性或显著特征来进行，它反映了人们对事物认识的系统化，具有稳定性。而分类以外的划分可以根据实践需要任选依据进行。因此，科学上的划分，基本上是进行概念分类。同时需要强调，划分必须明确属概念的全部外延，而列举则可以只明确属概念的部分外延。明确概念的全部外延是逻辑学要求。而科学方面，由于人类认识的局限，不可能明确全部外延，只可能有限列举。因此，我们可以通过列举实例作出概念归类，即判断实例属于哪一类。

---

① 《普通逻辑》编写组. 普通逻辑 [M]. 上海：上海人民出版社，2010：130.

（二）使用列举定义的要点

在小学科学教学中，列举定义经常结合内涵定义，去定义概念和理解概念。单纯用列举定义的概念，往往针对概念的分类性划分。如，动物的生命周期。"动物出生后，都要经历生长、发育、繁殖、衰老和死亡等生命过程，称为生命周期。"通过列举出生长、发育、繁殖、衰老和死亡等生命特征或阶段，说明动物都有由生到死的过程。通过繁殖再产生新的个体，又开始新的由生到死的生命过程。生生不息，周而复始，呈现出生命的周期性。不同动物的生命过程各不相同。在教学中，需要通过若干实例，展示生命过程，说明生命的周期性。如：蚕经历了卵、幼虫、蛹、成虫的生命过程；蝗虫经历了卵、幼虫、成虫的生命过程；兔经历了胎儿、幼兔、小兔、大兔的生命过程等。动物发育成熟，这时具备了繁殖能力。成年动物在不断繁殖其后代的过程中，逐渐衰老，直至死亡。此时，针对某一个具体动物，可以判断其所处生命阶段。如，蚂蚱是蝗虫的成虫阶段、蚕茧中的蚕是蚕的蛹形态等。这就是进行生命过程的阶段归类。

如，简单机械，"杠杆、滑轮、轮轴和斜面都是能帮助人们工作和生活的装置，又称简单机械"。"机械"的概念是模糊的，"简单机械"概念也是模糊的。所谓模糊，就是没有清晰的内涵。通过列举杠杆、滑轮、轮轴和斜面实例，具体说明和理解简单机械。在小学科学课程标准中和小学科学教材中，会对构成简单机械的杠杆、滑轮、轮轴和斜面进一步进行学习。学生会认识到具体的杠杆（或变形杠杆）、轮轴、滑轮和斜面属于简单机械，这就是归类过程。而对杠杆、轮轴、滑轮和斜面的作用和功能的理解，会帮助学生更深刻地理解简单机械的概念。

如，认识哺乳动物的繁殖方式时，要尽可能多地给学生准备足够的观察对象的图片或视频资料，并充分发掘学生已有的生活经验，所观察的哺乳动物生活范围要包括水中、陆地、天空等不同环境；通过观察，引导学生发现：马、牛、羊是胎生的；蝙蝠是胎生的；鲸是胎生的……，所以哺乳动物是胎生的。虽然学生不能充分理解胎生的内涵属性（动物的受精卵在雌性动物体内的子宫发育成熟并生产的过程叫胎生），但是通过列举一系列具有这一属性的动物，学生对概念的内涵有了初步的认识，而且能对是否是胎生作出准确的判断，在大脑中对这一概念进行了初步的建构。同样在学习茎的共同特征这一概念时，要尽可能多地准备各种不同植物的茎，要尽可能地涉及各种各样的茎，如地上茎、地下茎、直立茎、攀援茎、缠绕茎、匍匐茎等，通过大量感性材料的积累，归纳出事物的共同特征，这样通过列举定义的方式习得概念，学生对概念内涵的理解会更加深刻。

三、语词定义的使用

（一）使用语词定义的原则

在小学科学课程中的语词定义，主要是规定性语词定义。这种定义方式，就是对某个科学事物赋予其符号表征，也就是要起个名字来指代科学事物。规定性语词定义经常是针对一个科学事物或一类科学事物的某个部分。其与实指定义、列举定义的区别是：不要求针对大量实例进行反复认识，也就是说不会获得类的认识。在教学过程中，作出语词规定的过程，往往不是学习的主要部分，经常规定事物的符号后，重在使用统一的符号或称谓。因此，使用规定性语词定义的原则：第一，虽然是"人为"作出的规定，但指向一定是清晰的、意义是明确的。第二，所选用符号具有某种含义，具有某种"顾名思义"的特点。第三，在科学解释与交流过程中，必须采用科学上的统一规定。

（二）使用语词定义的要点

对于方法性规定概念，明确具体方法，理解概念的意义，如"经线"和"纬线"。在教学中，提出问题"在茫茫的大海上，如何确定一艘轮船所在的位置？"或"飞机航行中，飞行员如何判定自己在地球上方的位置？"。为了解决上面的问题，要建立地球坐标，就规定出了经线和纬线。纬线，与赤道面平行，环绕地球一周的圆圈。所有的纬线都指示东西方向。纬线圈的大小不等，赤道为最大的纬线圈，从赤道向两极纬线圈逐渐缩小，到南、北两极缩小为点。经线，连接南北两极的并同纬线垂直相交线，指示南北方向。所有经线都呈半圆状且长度相等，两条正相对的经线形成一个经线圈，任何一个经线圈都能把地球平分为两个半球。在操作方法上作出规定以后，明确"经线"和"纬线"是人们在地球仪和地图上画出来的，为的是在地球上确定位置和方向。这样，学生既知道了经线和纬线的规定，也理解了它们存在或这种规定的意义。

对于命名性规定概念，在理解其含义的基础上，进行标示和识记。如种子的结构各部分的名称，菜豆种子外层的皮叫种皮，菜豆种皮里的豆瓣叫子叶。"种皮"是依据特征直接命名的，而子叶将是种子发育成植株的第一对植物的叶（有的植株子叶在土壤上方，有的在土壤下方），"子叶"一词，具有顾名思义的意思。菜豆的种子有种皮、子叶和"小芽"等部分。子叶和"小芽"合起来叫作胚。对动物而言，胚胎将发育成小动物，而子叶和小芽构成的种子部分，将发育成植株，也就具有植物胚胎的意思，命名为"胚"。"小芽"主要由胚芽、胚轴和胚根组成。在教学中，呈现种子发育的各个阶段，直到完整的植株。看到植株的各个部分与"小芽"的对应关系，此时命名：种子中将来发育成植物根的部分，称为胚根；将来发育成叶的部分，称为胚芽；而连接胚根和胚芽的部分是将来发育成根和茎且连接在一起的部分，称为胚轴。这样的命名性规定概念，学生可以明白其蕴含的意义，把握其特点，更好地识记和使用。

对于纪念性规定概念，一般要应用科学史资料，明确所做规定的纪念意义。如，"雅丹地貌"。雅丹地貌属于"风成地貌"中的"风蚀地貌"。在通过视频观察和图片观察获得感性认识后，说明这种地貌在我国新疆雅丹地区表现最明显，也称为"雅丹地貌"。再如，我国小学科学中，温度的单位采用"摄氏度"，实际上是温度的一种标示方式，即纯水在一个标准大气压下沸腾的温度规定为100度，结冰的温度规定为0度，在0度到100度之间进行100等分，每一等份为1度，0度以下和100度以上，等间隔外推。这种温度的标示方式是法国科学家摄尔修斯作出的，我们采用和使用的。为纪念摄尔修斯，将使用这种温标的温度单位定义为摄氏度。

对于划分性规定概念，一般要明确划分的依据或节点，理解阶段特征。如，一年四季的划分。"年"作为一个计时单位，本身是划分性规定。在地球上某个点（在南、北回归线之间）从太阳直射到下一次直射，太阳回归，其周期就是一个回归年。小学科学不涉及这个内容，而是学习一年中的四季。实际上一年中冷暖变化，分成了四个阶段，即春、夏、秋、冬四季。在教学中，告知学生四季，体会四季的特征，理解四季的循环变化是可行的。但是为什么划分为四季？划分的标准是什么？四季的划分，可以采用天文特征，也可以采用气候特征。针对小学生，主要采用天文特征，配合使用气候特征，从熟悉的昼夜长短变化切入。提出问题"一年中什么时候白天最长，什么时候白天最短？有没有白天、黑夜一样长的时候？"一年中，有一天白昼最长（黑夜最短），称为夏至；白昼最短的一天（黑夜最长），称为冬至；分别存在两个一天，昼夜长短一样，分别称为春分和秋分。这样，就存在四个标准点。夏至附近时间段是最热的，这个时间段称为夏季；冬至附近时间段是最冷的，这个时间段称为冬季。而春分、秋分附近时间段温度居中，分别称为春季和秋季。四个季节是连续的，且夏至这天在7月、冬至这天在1月、春分在4月、秋分在10月（指北半球，南半球正相反）。这样，一年12个月，每季3个月。根据气温高低、冷热的不同，把3月、4月、5月定为春季；6月、7月、8月定为夏季，9月、10月、11月定为秋季；12月、1月、2月定为冬季。学生知道了四季，也知道了四季划分的标准，便可以更深入地理解四季交替变化。特别是白昼时间长短与地球接受太阳光能量之间的关系，即夏季接受光照时间长，获得光能多，温度高；冬季接受光照时间短，获得光能少，温度低；春季和秋季居中。

四、内涵定义的使用

（一）使用内涵定义的原则

内涵定义是以揭示概念内涵的方式给概念下定义，区别于外延定义和语词定义，是真正意义上的概念定义。而内涵定义最普遍的应用方式就是属加种差定义方式。排除不可用属加种差方式进行定义的最大概念和最初级概念，一般说来都要采用这种内涵定义方式。对于小学生的科学学习而言，除了属概念本身很抽象，难于理解，或揭示种差的方式还不能被很好感知的情况，都尽量采用属加种差定义方式。

（二）使用内涵定义的要点

使用属加种差的方式进行内涵定义，第一，要判断所学习的概念是否可以使用属加种差定义方式。也就是说，这个概念是否存在上一级概念，即属概念。如"物质""宇宙"这样的概念，找不到属概念，则无法归类，也就无法使用属加种差定义。另外一种情况是最最初始的概念，无法揭示种差，像"红色""基本粒子"这样的概念，也无法使用属加种差定义。第二，属加种差定义，显然是寻找属概念和揭示其种差。一个科学概念，对于教师来讲，是把握或理解的。根据概念的性质，设计具体的观察实验，揭示种差。如概念符合发生定义，则要通过观察实验呈现出的发生方式揭示其种差。接下来是概念的概括。概念的概括是思维的重点由特殊转向一般、由具体转向概括的过程，以便更深刻地认识事物本质。换句话说，概念的概括是从种概念过渡到属概念的逻辑方法①。通过种概念所表现出的共同特征或内在属性，寻找到它们属于的类，也就是属概念。如，"蜡烛可以发光""太阳可以发光""火炉可以发光""灯泡可以发光"……"蜡烛""太阳""火炉""灯泡"的共同特征是可视的有形的物质，也就是物体。"可以发光"是这小类物体区别于其他物体的区别性属性。给这小类物体一个类的指称，即建立一个概念——"光源"。可以看到，寻找种差的过程是寻找这一小类与同类相比的区别性特征或属性从而将其自身的特殊性揭示出来；寻找属概念的过程是确定这一小类与其同类的共同特征或属性从而归类的过程。第三，依据观察实验揭示出的种差和概念概括得到的属概念，作出属加种差定义，如"光源，指能够发光的物体"。

___

① 王海传，岳丽艳，陈素，等. 普通逻辑学［M］. 北京：科学出版社，2013：34.

五、列举定义与内涵定义的结合使用

人们在使用概念时，不仅要明确它的内涵，而且要明确它的外延。要明确概念的外延，就要说明一个概念的外延反映的是什么对象，包含了哪些分子（或子类），适用多大的范围。概念的外延有大有小。单独概念的外延只包含一个单独的对象，可以用指出这个对象的方法来明确它的外延。对于普遍概念的外延，有时候由于它包含的分子是有限的、可数的，也可以用列举对象的方法来明确它的外延。

对于小学生的科学概念学习，实指定义、列举定义、语词定义都是适合其年龄阶段的。同时也有大量的内涵定义应用，以促进其概念能力发展。概念表征区别为概念原型和概念核心，尽管小学科学概念的内涵定义主要是从概念原型层次作出的，但是小学生对概念的理解仍然存在一定难度。在小学科学教材和小学科学教师的教学中，大量存在将列举定义的感知性优势与内涵定义的抽象性意义结合起来，以适合这个年龄段科学认识特点且帮助他们更好地获得和理解科学概念。

（一）列举与性质定义的结合使用

由科学事物的本质属性对概念下定义是小学生最难以理解的。往往在由科学事物的关键性属性或特征对概念下定义的时候，适合小学生的认知特点，同时结合符合概念的具体例子，用列举的方式帮助小学生理解性质概念。

案例1：《热的良导体和热的不良导体》一课要求指导学生建立热的良导体和热的不良导体的科学概念。教材对这两个概念是这样描述的：容易传导热的物体叫热的良导体；不容易传导热的物体叫热的不良导体。金属是热的良导体；水和空气是热的不良导体。从概念的描述可以看出这两个概念是从"热的良导体和热的不良导体"的性质角度进行定义的，属于概念定义方式中的性质定义。同时，又列举了具备这一属性的物体，"金属""水和空气"去说明导热性。这是教材中的列举与性质定义的结合。

案例2："消费者"的概念：蝗虫、老鼠、蛇、猫头鹰等不能利用太阳能等制造营养物质，它们只能直接或间接地利用生产者制造的营养物质，所以叫作消费者，在这个概念中，既有性质定义也有列举定义，性质定义是从科学事物的性质或特征方面揭示其核心的，即"使用生产者制造的营养物质"。但"消费者"这个概念的核心学生不易感知，所以又以列举定义的方式加以说明，以利于学生去习得概念。

案例3：《导体和绝缘体》，要求指导学生建立导体和绝缘体的科学概念。教材对这两个概念是这样描述的：容易导电的物体叫导体；不容易导电的物体叫绝缘体。可以发现这两个概念是从导电性进行定义的，属于概念定义方式中的性质定义。在教学中，教师向学生提供纸、铝片、铜钥匙、橡皮、塑料尺子、导线的外皮（橡胶）、木头、回形针、钉子、铁丝，让学生将它们分别连接在简单电路中，看哪些材料在简单电路中能够使小电珠亮起来，哪些材料不能够使小电珠亮起来，并进行记录。通过实验学生发现铜钥匙、回形针、钉子、铁丝、铝片，能够使小电珠亮起来；橡皮、塑料尺子、导线的外皮（橡胶）、木头，不能够使小电珠亮起来，得到"导体""绝缘体"概念。"像铜、铁这样的金属，容易导电，称为导体。""像塑料、橡胶这样的非金属，不容易导电，称为绝缘体。"既从性质上揭示了导电性的内涵，也用具体例子获得具体感知。

（二）列举与功用定义的结合使用

对于以功能与作用作为种差的概念的学习，要明确概念的属概念，要设计观察或实验，揭示该概念所要表达的特殊功能与作用。尤其是提供明确概念外延的具体例子，将功用定义与列举定义结合起来，更好地理解和把握概念。

案例1：教师指导学生建立有关人体器官功能和作用的科学概念，如：大脑、小脑、脑干、大肠、小肠、呼吸道等。对于这些人体器官的功能和作用，科学上采用的研究方法是典型归纳法，即科学家通过对人体的解剖等工作得出人体各个器官的功能与作用。但是在教学上，教师会采用演绎法，即以科学研究的结果的模型来说明各个器官的功能与作用。由于这些都是人体器官，也就明确了各个具体器官的属概念。而它们之间的区别或说区别性特征是各自的功能不同。因此，对它们的定义就是采用属加种差功用定义方式，同时用列举的方式帮助学生理解。如：《脑的保健》一课，"大脑"概念的学习。人体解剖生理学中，定义"大脑"是"人类在长期进化过程中发展起来的思维和意识的器官"。小学科学经常定义为"大脑是人体司令部"。如何认识大脑这种独特功能或者说揭示其功能上的种差，是教学设计重点考虑的问题。在教学中，借助脑的模型，学生认识脑的结构，重点是通过各种各样的活动感知脑的作用与功能。安排如下活动：一是分别睁眼和闭眼沿直线走路，哪种情况走得直，体验大脑的调节功能。二是现场背诵一首短诗，体验大脑的记忆功能。三是拼"七巧板"，体验大脑的思维功能。四是"接尺子"活动，即将尺子竖直释放，看谁最快将其卡住，体验大脑的反应控制速度。对"大脑"概念作出定义：大脑是具有记忆、思维和调节控制等功能，负责人体所有各种活动的器官。可以看到，在揭示大脑特殊功能的同时，也具体列举出记忆、思维和调节控制这样的具体例子。对大脑这样的概念的内涵理解，在具体例子的支持下，感知性更强。

案例2：《叶的组成》一课，对"叶的着生方式"的作用是这样描述的：植物的叶无论以哪一种着生方式生长，都是为了使每张叶片接受阳光的面积最大，互不遮挡，以利于进行光合作用。其中关于叶的着生方式的类型，通过举例的形式让学生感知，即：互生、对生、轮生。教师为学生准备的叶子有桃叶、蚕豆叶、丁香叶、夹竹桃叶、金鱼藻叶、薄荷叶、女贞叶、杨树叶、银杏叶。学生观察这些植物的叶是怎样在枝条上着生的，将相同的进行分类，即：每节生一叶（互生），例如桃、蚕豆、杨树；每节生二叶，相对排列，如丁香、薄荷、女贞（对生）；每节生三叶或三叶以上，做辐射状排列，如夹竹桃、金鱼藻、银杏（轮生）。然后讨论植物这样着生有什么意义？进而发现：植物的叶无论以哪一种着生方式生长，都是为了使每张叶片接受阳光的面积最大，互不遮挡，以利于进行光合作用。很明显，对具体植物叶的着生方式的观察，有助于学生发现问题，进而理解叶不同着生方式的共同意义——进行光合作用。

（三）列举与发生定义的结合使用

科学事物的发生方式及其来源，是小学生更容易感知和理解的，用发生定义方式获得小学科学概念是最多的。从科学事物发生、来源角度习得概念，要设计观察、实验，呈现发生方式或明确其来源，揭示发生方式或来源的特殊性。尽管如此，小学生对有些概念，尤其是概括性强、抽象程度高的发生方式或来源，理解难度大，需要列举具体符合概念的例子来帮助认识。也就是要将发生定义和列举定义结合使用。

案例1：关于"溶解"这一概念的描述：食盐的颗粒在水中慢慢地消失了，砂的颗粒在水中没有消失，我们就说食盐溶解在水里了，砂在水里不溶解。这一定义是从溶解的发生来解释溶解的内涵，属于发生定义，同时，又通过列举具体的符合这一属性的物品来帮助学生理解这一概念，是列举定义与发生定义结合的方式。"溶解"这一概念的外延很大，溶解物体的种类也很多，教学中教师以"食盐和砂"作为典型例子，通过实验、观察，引导学生发现食盐的颗粒在水中消失了，而砂的颗粒在水中没有消失，以它们在水中的不同状态，学生就很容易理解什么是溶解。然后，教师提出问题：我们看不到食盐的颗粒了，那食盐是不是还在水中？怎么证明？学生会想到"尝一尝"的方法，水变咸了，证明食盐还在水中。教师再让学生从水的不同位置分别取一滴水来尝，看有什么发现，学生会发现烧杯中任何地方的水都是咸的，证明食盐的颗粒是均匀地分散在水中的，这样就进一步揭示了溶解的过程。在这个概念的学习中，以食盐的溶解为典型例子，列举定义与发生定义结合使用，学生形象地感知了溶解的过程，使"溶解"一词在学生的头脑中不再是抽象地存在，在后面学生就可以以此为标准判断哪些物体能溶解在水中，哪些物体不能溶解在水中。

案例2：《叶的组成》，教师指导学生建立两个发生定义性概念——单叶、复叶之后，给学生布置任务：观察校园内植物叶子，通过画图的形式记录出你观察到的叶子是单叶还是复叶。学生观察完之后，教师组织交流。在交流的过程中学生意识到要结合"一个叶柄上生有叶片数量的多少"来识别所观察的叶子是单叶还是复叶。如果一个叶柄上只生有一个叶片，那么它就是单叶。如果一个叶柄上生有两个或两个以上小叶的，那么它就是复叶。特别需要强调，着生单叶的枝条上，单叶与茎形成一定的角度；而复叶的小叶大致生在一个平面上。学生的判断标准恰恰揭示了单叶和复叶种差的不同，这种有意识地抓住种差来识别单叶和复叶的问题情境设计，无形中深化了学生对单叶、复叶这两个概念的理解。利用观察过的一定数量的具体单叶和复叶，结合它们的特殊结构，作出定义：像棉花、桃和油菜这样，一个叶柄上只生一个叶片的叶称为单叶；像合欢、天竹、木棉和柑橘这样，一个叶柄上生有两个或两个以上小叶片的叶，称为复叶。这样的定义方式，就是将列举定义和发生定义结合运用的。学生从感知一类事物的表征和内涵揭示两个方面获得对概念的理解。

第四章
抽象思维与科学推理

第一节　小学生科学学习过程的形象思维和抽象思维

小学生在科学学习过程中，获得科学认识和应用科学认识都依赖于各种思维活动。思维是记忆信息的转换和应用。人类记忆的信息可分为两大类，一类是各种事物存储于大脑的形象，心理学上称为表象；一类是通过思维创造的各种符号系统，也就是对客观事物的抽象表征。根据不同标准，思维可以有各种分类。但与人类记忆信息相对应，思维对象区分为形象物和抽象物，思维分为形象思维和抽象思维。小学生的思维是从获得各种事物形象，进行形象思维开始的。在小学阶段，学生抽象思维快速发展，同时形象思维也在快速发展①。两种思维相互作用，不断提升小学生的思维能力。在小学生科学学习过程中，什么阶段获得科学形象，进行形象思维？什么时候进行科学抽象和进行抽象思维？通过对思维过程和科学认识过程的对比分析，阐释形象思维和抽象思维的发生阶段及其相互作用。同时说明把握形象思维和抽象思维的关系对科学教学的意义。

---

① 温寒江. 思维的全面发展与中小学生创新能力培养 [M]. 北京：教育科学出版社，2015：116.

一、科学学习中思维对象的形象与抽象

形象是客观事物的形状和面貌。人面对的世界，各种事物是以其具体形象呈现出来的。人类对世界的认识就是从具体形象开始的。科学是对自然世界的存在及其发生、发展规律的认识。科学，特别是早期的科学，同样起始于自然事物形象的认识。

一个新生婴儿，他开始感知世界时，要认识各种各样事物的形象。当对具有共同特征的事物进行分类时，会产生指代这一类事物的专门符号。这些专门符号，以某种形式存在，可以称为抽象物。如果说具有具体形象的事物为实体，则表征事物的符号为虚体[①]。人类在自身认识世界的过程中，根据事物的共同特征或关键属性归类形成各种概念。这些概念用语词表达，不仅指代一类事物，而且具有特定的意义。这些概念也是抽象物。当对概念之间的关系作出断定，就是判断。判断用语句表达，这个涉及真假的判断同样是抽象。对于判断之间关系的断定，也就是复合判断，用复合语句表达，自然属于抽象物。人类用符号表征世界，建立了繁复庞大的具有确切意义的抽象符号系统。

在科学学习过程中，面对的自然世界各种各样的事物多数是以具体形象呈现的，还包括各种自然现象、实验现象，自然变化过程、实验操作过程。这些是思维对象的形象存在，或称形象物。科学符号、科学概念，指代专门的科学事物。科学定理、科学定律，揭示自然世界发生发展的规律。都属于符号和符号体系，是思维对象的抽象物。而形象性科学模型，是对客观形象的抽象，兼具形象和抽象特征。

二、科学思维过程中的形象思维与抽象思维

形象思维是以事物形象为载体的思维；抽象思维是以符号为载体的思维。

首先考察科学认识过程。科学认识活动是以事实为依据的，而事实

---

① 徐长福. 理论思维与工程思维——两种思维方式的僭越与分界（修订版）［M］. 重庆：重庆出版社，2013：3.

分为两种，即客观事实和科学（经验）事实①。客观事实是事物的自然存在及其相互作用、相互联系、发展变化的本真状态。科学事实是用技术手段反映出的客观事实的特征、结构的影像、数据或符号描述。客观事实如果是可感知的实存客体，是形象化存在的。如植物、动物、岩石、矿物等。若客观事实不是可感觉的，则要通过实验揭示出这种存在，而实验现象作为科学事实也是形象化的。如电流，我们通过电流表指针偏转感知其存在和存在的强度。科学认识活动的第一个阶段即从客观事实到科学事实。这个阶段所采用的方法是观察与实验方法，且观察实验的结果就是获得的科学事实，也就是科学形象。科学认识活动的第二个阶段是从科学事实到科学理论（科学认识）。对科学事实的思考是以科学形象为对象的，属于形象思维。如卢瑟福 α 粒子散射实验，用 α 粒子轰击金箔，呈现多数 α 粒子通过金箔，少数 α 粒子大角度偏离甚至反弹的现象，这是经验（科学）事实呈现的科学实验现象。由此想象，原子内部是很空旷的，且有一个质量比较大、带正电的粒子。这个过程就是形象思维过程，所获得的想象中的原子模型，就是形象思维的结果。当用语言作出判断，即原子质量集中在一个带正电的粒子上，把这个粒子称为原子核，这是抽象。汤普逊由原子内发出的阴极射线（电子流），推断中性的原子里同时存在正电荷和负电荷且数量相等，将负电荷命名为电子，也是抽象。以原子核、电子这些抽象概念构建"原子核式结构"模型，即所谓抽象思维。当以"原子核式结构模型"为前提，对带正电、带负电作出失得电子的判断，就是明确的演绎逻辑抽象思维。

再考察一般的思维过程。思维过程包括分析与综合、抽象与概括、比较与分类②。思维过程，从分析和综合开始，运用比较和分类，达到抽象和概括，建立概念或作出判断。分析与综合是最基本的思维活动。分析是指在头脑中把事物的整体分解为各个组成部分的过程，或者把整体中的个别特性、个别方面分解出来的过程；综合是指在头脑中把对象的各个组成部分联系起来，或把事物的个别特性、个别方面结合成整体的

①　刘大椿. 科学哲学［M］. 北京：中国人民大学出版社，2011：44 - 47.
②　多俊岗. 基础心理学（第二版）［M］. 北京：化学工业出版社，2012：85 - 86.

过程。科学，尤其是小学科学，一般是从具体形象的科学事物、科学现象作为科学认识的起点，即科学形象是科学认识对象。分析、综合是对科学事物、科学现象的分析与综合，是对科学形象进行思维操作的，包括共同特征、区别性特征和反映关键属性的现象的比较和分类，属于形象思维过程。抽象是在分析与综合的基础上，抽取同类事物共同的、本质的特征而舍弃非本质特征的思维过程。概括是把事物的共同点、本质特征综合起来的思维过程。抽象与概括是形成概念的必要过程和前提。当我们经过分析、综合的形象思维过程，会在头脑中获得想象性模型。当用符号和符号系统形成概念或作出判断，就是抽象。分析与综合是针对一个事物或一个系统的认识过程。先分析，再综合，获得对单一事物的整体认识，一旦将这种认识作出判断或结论，就作出了抽象。概括是对一类事物的共同特征或本质属性的认识过程。对若干事物或系统分别作出抽象判断，再寻找到共同特征或关键属性，获得对一类事物的普遍认识。概括过程就是抽象思维过程。

科学认识过程，从客观事实、科学事实的科学形象进行形象操作，获得科学抽象判断，经过抽象思维概括出科学结论，即更高一级的抽象判断。思维过程中最基本阶段是分析和综合，通过比较分类，进行抽象与概括。科学思维过程，与一般意义的思维过程高度吻合。科学思维对实存客体的分析和综合作出抽象判断和概括，是由形象和形象思维出发，通过抽象判断，得到抽象的概念和规律。

第二节　逻辑思维与推理

根据是否依赖规则，可以将思维分为逻辑思维和非逻辑思维。逻辑思维属于抽象思维（也常常将抽象思维等同于逻辑思维），当依据形象思维进行比较、分类，获得抽象判断，再得到概念或规律，是抽象思维。这些概念和判断是抽象的，再依据抽象概念或判断进行推理，得到新的概念或判断，也是抽象思维过程。这个过程要依据有效的规则，也就是逻辑思维过程。因此，推理就是运用逻辑推出的新结论。"推理"一词，作名词理解，它还是表示判断，与判断同义；作动词理解，是从已知判断推断出新判断的过程。这个过程依据的方法就是逻辑方法。换句话说，使用逻辑方法作出判断就是推理，思维方法的运用就是推理。逻辑思维方法分为归纳、演绎、类比三种，则对应推理也分为三种，即归纳推理、演绎推理和类比推理。

一、归纳推理

（一）归纳推理的含义

归纳推理就是从若干个个别的认识前提出发，推出一般性结论的推理。这种推理是对若干个个别事物的情况的逐一断定，结论是一般性认识。

如，人们发现，某些生物的活动是按时间的变化（包括昼夜交替或四季更迭）来进行的。

对鸡进行观察，对鸡的活动分析、综合后，发现"鸡叫三遍天亮"，得到一个抽象的单称判断，即鸡的活动具有时间上的周期性节律；

对牵牛花进行观察，对牵牛花呈现状态分析、综合后，发现"牵牛花破晓开放"，得到一个抽象的单称判断：牵牛花的活动具有时间上的周期性节律；

对青蛙进行观察，对青蛙的活动分析、综合后，发现"青蛙冬眠春晓"，得到一个抽象的单称判断：青蛙的活动具有时间上的周期性节律；

对大雁进行观察，对大雁的活动分析、综合后，发现"大雁春来秋往"，得到一个抽象的单称判断：大雁的活动具有时间上的周期性节律；

……

鸡的活动、牵牛花的活动、青蛙的活动、大雁的活动……都是生物的活动。由各个抽象单称判断，概括出抽象度更高的全称判断，或说经历分析、综合、抽象、概括，得到一般结论：一切生物体的活动都具有时间上的周期节律性。而分析、综合、抽象、概括，其中必然使用比较与分类，这是我们讨论过的思维过程。思维过程是我们的思维活动必须经历的，而其中使用的方法就是所谓的逻辑方法。而使用归纳法由多个单称判断得出全称判断，就是归纳推理。

（二）归纳推理的性质

归纳方法是人类获得对客观世界认识的主要方法，归纳推理对于人类以类的方式认识世界具有重要意义。归纳推理结论的一般性认识，无疑是从前提中若干个个别认识概括出来的。但区别为两种情况，一种情况是考察某个类的全部个体对象，根据它们具有的共同属性或特征，得到概括出关于该类全部对象的一般结论。这是完全归纳推理。如，三角形包括锐角三角形、钝角三角形和直角三角形。锐角三角形三个内角和是 180 度、钝角三角形三个内角和是 180 度、直角三角形三个内角和也是 180 度。概括得出结论：所有三角形三个内角和都是 180 度。在完全归纳推理中，结论所断定未超出前提的范围，结论是被前提所蕴含的。所以完全归纳推理具有必然性，可称为必然性推理。另一种情况是只考察一类中的部分个体对象，根据这部分个体具有的共同属性或特征（视为该类事物整体的）概括出该类全部对象的一般结论。这是不完全归纳推理。在不完全归纳推理中，结论所断定的超出了前提的断定范围，是对前提原有认识的拓展。因此，其结论不具有必然性，称为或然性推理。也就是说完全可能存在不符合一般性结论的反例。如，考察各种物体受热和冷却后体积的变化，概括出"物体都具有热胀冷缩的性质"。但是水在温度降低到 4 摄氏度时，体积又是膨胀的。当然，在科学上，当出现反例的时候，并不是立刻推翻结论，而是暂时把这个反例作特例处理。从性质上看，归纳推理得到的结论具有可错性。这也是归纳方法或说归纳推理在认识事物方面的局限性。

（三）归纳推理的种类

归纳推理由于前提与结论的范围的不同，区分为完全归纳推理和不完全归纳推理。在科学上，一般情况下很难考察某一类的所有个体对象，基本上都是不完全归纳法。如，通过对大量青蛙的观察，发现青蛙的前肢发育出四指。尽管观察的青蛙足够多，但也不是全部，不能排除没观察到的有三指或五指的可能。而且青蛙在不断地繁殖，不断产生新的青蛙，也不可能无限地观察下去。因此，我们后面的讨论就是针对不完全归纳推理。

客观世界是一个有内在联系的有机整体，自然界和人类社会的一切事物、现象都不是彼此孤立的，而是相互联系、互相制约的。因果联系是客观事物普遍联系中的一种。归纳方法是人类认识世界的重要方法，也是认识世界因果联系的方法，也就成为探究因果联系的逻辑方法。何为因果联系？如果一个现象的出现，能够引起另一个现象出现，那么能引起另一个现象出现的现象叫原因，而被引起的现象叫结果。因果联系，既有客观性，也有普遍性，也呈现出时间上的顺序性，即原因在前、结果在后。归纳推理是寻求一类事物的共同特征或属性，但寻找共同特征或属性的性质不同，采用的方式也存在区别。这样，寻找因果关系的归纳方法区分为：求同归纳法、求异归纳法、求同求异共用法、共变法、剩余法和典型归纳法。

（1）求同归纳法是直接寻找一类事物的共同特征或属性获得类概念或普遍性认识。求同归纳方法是指在不同情景中，都有一个因素总是存在，都出现了一个同样的现象，则这个因素与这个现象存在因果关系。如，鸟产卵在鸟窝中孵化出小鸟、乌龟产卵埋在沙中孵化出小乌龟、鱼产卵在水中孵化出小鱼、青蛙产卵在水中发育成小蝌蚪、蚕产卵发育成幼虫……在这些不同的情景中，都有"产卵"这个因素存在，都呈现出同样的现象，即繁殖出了新的个体。则产卵是这种繁殖方式的原因，也就是这种繁殖方式的特征。概括出这种繁殖方式，就是"卵生"。

（2）求异归纳法是通过制造差异的方式间接找到共同特征或属性。求异归纳法是当一个因素存在的时候，有一个现象出现，当这个因素不存在时，这个现象也消失了，则这个因素是这个现象产生的原因。如，准备两块有机玻璃板，其中一块上钻有一些细孔，将吸贴分别按在两块有机玻璃板上。发现吸贴可以牢固地贴在无孔的有机玻璃板上；而有孔的有机玻璃板根本贴不上。从现象上看，有机玻璃板无孔是吸贴可以贴上的原因。但与有孔有机玻璃板比较，不是粘上的，而是吸贴与有机玻璃板间的空气被排出，吸贴背面受到大气压力被压在有机玻璃板上的。因此，得出结论：大气压力使吸贴贴在有机玻璃表面上。大气具有压力，但在日常生活时，我们就处在大气之中，并没有感受到。这种情况，我们要制造差异，就是把气体去掉，看去掉以后的效果，反过来（或说间接地）感知大气的一种作用——压力。再看"马德堡半球"实验，中医用机械抽气式"拔火罐"，都可以呈现无空气存在的效果，然后感知空气的压力。这时，我们可以概括出一般性结论：空气具有压力。

（3）求同求异共用法是寻找到共同性特征又可以得到差异性特征的归纳方式，从而区分出小类与大类。如果在若干因素出现的情景中，出现一个共同现象；而在这些因素不出现的情景中，都没有这个现象，那么这个现象就与这些要素之间有因果联系。如，导体和绝缘体概念的得出，将铜条、铁条、铝条、干木条、塑料条、橡胶条等分别接入简单电路。可以看到铜条、铁条、铝条使小灯泡亮了；干木条、塑料条、橡胶条不能使小灯泡亮。铜条、铁条、铝条这些因素导致一个共同结果——小灯泡亮了，则这些物体是使灯泡亮的原因。这些物体也就具有容易导电的性质，归为一类，产生一个类概念，即导体。干木条、塑料条、橡胶条这些因素导致一个共同结果——小灯泡不亮，则这些物体是使灯泡不亮的原因。这些物体也就具有不容易导电的性质，归为一类，产生一个类概念，即绝缘体。这两种性质的物体也被区别开来。我们看到，求同求异共用法是一种组合方法，两次用到求同法，一次用到求异法。求异是以两次求同的结果为依据的。

（4）共变法是寻找事物间变化性的联系从而确定共同的规律性特征。在不同的情景中，如果一个因素发生变化，有一个现象也随着发生变化，那么这个因素与这个现象间存在因果关系。如，物体浸入水中其浸入体积与所受浮力的关系。设计一个实验，用弹簧秤提起物体，测出其在空气中的重量，然后将用弹簧秤提着的物体浸入水中四分之一、四分之二、四分之三、全部浸入和继续沉入。弹簧秤在空气中的示数减去物体浸入水中的弹簧秤示数就是浮力。发现物体浸入水中的体积越大，物体所受浮力越大，当全部浸没水中，浮力不再变化。在教学中，各个小组的实验可视为不同的情景。每个小组的实验，都在寻找浸入体积变化与浮力变化的关系。使一个因素变化，就是物体浸入水中的体积变化。考察所出现现象的变化，就是浮力的变化。一般说来，各组实验基本都呈现出物体浸入水中体积越大，浮力越大，体积不变则浮力不变。这就是寻找到的浸入体积变化与浮力变化之间规律性的共同特征。

（5）剩余法是通过剩余因素与剩余现象的对应联系找到因果关系的方法。在某个情景中，若干个因素（剩下一个），都对应若干个现象（剩余一个），都找到了因果关系。那么剩下的一个要素就与剩余的一个现象存在因果关系。剩余法好像算数中的减法，在一组复杂现象中，把已知有因果关系的现象减去，再探求剩余现象的原因。也就是由余果求余因。如，人们使用雷达向地球大气的电离层发射电波，然后分析接收的回波，从而研究电离层对电波的影响。可是发现回波往往有所增强。所增强的回波可能是发射波在空中遇到了其他能反射波的物体。在第二次世界大战期间，航空部队用雷达搜寻发射的导弹，发现除了接收到火箭回波外，有时还能接收到距离差不多的另外物体的回波。在观测流星雨期间，当许多看得见的流星经过头顶上空时，发现此时可以接收到很强的无线电回波。由此可以断定，增强的回波是因为流星的存在[1]。我们看，流星是我们探索对象以外的剩余因素，增强的回波是我们预期接收到回波以外的剩余现象。这样，将剩余因素与剩余现象对应起来，建立起它们之间的因果关系。因为存在流星，会接收到更强的回波。

（6）典型归纳法是对一类确定事物一个个体的研究得到这一类事物的共有属性。也就是说，从一类事物中选择一个标本作为典型，对它进行考察，然后将其显示的某种属性概括为同类其他个体对象共同具有的属性。如，"麻雀五脏俱全"。就是通过解剖一个麻雀，发现这个麻雀心、肝、脾、胃、肾都有，从而断定所有的麻雀都具有这些内脏。麻雀是一类鸟，所解剖的是一个麻雀，这个麻雀就是麻雀这类鸟的一个典型代表，或称样本。解剖这个麻雀，发现其具有心、肝、脾、胃、肾。这个麻雀

---

① 王海传，岳丽艳，陈素，等. 普通逻辑学 [M]. 北京：科学出版社，2013：307.

的内脏结构应该是整个麻雀类都具有的，所以概括出所有麻雀都具有同样的内脏结构。典型归纳推理的前提是对一个确定的类，任意选择典型性个体作为样本。通过对这个样本的研究，发现其内在属性，再将这些属性推广到这个类。而发现内在属性的过程，就是科学研究的过程。对于有确定类的新属性或内在属性的研究，采取选取典型的方式，更经济和具有效率。因此，典型归纳法是现在科学研究常用的方法。有些逻辑学书中，也称这种方法为科学归纳法。

二、演绎推理

（一）演绎推理的含义

演绎推理是从一般性认识推出个别性或特殊性认识的推理。在科学上，就是从一般性的科学原理出发，考察某个具体事物是否符合科学原理的条件或说符合科学原理规定的类，得到这个事物具有还是不具有符合科学原理的属性。如，所有金属都可以导电，铜属于金属，则铜可以导电。"所有金属都可以导电"就是一般性科学原理。"铜"是一个具体事物，"铜属于金属"就是对铜符合这个科学原理的类的判断。这时可以得出，铜具有科学原理所描述的属性，即导电性。一般性科学原理是全称判断，对具体事物具有符合科学原理的属性的判断是单称判断。那么，演绎推理就是由一个全称判断得到一个单称判断的过程。

（二）演绎推理的性质

演绎推理的前提是一般性或称普遍性的认识，而结论是对具体事物的特殊属性的判断。前提范围大于结论的范围，也就是结论蕴含在前提之中，这种推理得出的结论就是必然的，称为必然性推理。也就是说，从"真"的前提出发，可以得到"真"的结论。

科学是追求"真"的知识的。归纳推理是或然性推理，不能保证获得"真"的知识；演绎推理是必然性推理，似乎可以保证"真"的知识的获得。但是，演绎推理所依据的"真"的前提从何而来？它不是天然存在的，而是必须依靠归纳推理从个别事实中概括出来。如果前提存在问题，则演绎推理得到的结论也会出现问题。因此，从方法论层面，无论归纳推理还是演绎推理，都无法保证获得绝对正确的结论。这也是科学所表现出的可错性或说发展性。这里，对"真"这个字加上引号来说明真的相对性。不论是归纳推理还是演绎推理得到的结论，都是在某种程度、某种精度或某个侧面上对自然世界的近似反映。人类认识上的进步，就是使这种反映不断深化。由归纳推理得到的一般性认识，在演绎推理中获得成功，则每一次演绎的成功，使得归纳结论的可靠性增强。在科学上，归纳推理获得科学认识，演绎推理在应用这些认识。演绎推理实现着科学的解释与预测功能。

（三）演绎推理的分类

直言判断是用一个单句表达的概念间关系的判断，也称为简单判断。由直言判断作出的推理，就是直言判断演绎推理，简称为直言判断推理。判断之间关系的断定为复合判断，往往由两个或两个以上的语句来表达。由复合判断作出的推理称为复合判断演绎推理，简称为复合判断推理。由于复合判断的性质不同，区分为联言判断、选言判断和假言判断，对应有联言判断推理、选言判断推理和假言判断推理。

1. 直言判断推理

直言判断推理一般是由三个直言判断组成的演绎推理，也称为三段论推理。具体地说，三段论是借助一个共同的概念把前提概念中另外两个概念联结起来，从而推出一个新的判断为结论的推理。如，凡金属都是导体。铜是金属。则铜是导体。"凡金属都是导体"是一个全称判断，作为一个前提，其中包含"金属"和"导体"两个概念。"铜是金属"是一个单称判断，也是作为一个前提，其中包含"铜"和"金属"两个概念。在这两个前提中，共同的概念就是"金属"，而不同的两个概念"导体"和"铜"被联结起来形成结论，即"铜是导体"。最后的结论也是单称判断。这就是演绎推理的特点，即由普遍性认识推出特殊认识。三个直言判断中，前两个作为前提，一个是全称判断，称为大前提；一个是单称判断，称为小前提。三个直言判断区分开为大前提、小前提和结论。

2. 联言判断演绎推理

联言判断是断定几种事物情况都存在的判断。对于获得联言判断结论的联言推理，是归纳推理的应用。如，水是无色、无味、透明的液体。

联言判断推理是根据联言判断的逻辑特性进行的推理，这个推理是演绎推理。它的前提是联言判断，其逻辑特性是，组成联言判断的各个肢判断为真，则得到真的联言判断结论；有一个肢判断为假，则联言判断的结论不成立。有一个肢判断为假，则联言判断的结论不成立。对于使用联言判断结论的联言推理，就是把联言判断作为前提，根据肢判断的特征或属性的真假，对特殊事物作出判断。如牛奶是白色的，是不透明的，则牛奶不是水。否定了一个肢判断，则结论是否定的。只有无色、无味、透明几个特征都满足，才可以断定这种液体是水。

以联言判断为大前提，考察具体液体是否具有这些综合特征为小前提，作出是否是水的判断（结论）。这也是联言判断推理的三段论形式。

3. 选言判断演绎推理

选言判断是断定若干种事物中至少有一种情况存在的判断。对于获得选言判断结论也是归纳推理的结果。如，声音可以在气体中传播，声音可以在液体中传播，声音可以在固体中传播，所以声音能在气体、液体、固体中传播。

选言推理是根据选言判断的逻辑特性而进行的推理，是演绎推理。它的前提中必有一个是选言判断，另一个前提和结论为直言判断。选言判断的逻辑特性：只要有一个判断是真的，则选言判断的结论为真；只有各个肢判断都是假，选言判断的结论不成立。如果选言判断就是"声音能在气体、液体、固体中传播"，以此为前提，"水是液体"作为小前提，推出结论"声音能在水中传播"。选言判断的一个肢判断为真，则结论为真，也就是"声音能在液体中传播"为真。若气体、液体、固体都不存在，即真空，则声音不能传播。这时，选言判断的各个肢判断都是假，结论为假（真的否定结论）。

在选言推理中，大前提是关于一般原则的判断，小前提和结论是关于特别情况的判断，所以，选言推理也被称为选言三段论。

4. 假言判断演绎推理

假言判断是陈述某一事物情况存在是另一事物情况存在的条件的判断。假言判断分为充分条件假言判断、必要条件假言判断和充分必要条件假言判断。假言推理就是根据假言判断的逻辑性质进行的推理。

充分条件假言判断。如果作为前提条件的判断为真，那么必有作为结论的判断为真。即前提的存在，必有这个结论的存在，这个前提就是这个结论的充分条件。由联结词"如果……那么……"将条件、结论两个肢判断联结起来。"如果"后面的肢判断称作假言判断的前件，"那么"后面的肢判断称作假言判断的后件。充分条件假言推理，即是根据充分条件假言判断的逻辑特性进行的假言推理。充分条件假言判断的逻辑特性就是前件为真，后件必为真；后件为假，前件必为假。其他两种组合方式，不能保证逻辑真，即前件为假，不能保证后件为假；后件为真，不能保证前件为真。总结出来，充分条件假言推理的规则是：肯定前件即可肯定后件，否定后件即可否定前件；否定前件不能否定后件，肯定后件不能肯定前件。

必要条件假言判断。如果作为前提条件的判断为假，那么必有作为结论的判断为假。即前提条件不存在，必得到这个结论不存在的判断，这个前提就是这个结论的必要条件。也就是得到这样结论，缺此条件不可。必要条件假言判断是陈述一事物情况是另一事物情况的必要条件的复合判断。必要条件假言判断由联结词"只有……才……"将条件、结论两个肢判断联结起来，"只有"后面的肢判断称作前件，"才"后面的肢判断称作后件。如，"只有电池、小灯泡由导线连接成闭合电路，小灯泡才可以被点亮"。这个结论就是必要条件假言判断。"电池、小灯泡由导线连接成闭合电路"是条件，也是前件；"小灯泡可以被点亮"是结论，也是后件。其逻辑特性：一是前件不存在时，后件一定不存在。换句话说，就是前件假时后件一定假，就是说没有构成闭合电路，小灯泡必然不亮。二是后件真时前件一定真，即小灯泡亮了，必有电路是闭合回路。我们看到，将必要条件假言判断"只有电池、小灯泡由导线连接成闭合电路，小灯泡才可以被点亮"，可以改成"只要小灯泡亮了，那么说明电池、小灯泡由导线连接成了闭合电路"。而这个复合判断是充分条件假言判断。也就是说必要条件假言判断可以转化为充分条件假言判断。必要条件假言推理就是根据必要条件假言判断的逻辑特性进行的假言推理。必要条件假言判断的逻辑特性就是前件为假，后件必为假；后件为真，前件必为真。其他两种组合方式，不能保证逻辑真，即前件为真，不能保证后件为真，如由电池、小灯泡、导线组成了闭合回路，不能必然导致小灯泡亮（电池电压低，在闭合回路产生的电流很小，不足以点亮小灯泡）；同样道理，后件为假，不能保证前件为假。总之，必要条件假言推理的规则是：否定前件即可否定后件，肯定后件即可肯定前件；肯定前件不能肯定后件，否定后件不能否定前件。

充分必要条件假言判断，如果一个假言判断同时满足充分条件和必要条件下的判断，就称为充分必要条件假言判断。就是如果条件存在，则结论必存在，并且条件不存在，则结论必不存在，那么，这个条件就是这个结论的充分必要条件。充分必要条件假言推理是根据充分必要条件假言判断的逻辑特性进行的假言推理。其逻辑特性，既满足充分条件假言判断的逻辑特性，也满足必要条件假言判断的逻辑特性，即肯定前件式、否定前件式、肯定后件式和否定后件式，都是充分必要条件假言推理的有效规则。推理过程：充分必要条件假言推理的大前提是充分必要条件假言判断。小前提是对充分必要条件假言判断前件或后件的断定，结论是对后件或前件的断定。如"等边三角形，三个内角相等"。可以进行推理：三角形三条边不相等，则三角形三个内角不相等；三角形三个内角不相等，则三角形三条边不相等；三角形三个内角相等，则三角形三条边相等。都是正确的必然性推理。这就是充要条件的假言命题，也可以体会到其是等价命题。

三、类比推理

（一）类比推理的含义

类比推理是根据两个或两类相关对象的某些属性相同或相似，从而推出它们在另外的属性上也相同或相似的推理[1]。类比推理的规则是什么？显然，类比推理，首先是要在两个事物间进行对比，一个事物作为对比的对象，可称为对比物；另一个事物将被赋予新的属性，也就是类比物。其次，两个事物必须具备至少一个相同或相似的属性，否则失去类比的基础。再次，对比物的属性多于类比物的属性。最后，得到判断，类比物具有对比物的剩余属性。

（二）类比推理的性质

演绎推理是由一般到特殊的推理，由于结论是符合前提的个别事物，结论蕴含在前提中，所以是必然性推理。归纳推理则是由特殊到一般的推理，由于结论的范围大于前提的范围，也就是结论不是必然蕴含在前提中，所以是或然性推理。类比推理的推理是从特殊到特殊的推理。类比推理是把某对象所具有的属性推移到与之相似的另一对象，结论所作的断定已超出了前提的断定范围。也就是说，它的结论并不被它的前提所蕴涵，即使前提是真的，其结论也只是可能真，而不是必然真。所以，类比推理是或然性的。在科学史上，类比推理的结论为尔后的实践所证实的确有不少，然而被实践推翻的也更多。

演绎推理和归纳推理虽然在思维进程方向上截然相反，但它们都是在同类对象的范围内进行的。类比推理则不受同类中一般与个别关系的严格限制，现实中那些差别极大的殊异对象，都有可能运用类比推理加以推论。人们既可以在两个不同的个体事物之间进行类比，如地球与火星；也可以在两个不同的事物类之间进行类比，如太阳系与原子内部结构；还可以在某类个体与另一事物类之间进行类比，如作为试验对象的某只猴子与人类。因此，类比推理的应用范围很广。

另外，类比推理的结论受前提的制约程度较低。推理是由前提引申出结论的过程，推理的结论受前提的逻辑制约。但是，在不同的推理中，前提对于结论的制约程度是有差别的。演绎推理的结论被前提所蕴涵，

---

① 王海传，岳丽艳，陈素，等. 普通逻辑学［M］. 北京：科学出版社，2013：173.

因而受前提的严格限制，否则，结论就不可能是必然的；不完全归纳推理是从特殊到一般，它的结论超出了前提的断定范围，是前提已有知识的推广，因此，其前提对结论的制约程度明显弱于演绎推理。然而，不完全归纳推理的结论需要严密的例证来支持，否则，就很容易犯"以偏概全"的逻辑错误。由此可见，归纳推理的结论仍然在相当的程度上受前提的制约。类比推理是从特殊到特殊的推理。类比推理的前提大多是为结论提供线索，但并未严格地规定和限制它的指向。它往往能把人的认知从一个领域引申进另一个新的领域，其应用具有极大的灵活性。因此，与演绎推理和归纳推理相比，类比推理更富有创造性，它对于科学发现和技术发明来说，具有特别重要的意义。

（三）类比推理的普遍性

在生活中人们经常通过类比推理作出判断。当你在一群人中，发现你的一位老同学。你如何识别出自己的这位老同学？你头脑中存储着老同学的表象，你的视域现场存在这样一个人，这个人与你头脑中表象具有很多相似的地方，你得到共同属性的判断——这两者是同一的。两个事物，即头脑中的表象和眼前的同学；进行对比，在特征属性上有很多相似之处；类比推理，眼前的人应该与头脑中的老同学具有共同属性。这样，你就判断这个人是你的老同学。会不会错？上前搭讪，此人回应，且可以共同回忆上学时的往事，则确定无疑了。在日常生活中，我们进行辨别和识别，经常应用类比推理。

在刑侦破案中经常使用比较谨慎的类比推理。在刑事案件的并案侦查中，如果发现某案件与另一个（或另一些）案件有相似之处，又知道该案件是某犯罪嫌疑人所为，那么就可以推测另一个（另一些）案件也可能是同一犯罪嫌疑人所为[①]。谨慎之处在于这种类比是基于一个大概率前提，即连续作案的犯罪嫌疑人在作案动机、时间、场所、手段等方面都有一定的规律和相似之处。

---

① 王海传，岳丽艳，陈素，等.普通逻辑学 ［M］.北京：科学出版社，2013：179.

在科学活动中也经常进行类比推理，尤其在科学认识的早期阶段。如亚里士多德关于地球是球体的推断。每当月食发生的时候，会看到月亮被遮住部分的外轮廓为圆弧状。而用光照射一个球体，不论从什么角度照射，其投影都是圆面。这两种现象中，都是遮光形成阴影，阴影都具有圆的性质，类比推理得出遮光物具有相同的特征，即地球应该也是球体。再如，引力场概念的提出。电荷周围存在一种物质，称为电场。电荷对电荷的作用力，是一个电荷产生电场，这个电场对另一个电荷产生力的作用。反之亦然。表现出电荷间的引力或斥力作用。物体间存在万有引力，这种引力也不应该是超距作用，也应该有一种类似于电场这样的场起作用，称为引力场。这样，类比得出引力场存在的判断。当然，科学是要实证的，科学家要投入到证明引力场存在的科学活动中。

不论在日常生活中作出判断，还是专业的司法推理活动，甚至更为抽象的科学思维，都可以体会到，类比推理普遍应用在人类思维活动的各个领域。

（四）类比推理在科学上的独特作用与意义

类比推理是科学发现的一种形式。如奥斯特发现电流的磁效应。首先，要考察如何选择两种事物，寻找相似性，进而类比得到新性质。当电和磁的概念都已经建立，人们思索电和磁应该统一起来，即电和磁应该存在联系。奥斯特本人就是在这种大统一的思想下联想和想象进而探索电与磁的关系。当他偶然发现，通电导线旁的磁针发生偏转时，静止的电荷不能产生磁，但运动的电荷可以产生磁。也就是说，磁针在磁场中会发生偏转；磁针在通电导线旁发生偏转，通电导线周围应该存在磁场。我们看到，寻找到对比物是依靠联想和想象的。由对比物寻找到类比物的新性质依靠类比推理规则。但事情并没结束，类比推理是或然的，其结论的可信度需要更多证据支持。安培继续进行更多的实验，包括将通电导线弯曲成各种形状，去吸引铁、吸引铜，隔一定距离吸引铁，等等。证明通电导线的性质在很多方面都与磁的性质相同。最后的推理结论是电流产生磁场。从科学史上看，很多科学发现是类比推理的结果。

类比推理是构建科学模型的一种方式。如原子核式结构模型，当卢瑟福通过α粒子散射实验推知原子内部是很空旷的，原子大部分质量和全部正电集中在一起，称其为原子核，在原子核外存在电子。（原子中存在的电子是由汤姆逊阴极射线所证明的。）但是，在非常小的原子内，带负电的电子与带正电的原子核距离非常近，会存在巨大静电引力。这个引力应该将电子与原子核拉到一起，但实验事实是原子内部很空旷。这时联想到行星绕太阳的运动。行星与太阳间存在万有引力，这个引力是保持行星绕地球转动的向心力。如果电子与原子核之间的引力作用，是保持电子绕原子核转动的向心力，则电子就不会被吸引到原子核上。由此类比推理得到判断——电子绕原子核旋转。这个结论被大家认同，成为共识，则原子核式结构模型，也称为原子行星模型，建立起来了。

类比推理是解释科学现象的一种方式。如宇宙膨胀学说，根据多普勒效应，当一个发声的物体远离你运动时，你所听到的声音的音调降低，即声音频率减小；当这个物体朝向你运动时，你所听到的音调升高，即频率增大。用光来测量天体之间距离时，呈现的科学事实是——反射光的频率低于发射光的频率。说明天体间的距离在增大，即天体彼此远离运动。在可见光范围，紫光频率高，红光频率低。这种光频率减小的现象，形象地称为向红光方向移动，天体这种相互远离的现象就称为宇宙红移。根据宇宙红移，说明整个宇宙在不断膨胀。如何向公众解释这种膨胀现象呢？科学家取一个气球，在气球表面上画上若干个点。向气球内充气，气球则不断膨胀，气球表面上的这些点彼此远离，距离增大。若这些点表示众多天体，天体彼此远离，类比推理得到宇宙空间在膨胀。这里运用类比推理形象地解释了宇宙膨胀的科学判断。

第三节　科学思维过程

思维过程要经历分析、综合、抽象、概括和比较、分类各个过程，但我们也看到不管是得到科学概念还是得到规律性判断，都是获得新的科学认识过程。这引发两个问题，一个是获得新科学认识后，要依据科学知识进行解释和预测，这时思维过程的要素是什么？另一个是获得新科学认识的过程，一定要包括分析、综合、抽象、概括、比较、分类各个过程吗？因此，对思维过程还要进一步考察。

基于逻辑学的视角，思维过程体现为推理，而推理的方式由遵循的规则或说方法决定。对应的就存在归纳推理、演绎推理和类比推理。下面从这三个方面考察思维过程的表现形态。

一、归纳推理的思维过程

归纳方法是从多个前提出发，寻找到它们共同的特征或属性，得到普遍性结论的思维方法。应用归纳方法得出判断的过程就是归纳推理。"果实是由果皮和种子构成的"，这是关于果实这一类事物的普遍结论。这个普遍结论，是在"苹果是由果皮和种子构成的""桃子是由果皮与种子构成的""大豆是由果皮和种子构成的""柿子椒是由果皮和种子构成的"等多个前提出发，根据共同的结构特征，推理得出的。"空气占据了气球内的空间""空气占据了塑料袋内的空间""空气占据了针管内的空间""空气占据了水杯内的空间"等多个前提，发现共同的现象，推出普遍结论"空气占据空间"。"铜导电""铁导电""铝导电"等多个前提，发现，"铜""铁""铝"是一类性质的材料，即金属。概括出结论，也是作出普遍结论，即"金属导电"。可以看出，前面用来讨论思维过程的例子，都属于归纳推理。我们也发现，这些例子所呈现的思维过程，都经历了分析、综合、抽象、概括、比较、分类各个分过程。因此，我们得出结论：归纳推理要经历思维过程的所有分过程。完整地表述出来，即归纳推理是经历了分析、综合、抽象、概括、比较、分类各个分过程的完整的思维过程。

归纳推理过程，客观上要求必须遵从思维过程的顺序性。人们对世界的认识，都是从个体开始的。对个体的认识要先分析，再综合，在综合的基础上形成对个体的抽象判断。对群体或说一类事物的认识，建立在对各个个体的抽象判断上，得到更高层次的或说更普遍的判断，即概括。先抽象，后概括。在教学中，要求学生拆解科学事物的各个关键部分或科学过程各个关键阶段，仔细分析。在仔细分析的基础上，才可寻找到突出特征或突出属性，从而得到对个体科学事物的抽象。对各个科学事物分析、综合后，得到一系列的抽象判断，才可以比较获得它们的共同特征或共同属性，概括出普遍结论。由于任何科学事物或科学系统，都是具有各种特征、各种属性或各种联系的，而我们带领学生获得科学认识，总是从一个特征、一种属性或某一种联系进行的。或者换一个角度看，教学是按主题有目的地进行的。首先，教师选择的科学实例是要符合具体科学认识目的或说符合教学目标要求。其次，在分析过程，教师要引导学生观察指向目标的（至少是抽象判断目标）部分或阶段，即所谓的关键部分和关键阶段。其他与目标无关的部分或阶段只是隐性存在着，关键部分或关键阶段要明显认识出来，不是将尽量多的特征和属性在分析阶段认识出来。

二、演绎推理的思维过程

演绎方法是从一般性或普遍性的原理出发，对个别事物符合原理的条件作出判断，推出这个事物具有的特征或属性。使用演绎方法得出新的判断的思维过程就是演绎推理。如果说归纳推理是特殊到一般的推理，那么，演绎推理刚好反过来，是一般到特殊的推理。我们看到，演绎推理的出发点是归纳推理得出的普遍结论，依据普遍结论对个别事物具有特征或属性的判断。其思维过程不同于归纳推理。

首先，演绎思维过程的出发点是归纳推理概括出的普遍结论，则此思维过程不包括概括。如"果实是由果皮和种子构成的""空气占据空间""金属导电"，都是概括出的普遍结论，但是是在归纳推理过程概括出来的，概括过程在归纳推理，只是成为演绎推理的前提。其次，考察"对个别事物符合原理的条件作出判断"经历的思维过程。如判断一个"梨子是不是果实"，将梨剖开，看到梨具有果皮和种子，得到判断，梨有果皮和种子。这个过程就是我们前面阐释的分析、综合过程。得到的结论过程是抽象。再看，"粉笔的孔隙中有空气吗？将粉笔放入水中，会出现很多气泡迅速上升，这些气泡出自粉笔，是水将粉笔孔隙中的空气挤压出来，得到判断：粉笔孔隙中有空气。也经历了分析、综合和抽象。对"金属导电"，判断一种材料（如铅）是不是金属，也会经历同样的思维过程。最后看，梨符合果实的共同特征，判断梨是果实；粉笔孔隙中有空气，符合空气占据空间的属性，判断空气占据了粉笔孔隙的空间；铅属于金属，判断铅可以导电。这些是演绎推理得到的新的判断，是对个别科学事物的判断，仍然是抽象过程。比较和分类是贯穿思维过程的，同样存在于演绎思维过程。

总的来看，演绎思维过程包括分析、综合、抽象、比较和分类，但不包括概括过程。思维过程流程是从归纳推理概括出的普遍结论出发，经历分析、综合、抽象、再抽象过程，而比较、分析贯穿整个思维过程。强调一点，思维是"想"，在科学过程中，是与"做"结合在一起，由"做"呈现出来。会体会到"做"和"想"都在进行。这是与逻辑学纯"想"的区别。

三、类比推理的思维过程

类比方法是根据两个或两类事物在一系列属性上相似，从而推出它们在另一个或另一些属性上也相似的思维方法。应用类比方法得出新的判断的过程就是类比推理。类比推理，首先是要在两个事物间进行对比，一个事物作为对比的对象，可称为对比物；另一个事物将被赋予新的属性，也就是类比物。其次，两个事物必须具备至少一个相同或相似的属性，否则失去类比的基础。再次，对比物的属性多于类比物的属性。最后，得到判断，类比物具有对比物的剩余属性。

考察亚里士多德关于地球是球体的推断。每当月食发生的时候，会看到月亮被遮住部分的外轮廓为圆弧状。而用光照射一个球体，不论从什么角度照射，其投影都是圆面。这两种现象中，都是遮光形成阴影，阴影都具有圆的性质，类比推理得出遮光物具有相同的特征，即地球应该也是球体。这是一个类比推理过程。对月食轮廓的考察，地球遮太阳光在月球上形成阴影，是分析过程；对月食的整体认识是综合过程，认识结论表达出来，即月食的外轮廓为圆弧状，是抽象过程。对球体投影面的考察，球体遮光出现圆面阴影是分析过程；整体认识是综合过程，表达出来，即球体遮光的阴影面总是圆面，是抽象过程。通过对比，推出地球是球体，是新的判断，又一次经历抽象过程。比较与分类也同样存在于分析、综合和抽象过程，即比较与分类存在于类比推理过程。总的来看，类比推理经历了分析、综合、抽象和比较、分类。

将归纳推理、演绎推理和类比推理三种思维过程进行比较，归纳推理经历的过程是最完整的，也是顺序性最强的。演绎推理不包括概括过程，但是是以归纳推理概括的结论为前提展开的思维过程。类比推理也不包括概括过程，而且与归纳推理概括的结论无关，既不经历概括过程，也不依赖概括结论。各个思维过程共同包括了比较、分类、分析、综合和抽象。

第四节　科学推理在小学科学教学中的应用

一、获得科学认识的归纳推理

人类在对自然世界的认识过程中，要大量观察，归纳总结，获得客观事物的共同特征或关键属性，寻找自然存在的内在原因和发生发展规律。当小学生学习新的科学内容或说获得新的科学知识，遵循人类科学认识规律，也主要采用归纳方法，经过归纳推理获得科学认识。

（一）归纳推理应用的总体要求

运用归纳推理，首先必须收集和占有事实材料。而收集和占有材料的方式就是观察、实验、旁证和调查。对科学来说，主要是观察和实验。对于亲自获得的现场材料或者是获得的二手资料，在这里区分为直接性观察和间接性观察。直接性观察，是有目的、有计划，通过个体感官获得的事物属性或特征的观察。如，小学科学教学中，观察植物的根、茎、叶、花、果实和种子等；观察月相、岩石标本、矿物标本等；观察运动的特点、声音的音强和音调、物体的沉浮等，这都是直接性观察。间接性观察，是指通过视频、照片甚至描绘图这些反映事实的资料进行的观察。如，观察动物活动的视频或动物图片，观察火山、地震、海啸等视频或图片等，这些是间接性观察。实验也是观察，但具有特殊含义，即科学上为阐释某个原理而创设特定条件，人为地引起和控制现象的发生，以观察其变化的过程和产生的结果。这样，实验可以起到对事物精确研究的作用，也可以起到稳定某种现象或让某种现象重复出现而揭示原因或规律。总结起来，归纳推理是以获得大量科学事实为前提的。

在小学科学中，求同归纳法、典型归纳法应用最多，求异归纳法和共变归纳法使用情况也不少，而求同求异共用法、剩余法鲜有使用。因此，我们详细讨论求同归纳推理、求异归纳推理、共变归纳推理和典型归纳推理。

（二）求同归纳推理的应用要点

求同归纳推理是寻找科学事物的共同特征或属性获得科学认识。而依赖共同特征或属性的科学概念和科学判断的学习就是使用求同归纳推理。第一，由实指定义获得的指称性概念，其特点就是对科学事物反复指认，使实指物与概念建立对应关系。尽管实指定义获得的科学概念没有清晰阐释概念的共同特征或属性，但是这些共同特征或属性是隐含在被反复指认的事物中的。由此，实指定义应用的过程，就是使用求同归纳推理的过程。第二，只由列举定义说明的概念或科学结论，因为要列举若干实例，也是使用求同归纳推理。但是也经常不明确共同特征或属性。如，"种子的传播方式""风将种子吹到远方、水将种子漂到远方、果实爆裂将种子弹射出去、动物食用果实再将果实中的种子排泄到其他地方……这些都是种子的传播方式"。第三，使用属加种差定义的概念和由各个单称判断概括得到的全称判断，如果是直接通过共同特征或属性得到的，那么要使用求同归纳推理。

对于第三种情况，在教学中，要提供若干反映事物共同特征或属性的典型实例。对这些典型实例经历分析、综合、抽象，得出单称判断。由各个单称判断概括出进一步抽象的全称判断。如，铜丝接入电路使小灯泡发光、铁丝接入电路使小灯泡发光、铝丝接入电路使小灯泡发光……对每一种情况进行分析、综合后，得到对应的抽象的单称判断，即铜丝容易导电、铁丝容易导电、铝丝容易导电……对各个单称判断概括出更抽象的全称判断：像铜丝、铁丝、铝丝这样容易导电的物体称为导体。这样得到导体的概念。

（三）求异归纳推理的应用要点

求异归纳推理也是寻找科学事物的共同特征或属性获得科学认识。但与求同法不同的是求异归纳推理是通过制造差异的方式。其主要针对的科学概念或科学结论中关键特征或属性存在还是不存在的差异对比，揭示出共同特征或属性。尤其是当构成科学概念或科学结论的关键特征或属性无法被清晰感知时，最好的方式只能是采用求异归纳推理。如，"振动产生声音"，采用求同归纳推理，就是鼓面振动，听到鼓声；琴弦振动产生琴声；哨子中空气振动产生哨音等，概括得到物体振动产生声音。这个科学结论也可以采用求异归纳推理，使鼓面停止振动，鼓声消失；使琴弦停止振动，音声消失；使哨子内空气静止，哨音消失。振动存在，有声音存在；振动停止，声音消失。得到结论：振动与声音的存在具有因果关系。但我们再看前面使用过的例子，就是"空气具有压力"。我们就生活在空气中，但是我们却感觉不到空气的压力。这时认识空气压力的最好方法就是把空气去掉看看效果，也就是采用求异归纳推理。

在教学中，要提供若干反映事物共同特征或属性的典型实例，然后将具有一个因素与不具有这个因素所产生现象进行对比，特别是不具有这个因素可以更强烈地引起感知。对这些典型实例经历分析、综合、抽象，得出单称判断。由各个单称判断概括出进一步抽象的全称判断。还是"空气具有压力"实例，两块有机玻璃板（其中一块上钻有一些细孔），将吸贴分别按在两块有机玻璃板上。对比发现吸贴与玻璃板间无空气，则吸贴外部空气将其压在板上。得到一个单称判断：空气压力将吸贴牢牢压在玻璃板上。"马德堡半球"实验，将球内有空气和无空气情况两半球能否容易被分开进行对比，发现球内抽真空后，球内没有空气压力，而球外空气仍然存在，说明"马德堡半球"很难被拉开，是球外空气压力作用。得到一个单称判断：空气压力把马德堡两个半球紧紧压在一起。中医用机械抽气式"拔火罐"，人的皮肤表面是平滑的，将抽气"拔火罐"紧压在皮肤上，然后抽出"拔火罐"内的空气，皮肤表面突起如"包"。皮肤表面失去空气，会鼓起来，而平时是平滑的，说明平时就存在空气压力。得到一个单称判断：我们皮肤表面也存在空气压力。通过差异比较得到的各个单称判断，都说明空气存在的地方就存在空气压力。可以概括出一般性结论：空气具有压力。

（四）共变归纳推理的应用要点

共变归纳推理是寻找一个因素变化和随之变化的现象间的变化规律。在科学上，对于事物间变化规律认识的科学判断，一般都要使用共变归纳推理。如，"合理密植，提高产量"，选择试验田，种植密度分别为密度 1、密度 2、密度 3、密度 4、密度 5，考察不同种植密度情况下的产量，分别标示为产量 1、产量 2、产量 3、产量 4、产量 5。这就是寻找密度变化和产量变化间的关系。如果密度 1、密度 2、密度 3 的产量 1、产量 2、产量 3 逐渐升高，而密度 4、密度 5 的产量 4、产量 5 又降低了，则找到密度 3 是最高产的密度。找到最高点的理想曲线是正态分布。如果密度 5 时，产量 5 最大，则需要进一步增加密度，一直找到下降情况，才可断定最大。

规律是复杂的，但我们寻找规律的方法力求简单。使用共变归纳推理时，主动变化的因素或说控制为变化的因素，要求其按一定方向均匀变化，然后考察随之变化的现象。间隔采集数据，才易于得到规律性认识。如，"凸透镜成像特点"。物通过凸透镜成像，涉及三个物理量，即焦距、物距和像距。一般情况下，选定一个透镜，其焦距就是确定的。然后控制物距的变化，寻找像的位置（即被动变化的是像距），观察像的特点。物距如何变化？物可以由远及近向透镜移动，也可以由近及远远离透镜，一般选择后者。一定使物距向一个方向变化。同时要规定等间隔变化，如远离透镜 2 厘米、4 厘米、6 厘米、8 厘米、10 厘米、12 厘米、14 厘米……若所选择透镜的焦距是 5 厘米，则可看到的现象是光屏上无像、倒立放大的像、倒立等大的像、倒立缩小的像……光屏上无像的情况，向透镜方向看去，可见放大正立的像。作为区分这种情况的像称为虚像，而可投射到光屏上的像称为实像。凸透镜成像的规律性特点，就是物距在一倍焦距以内，成放大正立的虚像，放大是指像与物比，像比物大，但虚像本身也在变大；在一倍焦距以外两倍焦距以内，成倒立放大的实像，但像本身在缩小；物距在两倍焦距处，成等大倒立的实像，此处是一个关键点，即所成实像由放大将转为缩小；物距在两倍焦距以外，成缩小倒立的实像，随物距增大，这个实像本身不断缩小。我们看到，当使物距这个因素单方向等间隔变化时，像会呈现出虚、实，大、小，正立、倒立等显著特点的规律性变化，也呈现出像本身在一个区间内也是变化。在像变化的整个过程有两个关键点，一个是由放大变为缩小的关键点，即两倍焦距处；还有一处是虚像转为实像的关键点，即一倍焦距处，但此处不好观察到，由理论可以准确说明。如果我们在教学中，指定三个恰好可以呈现凸透镜成像显著特点的位置，学生可以体验感知建构知识，但是却不符合共变归纳推理的操作要点，失去了探索性。

当多因素变化影响一个共同现象变化，这时就要对多个因素进行控制。这也就是所谓的"控制变量法"。如，物体获得的加速度是施加在物体上的力和物体本身的质量决定的。如何寻找"力""质量"与"加速度"的关系？我们可以先控制或者说保持质量不变，看施加的力变化与加速度变化的关系；再保持施加的力不变，看质量变化与加速度的关系。得到"力越大，加速度越大"和"质量越大，加速度越小"的结论，这就是在控制变量的情况下，分别运用了共变归纳推理。精确实验下再将两种情况组合起来，得到"加速度与力成正比，与速度成反比"。这就是著名的牛顿第二定律。在小学科学上，讨论影响摩擦力大小的因素，也是同样的道理。影响摩擦力大小的因素有两个，即物体的重量和接触面的粗糙程度。同样接触面，不同重量物体在移动中所受摩擦力的大小不同；同样物体在不同接触面上的摩擦力大小不同。然后将两个因素与结果的关系组合起来，得到"物体越重，接触面越粗糙，摩擦力越大"。"控制变量法"不只局限在共变归纳推理。如，"植物的向光性"。在暗盒中种植物，植物生长的土壤、水分、温度都保持一样，这就是控制变量。在暗盒不同位置挖小孔或说开小窗，发现植物都偏向小窗生长，而小窗是透光的地方，说明植物生长具有透光性。这种情况，运用的是求同归纳推理。

（五）典型归纳推理的应用要点

典型归纳推理是对一类事物的内在属性的揭示。由于要在一类事物中选择一个个体进行研究，首先个体所属类应该充分可靠。如果类不清晰，所选个体将失去典型性。接下来，对所选择的个体或说事物对象进行深入观察实验研究，揭示出深层次特征或内在属性，这也是运用典型归纳推理最重要的部分。最后，必须将揭示的个体属性推广到个体所属的类，就是获得普遍性认识。

典型归纳推理也是从一个清晰的类为前提出发的，也是对一个特殊事物对象进行研究，这与演绎推理很相似。但是演绎推理得到的是一个关于特殊事物的特殊结论，而典型归纳推理却是关于一个特殊事物的研究得到这个事物所属类的普遍性结论。

二、深化科学认识的演绎推理

当人类应用归纳推理得到关于自然世界的认识，这种认识成果会指导人们解释自然和改造自然的实践活动。小学生应用获得的科学认识去解释自然现象或生活现象，理解科学原理的作用。从学习角度看，是对获得科学知识深入理解；从认识规律看，是深化科学认识，即每一次演绎的成功，都是对归纳结论可靠性的证实。

（一）直言判断推理的教学应用

直言判断推理为三段论式推理，是一种必然推理，其依据的原理就是：凡对一类事物有所肯定，则对该类事物中的每一个事物也有所肯定；凡对一类事物有所否定，则对该类事物中的每一个事物也有所否定。这样，三段论推理，就明确出"证明格"和"区别格"。使用"证明格"的规则是，大前提必须是全称判断，小前提必须是肯定判断，才能得到真的肯定结论。如，空气占据空间，粉笔置于水中有气泡产生，则粉笔中有孔隙。"气泡"表明空气存在于粉笔中，"孔隙"表明粉笔中有"空间"。使用"区别格"的规则是，大前提必须是全称判断，小前提必须是否定判断，才能得到真的否定结论。如，昆虫是六足节肢动物，蜈蚣有很多足（不是六足），则蜈蚣不是昆虫。在小学科学教学中，一般情况，我们是通过归纳推理获得一般性的科学结论。在一节课的后段，往往设计有"应用"或"拓展"环节，就是应用科学结论进行演绎推理。这个过程，一个是加深对科学结论的理解，了解科学结论的解释功能、预测功能；另一个是理解"学科学、用科学"的意义。

（二）联言判断推理的教学应用

在小学科学学习中，对事物具有的综合特征或属性的判断，很多使用联言判断推理。如我们熟悉的"纯净的水没有颜色，没有味道，没有气味，会流动，没有一定的形状"。这是一个联言判断，而其得出是以归纳推理得到的"水没有颜色""水没有味道""水没有气味""水会流动""水没有一定的形状"各个判断为真的前提下，把这些特征综合起来，经过联言推理得到的结论。这也是我们讨论概念定义方式中的合取定义。将上面关于纯净水的结论作为前提，我们根据联言判断的逻辑特性对特殊物体是否是水进行联言推理。如，酱油是黑色的，则酱油不是纯净水。在联言判断中，一个肢判断是"水是没有颜色的"，"酱油是有颜色的"，则酱油的特征不符合这个肢判断，则酱油不属于联言判断所确定的水这类。同样的推理过程，酒精是有味道的，则酒精不属于水。这就是一个肢判断是假的，则联言判断的结论为假或说不符合联言判断的结论。只有满足联言判断的各个肢判断为真，才能符合联言判断推理结论的真或者说才能符合联言判断结论。再有像"植物生长需要适宜的肥料、阳光、水和温度""光合作用需要阳光、水和二氧化碳"等，都是联言判断。断定是联言判断，依据其逻辑特征，即各个肢判断必须真，联合判断结果是联言判断。这些联言判断的得出，是运用联言判断推理；而它们对具体事物是否符合联言判断的断定，也是运用联言判断推理。

（三）选言判断推理的教学应用

选言判断的各个肢判断如果可以同时存在，称其为相容的；如果不可以同时存在或说彼此是对立的，称为不相容。这样选言判断有相容与不相容之分，相应地，选言推理分为相容选言推理和不相容选言推理两种。

相容选言判断就是断定事物情况中至少有一种（可以是全部）事物情况存在的判断。它的联结词常用"或""或者"表示，还可以用"可能""也许"。相容选言推理是根据相容选言判断的逻辑特性（即选言肢可以同真）进行的选言推理。它的大前提是相容选言判断。相容选言推理只有一个正确式，即否定肯定式。在相容选言推理中，小前提否定一个选言肢，结论肯定另一个选言肢。如，若要增大物体的摩擦力，可以采用增大物体的重量，也可以增加接触面的粗糙程度。人走路过程如何防滑？防滑就是要增加摩擦力。人的体重是基本不变的，可以在鞋底加上花纹增加接触面的粗糙程度。这就是基于相容性选言判断的选言推理。"增大物体重量"和"增加接触面的粗糙程度"都可以增大摩擦力，这两个肢判断是可选的，也是可以同时存在的，所以属于相容性选言判断。而否定"增大物体重量"这个肢判断，就必然选择"增加接触面的粗糙程度"的肢判断，这就是否定肯定式的相容选言推理。

不相容选言判断就是断定其选言肢中有且只有一个选言肢为真的选言判断。不相容选言判断的联结词常用"要么……要么……""或者……或者……"表示。不相容选言推理是根据不相容选言判断的逻辑特性进行的选言推理。即各个选言肢不能同时为真。它的大前提是不相容选言判断。不相容选言推理，包括两种情况：一是肯定否定式，二是否定肯定式。肯定否定式即小前提肯定大前提的一个选言肢，结论否定大前提的其余选言肢。如，既有雄蕊又有雌蕊的花，叫作两性花，否则是单性花。一朵花要么是两性花，要么是单性花。桃花既有雌蕊又有雄蕊，是两性花，所以，不是单性花。这是包含两个肢判断的不相容选言推理，肯定了一个肢判断，就否定另外的肢判断。否定肯定式即小前提否定大前提除一个以外的所有选言肢，结论肯定这一未被否定的选言肢。如，动物有性繁殖后代的方式或是卵生，或是胎生。熊猫不是卵生，所以，熊猫是胎生。这是包含两个肢判断的不相容选言推理，否定了一个肢判断，就肯定了另一个肢判断。再如，物体传热的方式或是传导，或是对流，或是辐射。太阳不是通过传导、对流的方式向外传递热的，所以，太阳是通过辐射的方式向地球传热的。这是包含三个肢判断的不相容选言推理，否定了两个肢判断，则第三个肢判断必然被肯定。

在小学科学学习中，也存在很多选言推理的运用。在科学探究的猜想和假设阶段，经常作出选言判断，然后作出选言推理。如，对影响摆的摆动快慢的猜想。根据摆的结构因素和摆动中的操作因素，猜想后作出假设：摆的摆动快慢可能与摆长有关、可能与摆球质量有关、可能与摆角大小有关。再如，水位高，小水轮转得快；水流量大，小水轮转得快；所以，小水轮转得快，可能是水位高，也可能是水流量大。对于辨别和识别，也经常用到不相容选言推理。如，节肢动物包括甲壳类、螯肢类、多足类和六足类。蜻蜓属于六足类（昆虫），则它不属于其他类。等等。

（四）假言判断推理的教学应用

1. 充分条件假言推理的应用

充分条件假言推理的大前提是充分条件假言判断。小前提是对充分条件假言判断前件或后件的断定，结论是对后件或前件的断定。如，"天上下雨，地面会湿"。"天上下雨，地面会湿"是事实真，或说天上下雨，地面必定会湿，这个判断就是充分条件假言判断。这个假言判断构成假言推理的大前提。我们看到窗外下雨了，就是肯定了大前提中的前件，这个对前件的断定就是小前提。我们没看地面，也可以判断"地面湿了"，这是前件被肯定得到的对后件肯定的断定，也就是我们的结论。我们又看到了大前提、小前提和结论，这是充分条件假言推理的三段论。由天上下雨，判断出"地面湿了"是逻辑真，与大前提的事实真相符。这是充分条件假言推理的一种有效规则，即肯定前件，后件必成立。称为肯定前件式。如果我们早晨拉开房门，看到地面很干爽，会得到结论：夜里没下雨。这个结论与事实必然相符。如何得到这个结论的？大前提还是"天上下雨，地面会湿"，小前提是对后件的否定，即地面没湿，得到对前件的否定，即没有下雨。这也是充分条件假言推理的一种有效规则，即否定后件，前件必不成立，称为否定后件式。如果说"天上没有下雨"，不能必然得到地面不湿。地面湿，可能是下雨了，也可能是人工洒水，也可能是管道漏水等。同样的道理，地面湿了，也不能得到"天上下雨"的结论。换句话说，就是否定前件，不能必然否定后件；肯定后件，也不能必然肯定前件。而演绎推理是必然性推理，则充分条件假言推理的有效规则就是肯定前件式和否定后件式。

2. 必要条件假言推理的应用

必要条件假言推理的大前提是必要条件假言判断。小前提是对必要条件假言判断前件或后件的断定，结论是对后件或前件的断定。如，"只有物体振动，才会有声音产生"。前件是"物体振动"，后件是"有声音产生"。前件存在是后件存在的必要条件，这是必要条件假言判断。这个假言判断"只有物体产生振动，才会有声音产生"，作为必要条件假言推理的大前提。如果"物体没有振动"，是对前件的否定断定，构成了小前提。可以推出否定后件的断定结论"物体不会发出声音"。这是符合必要条件假言判断逻辑的推理，是必要条件假言推理的一种有效规则，即否定前件式，也就是否定前件必否定后件。如果大前提没变，小前提是肯定后件"物体发出了声音"，得到对前件的断定"物体振动了"。这也是必要条件假言推理的一种有效规则，即肯定后件式，也就是肯定后件必肯定前件。对比可以看到与充分条件假言判断的有效方式正好相反。

3. 充分必要条件假言推理的应用

充分必要条件的假言推理也称为等价推理，即充分必要条件假言推理的规则存在四种：肯定前件即可肯定后件；肯定后件即可肯定前件；否定前件即可否定后件；否定后件即可否定前件。且都是有效的推理规则。可由下面四个例子来说明。

案例1："当接触的两个物体温度不同时，温度较高的物体则会向温度较低的物体传递热。"温度不同，是热传递的充分条件，即只要温度不同，就会发生热传递；温度不同，又是热传递的必要条件，即只有温度不同，才会发生热传递。所以这个判断是充分必要条件假言判断。前件是"接触的两个物体温度不同"，后件是"温度较高的物体则会向温度较低的物体传递热"。整个判断就是充分必要条件假言推理的大前提。将"烧热的勺子放入冷水中"，是对前件的肯定，构成小前提。得到对后件的肯定"勺子会向冷水传递热"是推理的结论。通过肯定前件而肯定后件，属于肯定前件式。

案例2："对于带电体，如果物体带同种电，它们彼此相互排斥。"带同种电，是物体相互排斥的充分条件，即只要物体带同种电，则它们接近会相互排斥；带同种电，又是相互排斥的必要条件，即只有带同种电，它们之间才会排斥。所以这个符合判断是充分必要条件假言判断。前件是"物体带同种电"，后件是"相互排斥"。整个判断构成充分必要条件假言推理的大前提。而"将塑料尺子与头发摩擦后接近毛皮摩擦过的橡胶棒，发生了相互排斥的现象"，是对后件的肯定，构成小前提。得到对前件的肯定"塑料尺子与橡胶棒带的电是同种电"是推理的结论。通过肯定后件而肯定前件，属于肯定后件式。

案例3："如果一个叶柄上生有一个叶片，则这种叶是单叶。"因为当且仅当一个叶柄上生有一个叶片，才命名为单叶。这个复合判断也是充分必要条件假言判断。前件是"一个叶柄上生有一个叶片"，后件是"这种叶是单叶"。"如果一个叶柄上生有一个叶片，则这种叶是单叶"作为大前提。考察大豆的叶，发现"大豆叶的一个叶柄上长有3个叶片"，是对前件的否定，构成小前提。得到对后件的否定，"大豆的叶不是单叶"，这就是推理后的结论。通过否定前件而否定后件，属于否定前件式。

案例4："当物质发生了化学变化，则产生了新的物质。"也是当且仅当物质发生化学变化，才产生新的物质。这个判断也属于充分必要条件假言判断。前件是"物质发生了化学变化"，后件是"产生了新的物质"。"当物质发生了化学变化，则产生了新的物质"作为大前提。考察水结冰的过程，发现"水结冰的过程没有产生新的物质"，是对后件的否定，构成小前提。得到对前件的否定，"水结冰不是化学变化"，这也是推理后的结论。通过否定后件而否定前件，属于否定后件式。

在小学科学中，存在很多充分必要条件假言判断结论，因此会经常进行充分必要条件假言推理。而且可以灵活使用四种推理规则。如，把一团纸塞进玻璃杯底，然后将杯子倒立放入水里，如果水进去了，那么纸就会湿。实验现象：纸没湿。说明水没进去。也可以说水没进去，所以纸未湿。而将杯子斜插入水中，实验现象：纸湿了。说明水进去了。或说水进去了，所以纸湿了。

三、激发联想想象的类比推理

类比推理是或然性推理，要想得到可靠的结论，需要很多证据支撑。而当很多证据可以说明同一现象或属性时，其与归纳推理就很类似了。但类比推理在科学上非常重要的意义是可以指出研究方向，成为科学研究的先导。

（一）类比推理的特殊性

逻辑思维方法包括归纳法、演绎法和类比法。非逻辑思维包括想象、联想、直觉、灵感和顿悟。依据归纳方法进行的推理，称为归纳推理；依据演绎方法进行的推理，称为演绎推理；依据类比方法进行的推理，称为类比推理。但是归纳推理有其有效的规则，现在认同的是穆勒五法，即求同法、求异法、求同求异共用法、共变法、剩余法，它们也成为科学上寻求因果关系的方法；演绎推理也有其有效的规则，包括亚里士多德的直言判断三段论法，复合推理中依据联言判断性质的联言推理、依据选言判断性质的选言推理和依据条件判断的假言推理等。而考察类比推理，却没有复杂的规则，且经常涉及想象和联想。似乎这种推理处于逻辑思维和非逻辑思维的交界处。

世界上事物千千万万，为什么将这两个事物放到一起，还要推断出一个事物的新属性？显然取决于我们认识新事物或研究新事物的需要。基于我们要识别的事物或要认识的事物，联想我们熟悉的事物，甚至想象将我们熟悉的事物进行重新组合或变形，去搜索到与我们要识别或认识的事物具有相似属性的事物。这样，我们才可以由类比规则推理出欲认识事物的新属性。寻求类比物的过程，需要联想、想象。而联想或想象的结果有时是突发，这时表现为直觉和顿悟。因此，类比推理的全过程，既有非理性的想象，也有依规则的理性推断。

推理是从一个判断得到一个新的判断。类比推理的结论具有怎样的性质？如我们看到天上下雨，地上会湿。这是一个现实因果关系判断，也是一个充分条件的假言判断。进行假言推理，有效的"格"是：天上下雨，地面会湿；地面没湿，天上没下雨。即肯定前件，可以肯定后件；否定后件，可以否定前件。得到必然性的结论为真的判断。但是，"天上没下雨，地面不会湿；地面湿了，天上下雨了"是无效的假言推理。而生活中，我们经常看到地面湿了，作出判断：下过雨了。人们是在用充分条件假言推理的无效格式吗？实际上，人们是在利用类比推理得到的判断。"天上下雨，地面会湿"，对这一现象，具有"下雨"和"地湿"两个属性。当我们眼前的现象具有与我们头脑中"天上下雨，地面会湿"的共同属性"地湿"，对比得到判断"下雨"这个新属性。换一个角度，就是由两个现象具有共同的结果"地湿"，对比得到具有共同原因"下雨"的判断。也就是说，类比推理，恰恰是充分条件假言推理的无效格式。从逻辑学角度看，类比推理是从一个特殊的判断得到一个特殊的判断，属于或然性推理，即其结论具有可错性。那么，类比推理的可信性在哪？其意义何在？因此，类比推理得到的结论，在生活中运用，需要更多证据支持，才能增强其可信度；在科学上，需要进一步实验证实。如上面的由"地湿"得到"下雨"的类比推理，如果看到屋顶是湿的、树叶是湿的，这些证据使"下雨"的判断为真的可信度大大增强。

（二）类比推理教学应用

类比推理是从一个特殊的判断得到一个特殊的判断，属于或然性推理，即其结论具有可错性。因此，类比推理得到的结论，在生活中运用，需要更多证据支持，才能增强其可信度；在科学上，需要进一步实验证实，才可增强与所反映客观现实的一致性。如前面讨论过的，由"地湿"，得到"下雨"的类比推理，如果看到屋顶是湿的、树叶是湿的，这些证据使"下雨"的判断为真的可信度大大增强。

类比推理虽然列入逻辑方法范畴，但其具有非逻辑方法特征。在日常生活和科学研究中，普遍运用类比推理。小学生的科学学习也必定会运用类比推理获得科学认识。特别是类比推理在科学研究中的重要作用，要求我们在小学科学教学中，明确类比推理的特性，重视这种思维方法，帮助学生获得科学认识。

积累丰富表象，奠定小学生类比推理的基础。类比推理要求两个科学事物，一个是对比物，一个是类比物。根据对比物的剩余性质，推出类比物具有的新性质。小学生的科学认识具有生活经验性，也就是说可用于对比物的表象源于生活经验积累。但在学习某一个科学新知识时，这种积累不足以对应新知识点。这时需要教师提供各种对比物的学习，获得丰富的对比物的形象认识，为类比得到类比物的新性质做好铺垫。如上面提到的亚里士多德从月食现象得到的地球是球体的判断。在小学科学教学中，要准备球体、圆柱体、圆锥体等，先用光照射各种几何体，观察投影（阴影）面形状。通过改变照射光的角度，改变各种几何体放置的姿态，观察各种投影形状，发现只有球体在任何光照角度、任何放置姿态下，其投影面都是圆面。呈现各种各样的月食，月食面的轮廓都是圆弧形的，这时判断遮光物体（地球）是球体。这样，前期对比物的铺垫，对于经验表象不够丰富的小学生来说，是一个运用类比推理的重要准备工作。在要求小学生独立运用类比推理得到新认识时更为重要。

遵循类比规则，学习科学上类比推理的严谨性。日常生活中使用类比得到判断，常常是直接类比，即对比物和类比物有一个相似属性，对比物比类比物多一个属性，则判断类比物具有与对比物剩余属性相同的新属性。如"天上下雨，地面湿"则由"地面湿"，判断"天上下雨"，很有错的可能。而司法、科学利用类比推理得到判断则要谨慎、严格，才能得到可靠的结论。如何谨慎、严格呢？这就要求对比物与类比物的相似属性尽量多。或者说，多个类比推理指向相同的结论。也可以说，需要尽量多的证据。如魏格纳提出的"大陆漂移学说"。当魏格纳看到地图上大洋对岸的海岸线其凸出的地方对面大致是凹进的，联想到它们可能原来是一体的，它们漂移分裂开来成为现在的样子。我们看看魏格纳得到这个结论的推理过程。首先，魏格纳进行了对比。对比物是什么？当我们把一张报纸撕成几块，会出现凹凸对应的曲线边缘。这个现象就是存在于头脑中的对比物。类比物是大洋对岸边缘凹凸对应的大陆块。对比物与类比物的共同特征是凹凸边缘对应。对比物的多余属性是凹凸对应特征源自同一个物体。判断类比物也具有这个属性，即分裂开的大陆块是一体的。这个推理过程，就是类比推理，而且是直接类比推理，与日常生活中类比无异。我们为什么相信"大陆漂移学说"呢？实际上魏格纳为证明这个结论，从古生物学、地质学、古气候学三个方面收集了大量证据。在古生物学方面，主要是大西洋两岸存在的许多生物的亲缘关系；在地质学方面，主要是大西洋两岸的岩石、地层和褶皱构造的相似性和连续性；在古气候学方面，主要是指出两极地区曾有热带沙漠，而赤道地区有冰川的痕迹[①]。当发现这些性质或特征都在很大程度上相似，则确立了最早结论的可靠性，直接类比判断也上升为一种科学理论。魏格纳寻找证据的过程，就是进行了多次类比推理——对岸大陆岩石性质相同，大陆是一体的；生物存在亲缘关系，大陆是一体的；寒带（热带）气候特征中具有热带（寒带）气候因素，大陆是一体的。每一次类比推理都指向了同一个结论，则结论是可靠的。作为对比物，将报纸撕成几部分，对应部分边缘凹凸对应、撕裂的图形是对应的、撕裂的文字也是对应的、边角也是有组合特征的。即一张报纸撕开，有多个对应特征或说属性。作为类比物，大洋对岸的大陆，凹凸边缘是对应的、岩石属性是相同的、存在的古生物是相同的、气候是相似的。即有多个特征或属性满足同一要求，则得到可靠判断"大陆原来是一体的，现在漂移分裂开来"。也就是说，对比物和类比物相似特征或属性越多，类比推理的结论越可靠。在教学中，可以用增加证据的方法，也可以用多次类比

---

① 吴国盛. 科学的历程［M］. 长沙：湖南科学技术出版社，2013：612.

的方法，还可以用增加相似属性的方法，帮助学生认识到科学上类比推理的严格性。

　　利用类比推理的想象性、联想性，发挥学生的创造性。日常生活中的类比推理，经常是以头脑中积累的事物及其发生发展过程表象作为对比物，将眼前的事物作为类比物，得到生活中遇到的现象及其发生原因的判断。而科学上的类比推理，是以认识新事物或事物的新属性为目的的。寻找到与新事物具有多个相似属性的对比物且能够揭示新事物或新属性，是需要联想和想象的，是一个艰苦的过程，充满了创造性。如阿基米德发现测量浮力的方法。阿基米德一直在思考用黄金打造的皇冠是不是纯金。当他坐进盛满水的浴盆时有许多水溢了出来，他突然意识到溢出水的体积正好应该等于他自己的体积。如果把皇冠浸入水中，水面上升的部分就是皇冠的体积。这就是类比推理。可以看到，将对比物和类比物联系起来，是突发性的联想[①]。正是类比推理的这种特性，提供了培养学生创造性想象的机会。如上面所谈的魏格纳的"大陆漂移学说"的学习。可以将一张报纸撕成几部分，打乱。然后要求学生将碎片拼接起来。学生确信拼接正确的依据是凹凸边缘的对应、文字对应、图形对应、边角对应。再让学生观察地球仪上大洋对岸大陆边缘形状，再进一步引导，如何确认相对应大陆是一体的。这时，要想象和联想，是不是岩石应该一样、土壤应该一样、动物植物应该一样……结合魏格纳寻找证据的科学史实，认识到"大陆漂移学说"是如何建立的。虽然学生通过联想、想象是学习新知识，而不是创造知识，但可以训练学生的联想、想象意识，培养其创造性人格。

---

　　① 吴国盛. 科学的历程 [M]. 长沙：湖南科学技术出版社，2013：145.

第五章
形象思维与技术设计

第一节　技术、工程与科学的关系概述

一、技术与工程的关系

（一）技术的本质

从本体论看，技术是满足人某种需求的人工实体。工具、机器、设备为最终的人工实体或说技术物。材料、形状（结构、系统）、动力、控制等，称为技术因素。由技术因素构成技术的实存技术物。从认识论看，技术是满足某种需求符合技术目的的操作流程形式。表现在设计制造过程中。由需求出发，产生技术目标（观念中的技术物），进行技术设计（包括结构设计和流程设计），依设计进行制作、试验、对技术物的评价。人体本身就是技术的存在。人体的各种器官、系统，以某种结构存在，可实现某种功能，达到生存与繁衍的目的。这可以称为内在的技术。但动物也具有这种内在的技术。人与动物的区别在于人创造出外在的技术，使得人体器官功能能得到拓展和延伸。考察人类进化史，人之所以称为人，是人可以制造工具进行劳动。制造工具的流程就是所谓的流程技术，工具就是物化的技术。人创造了技术，技术也创造了人，技术具有人的性质。一种新技术的产生给人类带来利益的同时，都有其负面影响。技术

是价值蕴含的，技术进步代表人类的进步，技术的邪恶反映人的邪恶。因此，一个哲学结论是：技术是人的在世方式。这就是技术的本质。

（二）工程的本质

从本体论看，工程是具有一定规模的人工物品。工程其实就是人的身外自然和人的身内自然所固有的各种潜力通过人的活动所实现的物的创造①。工程要素：一为技术要素；二为综合要素②。技术要素为基本要素，表现为对各种技术的选择、匹配和组合。综合要素包括环境、安全、经济、劳力等多种影响工程构建的因素，也可以理解为除技术要素以外所有的因素。从认识论看，工程是策划、设计和施工等在内的整个建构过程。任何一项工程所体现的属性组合都是一种可能的组合，而不是必定如此的组合。人类生存活动的或然性、自由性、创造性在此得到集中展示。从方法论看，工程是根据人的需要，依据科学原理，采用有效技术，将各种实体复合成一种价值化的新实体。总的来说，是筹划的方法，非逻辑推理的方法。将各种实体的不同属性组合在一起构成一个满足人多种属性需求的新的人造物。这种统筹规划包括：①将工程主体与相关主体、工程的本身需要和衍生需要、工程要求的事物属性与相关属性（包括问题属性）统筹规划。如建造一个饭店，工程主体是饭店大楼，但是还要建停车场或地下停车库这样与主体相关的设施；饭店要建造食品制作间和食客就餐间，满足食品制作与就餐的需要，但一般会建造厕所，这是衍生需要；饭店是提供餐食的场所，这是其主要属性，但食品卫生、环境卫生、设备噪音、人员喧哗，这些相关属性都是要考虑的。相关主体、衍生需要、相关属性，往往是作为工程的成本和代价而出现的。因此，工程设计是主客体及其需要、其属性权衡利弊得失的组合。②工程建构是多种技术的组合和应用。必须选择符合工程需要的各种可能的技术，各技术之间要协调。饭店建造，显然首先是建筑施工的各种技术应

①　徐长福. 理论思维与工程思维——两种思维方式的僭越与分界（修订版）[M]. 重庆：重庆出版社，2013：19.

②　殷瑞钰，汪应洛，李伯聪. 工程哲学 [M]. 北京：高等教育出版社，2014：90.

用，然后是电路技术、供水系统技术、各种食品加工技术等。建筑空间设置与机器设备的匹配以及供电线路、供水网络安排协调，都必须事先考虑妥当。③工程建构过程，必须接受科学原理（包括经验知识）的指导和约束，即应用客观规律和服从客观规律。建筑物要符合力学原理，结实稳固；电路应用必须符合电学原理等。人既不满自然，进而不满自己的现状，又不得不依赖自然，立足现状。这是工程面对的一个基本矛盾，工程本身就是这种矛盾的特定程度和范围的解决，就是矛盾双方在生活世界的某一点上所暂时达到的平衡。这视为工程的本质。

（三）技术工程的关系

在起源上，工程和技术是不分家的，技术的起源就是工程的起源。工程起源问题可以从两个层次上来认识和分析。一是把工程活动与人类使用和制造工具的活动联系在一起，这就可以认为人类最初用物和造物的历史就是原初意义上工程活动的开端。二是从严格意义上，将"居住工程"和"食物工程"的出现作为工程诞生的标志①。

通过将技术与工程进行比较，寻找它们的内在区别和联系。从过程上看，技术是指人们在变革自然，实现物质文化需要的过程中所创造、控制、应用和改进人工自然系统的目的性活动序列或方式。工程是人类为了改善自身的生存、生活条件，并根据当时对自然的认识水平而进行的各类造物活动，即物化劳动过程。技术有构成其存在的基本因素，技术本身又成为工程的基本要素。工程要素，一方面是基本要素，另一方面是相关要素。基本要素是指相关的、变质异构的技术要素的集成与整合，也就是前面指出的技术要素；相关要素主要是指资源、资本、土地、劳动力、市场、环境等，就是前面指出的综合要素。技术要素与非技术要素一起构成了工程的基本结构。技术是工程的基本要素，若干技术系统集成便构成了工程的基本形态。技术作为工程的要素具有如下特点：第一，个别性和局部性。技术总是工程中的一个子项或个别部分。第二，

---

① 殷瑞钰，汪应洛，李伯聪. 工程哲学［M］. 北京：高等教育出版社，2014：56.

多样性和差别性。工程中诸多技术有着不同的地位，起着不同作用，它们之间往往存在着不同的功能。第三，不可分割性。实际上，不同的技术作为工程构成的基本单元，在一定的环境下，以不可分割的集成形态构成工程整体。工程是技术的优化集成。工程活动不能理解为单纯的技术活动，而是技术与社会、经济、文化、政治及环境等因素综合集成的产物，它是一种自然科学知识、社会科学知识以及人文学科知识综合集成建构的活动①。

从技术的观点出发来看工程，技术与工程不是并列的，而是从属的。工程包含技术，或说技术从属于工程。工程是技术的集成体，技术知识、技术方法、技术手段、技术设备是工程活动的必不可少的前提和基础。相关的且不同性质、不同功能的技术群，在结合资本等要素后，通过工程系统集成在一起而转化为具体的、现实的生产力。一个单项技术不能构成工程，工程也不可能只由一种技术构成。技术是工程的构成要素，技术必须动态地、有序地嵌入工程系统中，才能发挥各项技术的功能和效率。因此，工程与技术是不可分割的（这里谈的工程是狭义的工程，是只与人造物联系的工程；广义的工程还包括像"读书工程""爱眼工程"这样的社会工程），且工程必包括技术，剔除技术则工程也就不存在了。

技术活动主要是一个线性的流程，基于需要，产生技术目标，再针对技术目标进行目标物结构设计和制作目标物的流程设计，最终得到技术物。思维角度，是从形象出发，进行形象思维，在头脑中构建新的形象，再将此形象物化，即具象表达。而工程是各种不同技术的选择、匹配和协调。各种技术具有不同的功能，按其各自的技术应用流程，形成不同的模块。工程要事先将这些模块应用设想好，这个设想就是工程的筹划。这种模块式的思维方式，就是工程的筹划思维。最后按照技术模块，组合成工程物。如小学科学教学中，"安装照明电路"。使用冰箱或电视机包装纸盒，侧立，模拟房间。根据设想或任务，给"厨房"或

---

① 殷瑞钰，汪应洛，李伯聪. 工程哲学［M］. 北京：高等教育出版社，2014：103.

"卧室"安装照明电路。筹划过程：画出电路图，电路原理图要符合闭合电路的科学要求；根据使用方便和合理，确定开关、灯泡放置位置（包括电池）；根据箱内空间，在内壁画出布线图。安装过程：依据"屋"内的立体线路布置，安装电池、开关、灯泡；依据布线图，粘贴导线（导线线芯事先预留好）；导线与各用电器连接；依电路图进行电路检查；试验。各个模块的工作，要考虑时间上的先后顺序；在同一时间，空间上各种活动进行的可行性。责任清楚，分工明确，协调合作。

技术和工程的成果形式都是人造物或者人工实体，没有质的区别。但成熟的技术物可以批量生产，以满足更多人的需要，即技术的产品化。工程是满足特定需求的独立个体，具有创造性和独特性。从技术、工程的发展过程看，技术与工程是同源的，都是源于人类的生存需求，早期的技术与工程很难区分。但是技术具有发展历史，不断完善进步，存在优胜劣汰。工程是事前认知，事后就确定了，只有成功和失败。技术的方法是设计，工程的方法包括设计，但更广泛，属于筹划。不管设计还是筹划，都属于复合思维。

尽管存在流程形式的技术，但物化形式的技术与工程一样，表现为人工实体，具有实体性。视为技术与工程的第一个共同特征。任何一个客观实体，都具有多种属性。尽管技术或工程只需要某一种属性，但其他属性也伴随而在。如钢轨，只是使用它的金属强度，但导电性、热胀冷缩的性质是不可剥离的存在。因此，技术或工程的人工实体，也必是多种属性复合在一起的，具有复合性。这是第二个共同特征。技术和工程都是源于人类需求。技术和工程利用客观实体的某种或多种属性，通过对它们的改造，实现相应的功能，满足人类的需求。都具有满足需求的特征。对客观实体属性的选择、应用和改造，要进行技术设计和工程筹划。技术、工程又都具有设计筹划性。

二、技术与科学的关系

（一）科学

科学是人类对自然世界的认识成果。其目的是发现客观事实，揭示事物发生发展规律。其形式表现为科学模型、科学定律、科学原理。从认识过程看，科学是人类对自然世界的探索过程。经历从客观事实通过观察实验得到科学事实，由科学事实进行思维加工得到科学认识，科学认识经过系统化、结构化得到科学理论[①]。科学理论在解释和预测科学现象和科学发展过程中，会遇到反例，甚至出现危机。新的科学事实会修正甚至颠覆原有的科学认识，使得科学向更深层次发展。科学探索过程，在形式上表现为探究过程流程，即问题、猜想、假设、设计方案、实施方案、描述与解释、表达与交流。科学又是人类应用理性思维建构的对客观世界的认识。所谓理性思维，一方面表现在设计观察实验，揭示客观事实得到科学事实的技术方法；另一方面表现在由科学事实抽象概括出科学认识的逻辑思维方法。

（二）科学与技术的关系

从科学与技术内涵看，科学与技术存在质的不同。科学的目的是对客观事实及其发展规律的认识，是对真理的追求。技术是为了某种需要制造出产品，实现其有用的功能，是对有效性的追求。科学知识的性质是对客观物质世界的主观反映，具有真理性、可检验性、可错性。科学过程的性质是对客观世界永无止境的探索过程，具有复杂性、发展性。技术是人类器官的延伸与拓展，技术性质反映了人的性质，即技术的目的是人的目的，技术需求是人的需求。人的需求是无止境的，技术的发展也是无止境的。科学的内容是客观世界的知识，解决"是什么"和"为什么"的问题；技术的内容是实践的行动规则，解决"做什么"和"如何做"的问题。科学的方法是观察实验与逻辑推理；技术的方法是设计与制造。科学的功能是解释与预测，即对事实的解释和依规律的预测；技术的功能是实用效果，即产品或工程产生的效益。科学的评价是可证实性，即科学理论与客观现实的一致性；技术的评价是产品的效率、经济、安全等实用价值。

---

① 刘大椿. 科学哲学 [M]. 北京：中国人民大学出版社，2011：92.

从科学认识过程考察，人类的科学认识过程要基于客观事实通过技术手段呈现为科学（经验）事实，科学事实经过思维加工形成科学认识，科学认识通过技术手段的证实或思维的论证，上升为科学理论。同时，存在另外一种可能，即科学认识被证伪从而被否定；也有可能得到修正，使科学认识更深入或更精确，再上升为科学理论。科学理论在实际应用和科学自身发展过程中，会有与其矛盾的反常出现，随着反常的增多与积累，会出现危机，此时会出现新的科学认识，就会出现替代旧理论的新的理论。由此循环往复，是一个永无止境的发展过程[①]。托马斯·库恩的"范式"理论，典型地描述了科学的这种发展过程。从客观事实到科学事实，是技术反映，必须依靠技术。当技术手段无能为力时，则无法得到科学事实，科学认识无从谈起。科学理论之所以确立是靠实证，科学的发展也是靠实证，而实证是由技术完成。技术的发展推动科学认识向更深入和更精确的方向发展。科学认识是可能的生产力，必须通过技术才能转化为现实的生产力。

从科学技术发展历史考察，技术远远先于科学而存在，早期科学、技术各自独立发展，而后科学指导技术进步、技术促进科学发展，一直到科学与技术紧密结合，共同发展。技术促进科学发展，最明显地体现在进行观察、测量的仪器、设备上。显微镜的发明揭开了微生物科学领域。望远镜、空间探测器、卫星等将人类的研究视野延伸到更广阔的宇宙。高能粒子加速器，使人类对微观世界的探索获得很多科学认识。科学对技术进步的作用，一个明显的例子就是电能的应用。电学理论、磁学理论和电磁转化理论的建立，直接导致发电机、电动机和电磁波通信技术的诞生和发展。科学与技术紧密联系，不可分割。

（三）科学与技术工程的关系

人类存在于这个世界，为了生存和发展，就在不断地认识世界、改造世界，也就在不断地创造着这个世界。徐长福先生指出，人类有两种

---

① ［美］托马斯·库恩. 科学革命的结构［M］. 北京：北京大学出版社，2003：85.

旨趣殊异的思维活动：一是认知，一是筹划。认知是为了弄清对象本身究竟是什么样子，筹划是为了弄清如何才能利用各种条件做成某事①。认知的最高成果就是形成理论，理论是用抽象概念建构起来的具有普遍性的观念体系，科学是针对自然世界的认识理论；筹划的典型表现就是工程，工程是用具体材料建构起来的具有个别性的实存体系。观念体系是客观对象的主观化，实存体系则是主体意愿的客观化。因此，认知型思维的高级形式就是理论思维；筹划型思维的高级形式就是工程思维。工程要素包括技术要素和综合要素。工程要对各种技术进行选择、匹配、协调，工程必包含技术。技术是以设计为核心的，技术是改造世界的活动，属于对世界的筹划。技术思维必从属于工程思维。因此，科学解决"是什么"和"为什么"的问题；技术和工程是解决"做什么"和"如何做"的问题。

三、技术的分类

（一）科学的技术

科学认识始于观察实验。观察工具、实验仪器属于技术。科学仪器的作用首先在于它能帮助人们克服感官的局限，在广度和深度上极大地增强认识能力，使单靠感官观察不到的现象显现出来，单靠感官分辨不清的东西变得清晰，人的视野因而达到新的领域。科学仪器的作用还在于它们能帮助人们改善认识的质量，使获得的感性材料更加客观化、准确化。同时，实验科学具有设计的特征，技术为科学特别是实验科学提供了技术手段。观察实验既是发现科学原理，也是证实科学原理的手段。观察实验提供的新的科学事实，会不断深化科学认识。小学科学教学中主要是通过观察实验使小学生获得科学认识，也通过观察实验证实科学知识。因此，同人类的科学探索过程一样，小学科学课程中包含着以获得科学认识、验证科学认识为目的的观察和实验，就是科学的技术。

---

① 徐长福. 理论思维与工程思维——两种思维方式的僭越与分界（修订版）［M］. 重庆：重庆出版社，2013：3.

（二）科学原理应用的技术

技术伴随人类的产生而产生，而科学是对客观自然事物内在原因和其发生发展规律的认识，远远在技术之后。早期技术刺激科学的发展，如点火技术早已存在，但对燃烧的原因的揭示属于科学认识，是近代才确立的氧化学说；"发酵"技术也是早已用于食品制作，但从食物腐烂才发现"微生物"，揭示出"发酵"的原因。以后，技术与科学各自都在发展。到了以电能的应用为标志的第二次技术革命，明显出现先有科学理论，后出现技术发明的情况。也就是电学理论、磁学理论和电磁理论发现以后，依据这些理论发明了发电机、电动机和无线电通信技术。科学走到了技术发展的前面，对技术发明创造的规范和指导作用日渐增强。科学理论成为促进技术发展的重要因素。而科学是人类对自然世界的认识成果，是精神产品，要转化为现实的生产力，必须经过技术的转化。依据科学原理制作出技术产品，称其为科学原理技术。小学科学课程中将科学认识转化为实际功能为目的的制作活动，就是科学原理的应用。如黑色物体吸收太阳能最多，然后利用黑色容器制作太阳能热水器，体现了科学原理对技术产品生产的指导作用。

（三）经验技术

早期的技术是不知道科学原理的。这样的技术，通过实践中尝试、摸索，可以实现某种功能，满足某种需求，将有效的流程或成功的经验固定下来，是以经验为特征的。称其为经验的技术。现在人们生活中存在大量的经验技术。如"烧菜"，什么样的食材、添加什么样的佐料、加热到什么样的"火候"，都是经验性的。这种居家的食品加工技术就是经验技术。在小学科学课程中也存在这样的技术。尤其是一些复杂原理技术和高技术，对人类来说是现代科学指导下的技术，属于科学原理的技术，但对于儿童只是体验、认识和理解。在小学科学中，既不是以科学认识为目的，也没有清晰的科学原理的指导（注：没有不包含科学原理的技术），主要依据经验进行或获得经验体验的技术，都属于经验技术。

在小学科学课程中的经验技术课，如果体现了技术生产的全过程，而重点在设计与制作，这类技术课称为技术制作类，如制作小车、红果蜜饯等；如果针对技术产品，没有经历制作过程，主要通过产品的使用，体验产品的结构与功能，称为技术应用类，如各种各样的电池、杠杆或轮轴的应用等；如果针对技术产品，既没有经历制作，也没有经历亲自使用，重点在观察技术产品的应用与使用，体会产品的结构与功能，则称为技术认识类，如飞行器、空间技术等。这三种不同的经验技术课，有其对应的教学一般模式。在小学科学课程中，区别出经验的技术课，其重要意义在于其教学目标、教学流程不同于科学课，便于小学科学教师准确把握这类课的教学设计。经验技术课重点在技术体验，而不是科学认识的获得。尤其是高技术，小学生还无法理解其蕴含的复杂的科学原理，其重点就是对技术的认识与理解。

第二节 技术过程的思维

一、技术思维过程

技术思维与我们熟悉的科学思维的区别是什么？理论思维，一方面是寻求个别可感事物背后的那个"本身"，另一方面是发现各种"本身"之间的相互关系。对人类社会及其发展规律的认识，对自然及其发展规律的认识，都是理论思维的成果。而对自然的研究，形成了一个公认的学科领域，就是科学。科学（包括数学）就是对自然世界的认知。因此，科学认识活动是以事实为依据的，而事实概念分为两种，即客观事实和科学（经验）事实。客观事实是事物的自然存在及其相互作用、相互联系、发展变化的本真状态。科学事实是用技术手段反映出的客观事实的语言或符号描述。科学认识活动的第一个阶段是从客观事实到科学事实。这个阶段所采用的方法是观察与实验方法。科学认识活动的第二个阶段是从科学事实到科学理论（科学认识）。科学理论是根据科学事实作出判断所构建的逻辑体系。这个阶段采用的是逻辑的方法，且主要是归纳方法和类比方法。科学认识活动的第三个阶段是科学理论的应用阶段。科学理论的应用，既可以是实现其解释与预测功能，也可以是经过技术手段形成具有确定功能的人工物。解释与预测，主要应用的是演绎方法。我们看到，科学方法包括观察实验法和思维方法，而科学思维方法明确地体现在归纳、演绎和类比这样的逻辑方法。而技术思维，其出发点是人类需求，而不是客观世界本身，它必须考虑客观物的各种属性，利用多种属性实现满足需求或要求的功能。因此，科学是对自然世界的认知，技术是对自然世界的改造。技术思维就不能套用科学思维方法进行逻辑推理，而只能在科学原理的指导或约束下，进行非逻辑的组合。

从心理学对思维的研究看，我们经历的思维过程，从分析和综合开始，运用比较和分类，达到抽象和概括，建立概念或作出判断。分析与综合是最基本的思维过程。分析是指在头脑中把事物的整体分解为各个组成部分的过程，或者把整体中的个别特性、个别方面分解出来的过程；综合是指在头脑中把对象的各个组成部分联系起来，或把事物的个别特性、个别方面结合成整体的过程。抽象是在分析、综合、比较的基础上，抽取同类事物共同的、本质的特征而舍弃非本质特征的思维过程。概括是把事物的共同点、本质特征综合起来的思维过程。抽象与概括是形成概念的必要过程和前提。分析与综合是针对一个事物或一个系统的认识过程。先分析，再综合，获得对单一事物的整体认识。抽象与概括是对一类事物的本质属性的认识过程。抽象后必概括，获得对一类事物的普遍认识。科学思维过程，很好地吻合了这个一般意义上的思维过程。

人化物有两类：一是物质性的，即经由人加工过的自然物；二是精神性的，即人所创造的符号及其意义①。人记忆的基本元素是事物的形象和事物的符号。人化物和人记忆元素的具体性和抽象性两重特点，都说明，依不同标准，对思维可作多种分类，但思维最基本的分类是形象思维和抽象思维。形象思维就是以事物形象为载体的思维；抽象思维是以符号为载体的思维。科学思维对实存客体的分析和综合作出抽象判断和概括，是由形象和形象思维出发，通过抽象判断，得到抽象的概念和规

---

① 徐长福. 理论思维与工程思维——两种思维方式的僭越与分界（修订版）[M]. 重庆：重庆出版社，2013：21.

律。而技术思维，也要从实存客体出发，进行分析和综合，但其分析综合后的抽象还是某种形象。也就是说技术的出发点和落脚点都是形象。这样，技术的思维过程就与科学的思维过程产生分野。我们必须对技术思维的对象、思维规则进行重新考察。

二、技术过程的思维特征

从技术发生发展过程看，技术是基于人们的需要产生技术目标，对技术目标物进行技术的结构设计和流程设计，根据技术设计产生技术行动或技术制作，对产生的技术物进行试验或检验，评估其是否实现了预定功能、满足了人的需求，对存在的缺陷或问题进行改进。

首先看从需求到技术目标。当人们需要一个从水缸中舀水的水具，而庭院中种植有葫芦或院旁有毛竹，就会想到制作"瓢"或"竹筒"。这是一个联想的过程，而头脑中就是把"葫芦"与"瓢"，或把"毛竹"与"竹筒"的形象建立联系的过程。当决定制作"瓢"或"竹筒"，则确定了技术目标。以制作"瓢"为例，接下来就是制作什么样的"瓢"和如何制作"瓢"，也就是技术的结构设计和流程设计。大葫芦中间纵向剖开，就可以成"瓢"，这就是技术物的结构。选择成熟的葫芦，晾干，用锯锯开，掏净瓤、籽，将边缘打磨平滑，"瓢"就做成了，这就是流程设计。注意，所描述的过程是"想"的内容，我在写这段文字时，头脑中浮现的是"瓢"的形象和电影式的加工过程，也就是思维操作的是一系列的形象。人们在进行技术设计时，由于要形成技术物。技术物是以其形象存在的，而这个技术物先在人的头脑中以形象的方式形成了。当我们把技术结构和工艺流程用图形和文字表达出来，是符号表达，属于抽象的过程。但属于以形象为载体的思维结果表达。再看技术行动或制作过程。将各个实际物体按照技术流程操作形象与手、眼协调进行加工和组合，形成符合技术结构形象的人工制造物。这是"做"的过程，是将"想"的形象变成实际物。技术试验与改进，又会查找上述过程的问题进行形象操作。技术活动各个阶段的思维活动大量的是对表象的操作。因此，可以说技术思维呈现出明显的形象思维特征。

对形象思维的讨论，大量存在于艺术创作活动中。以情感表达为诉求的艺术作品，都是以可以感知的事物形象为基础的，而创作的结果也是以某种形象表达出来的。技术思维过程与此非常类似。艺术思维和技术思维的操作对象都是表象。艺术创作思维也称为艺术思维，主要是形象思维。杨春鼎先生指出形象思维包括形象感受、形象存储（记忆）、形象判断（识别）、形象创造（综合加工）和形象描述（包括语言、绘画、音乐等各种艺术手段的显性描述）这五个环节。而且引用郑板桥诗句中的"眼中之竹""胸中之竹""手中之竹"，说明艺术家形象思维的不同环节①。而艺术思维的表达，称为意象，又称为具象。一般情况下，艺术创作的新形象，对于绘画、书法、诗歌的创作结果，常常称为意象；而对于在雕塑和园林景观设计中的形象又被称为具象。技术制造过程，要操作头脑中的存储表象，构造出新的技术形象，这种再造或创造的形象就可以称为意象。在意象的基础上，使用工具，加工材料使之成为具有某种功能的实在物，这个实在物的形象，可以称为具象。技术思维，从形象思维的材料——表象，到构造出新形象的意象，再到构造出具体人工物的具象，所依据的思维规则，就是我们要说明的技术思维方法。

第三节　技术思维方法与教学设计

一、技术思维方法

（一）技术表象类比法

类比法是一种属于抽象思维的逻辑推理方法。在逻辑学中表述为，根据两个或两类事物在一系列属性上相似，从而推出它们在一个或另一些属性上也相似的推理②。在形象思维中，类比法也是一种重要的方法。心理学中表述为，"类比是运用事物间的相似性，通过形象思维比较其同

①　杨春鼎. 形象思维学 [M]. 长春：吉林人民出版社，2010：11.
②　陈波. 逻辑学十五讲 [M]. 北京：北京大学出版社，2008：203.

异，抓住事物特征和本质属性的思维方法"①。在技术活动中，当人们产生某种需求，观察到一事物的结构和功能可以被借鉴到新事物上，就可以联想到满足这种需求的新事物形象。如传说鲁班发现树叶将手割破，从而发明剖开木头的"锯"。树叶的"齿"状边缘，很轻易地割破皮肤；"齿"状的铁片，也可以容易地割开木头。由相似"齿"状的结构，类比得到相同的功能。这种由事物形象的结构相似，类比得到功能的相似，从而构建出新的技术物形象，就是技术表象类比法。这种方法的关键是能够通过联想建立类比关系。这样的例子很多，像科学家发现蝙蝠的声纳系统发明了雷达、小学生发现"苍耳"粘衣服发明了尼龙搭扣等等。（美国人贾德森在 1893 年发明了"可移动搭扣"，瑞典工程师勋德巴科改进为拉链。——编者注）

（二）技术表象改造法

在心理学讨论形象思维方法时，一般都阐释一种形象思维方法，就是表象的分解与组合，即"表象的改造是从表象的分解和组合开始的"②。在艺术作品中，都要进行表象的改造，以创造新的形象。在技术活动中，为了得到符合人们需要的技术物，往往以已经存在的技术物为参照，将它们分解，再结合具体情景或特殊要求，重新组合出新的技术物形象，或者对已存在的技术形象进行扭转、切削，再构造为新技术形象。这就是技术表象改造法。如让学生制作一座"桥"，给出建造这座桥的要求，提供建筑材料和加工工具。学生会在"拱桥""斜拉桥""支柱桥"等多种桥中进行取舍，考虑材料和加工的可能性，用"PVC 板"或"硬纸板"或"木棒"等想象出符合要求的"桥"。这个"想"出的桥，就是对已有桥的形象进行改造后的新形象。心理学上讲，想象是人脑对已有表象进行加工改造形成新形象的心理过程。因此，技术表象改造法必须以丰富

---

① 温寒江. 思维的全面发展与中小学生创新能力培养 ［M］. 北京：教育科学出版社，2015：47.

② 温寒江. 思维的全面发展与中小学生创新能力培养 ［M］. 北京：教育科学出版社，2015：45.

的想象为前提。对学生个体而言，这种想象属于再造想象。当这个想象具有社会价值时，就是创造想象了。艺术形象以情感表达为主，不受自然规律约束，也不关心实用功能。技术思维创造的新形象必须符合科学原理且具有实用功能。技术形象是可批判和可分析的。批判的依据是科学原理，分析的基础是实在的功能。

（三）技术意象表达法

通过使用表象类比或改造，人们形成了形象性的人工物和加工流程，这是形象思维的产物。如同艺术创作的表达一样，技术发明或制作的形象物也需要表达出来。而这种形象的表达形式，称为意象表达。所谓意象，是指人类以物达意、借景抒情而形成的人造之象[①]。从艺术上讲，意象的意是主体的情思，象是物的意化了的形象。主体的情思投入到物象身上，这就出现了意。最终点是形象，是外化的形象，而且是经过作家、艺术家采用一定的媒介符号，把它创造为可以供别人观赏的艺术形象[②]。刘涛先生把艺术视觉意象划分为三种形态，即原型意象、概念意象和符码意象[③]。原型意象主要指摄影、绘画艺术的图像文本。形象思维学上，经过形象思维加工的结构图、流程图、工程图是形象思维结果的表达方式，其含义与原型意象相对应。概念意象，在文学修辞上，反映的是概念与特定的视觉形象相联系，从而能够在图像维度上来把握概念。这也是形象思维的抽象表达。概念本身是抽象思维的结果，但概念结合于表象，形成形象化的概念来指称客观事物，这是形象思维中的概念意象。当一种符码形式获得了普遍的社会认知基础，并且承载了一定的认同话语时，它便成为符码意象。

技术设计的结果呈现出技术意象，结构图、流程图属于原型意象，对技术关键点的文字说明，属于概念意象，而像电路图使用的电器元件符号属于符码意象。这时，我们看到，技术设计使用的结构图和流程图、

---

① 古风."意象"范畴新探［J］.社会科学战线，2016（10）：135.
② 王向峰.论艺术的审美意象创造［J］.辽宁大学学报（社会科学版），2019（1）：133.
③ 刘涛.意象论：意中之象与视觉修辞分析［J］.新闻大学，2014（8）：6-8.

文字说明和技术符号把头脑中的技术形象表达出来，就是技术意象表达法。其中，图像表达在技术活动中具有突出作用。米切姆在《通过技术思考》一书中指出，"图示语言很好地被用作表达特殊的物理形式和物理空间之间的关系。……各类工程师在概念化的过程中都把块状图作为重要的工具"①。技术意象表达具有确定性，是技术制作的依据，是同行评判和检查的基础，是技术改进时分析的线索。这与艺术的原型意象和概念意象完全不同。不管是艺术的图像文本还是语言文本，其意义都具有不确定性，都依赖于不同的文化语境。

（四）技术具象表达法

对于作为形象思维表达的很多艺术作品，表达出其意象就是终结结果，就去与欣赏者产生交流了。但有些艺术作品，强调对客观现实的反映，提出具象艺术概念。如白芸先生所言，具象艺术是作者以自己的理想和情思再现客观物象的时空关系，在画面的布局上，不仅受制于自然形态，同时还受制于抽象物理变化如光、影、透视及均衡、对比、和谐等。具象艺术反映着现实生活中的情与景，反映着具有普遍现实意义和广泛联想的审美价值②。温寒江先生从形象思维角度指出，所谓具象，是作家、艺术家从其丰富的生活积累中，经过取舍提炼所创造的形象。而所谓具象表达，就是运用一定的物质材料、工具，把艺术家、作家的艺术构思，通过创造性的实践活动，用艺术形象客观地传达出来③。

技术活动的最终目的是获得具有实用功能的人工物。这个人工物是以具体的结构形态存在的。因此，技术活动不可能停留在技术意象阶段，它必须再造出以技术意象为依据的实存形象物，即必须达到具象。其中的意象，就是设计出的技术物。而具象表达就是依据技术流程的技术实践活动，最终表达为实存的技术物。也就是我们头脑中"想"的形象，

---

① ［美］卡尔·米切姆. 通过技术思考——工程与哲学之间的道路 [M]. 陈凡，秦书生，译. 沈阳：辽宁人民出版社，2008：303.

② 白芸. 具象艺术与抽象艺术表象思维的比较 [J]. 艺术百家，2003（1）：118.

③ 温寒江. 思维的全面发展与中小学生创新能力培养 [M]. 北京：教育科学出版社，2015：84－85.

通过"做",成为实物形象。技术具象表达法,就是以技术物的结构设计为目标,遵照技术流程(加工工艺),制作出技术产品。这种方法的核心,就是按设计制造或按设计施工。与像雕塑这样的艺术具象表达不同的是:艺术表达主要是体现人的思想或精神,完全是自由的;技术具象表达则必须服从科学原理或说受科学原理约束,同时要考虑材料特性和加工工艺。也就是说技术具象必须是基于技术意象的可实现某种实用功能的技术物。

纵观技术思维方法,技术表象类比法和技术表象改造法,是技术物制作或发明的思维方法;技术意象表达法,是技术设计思维方法;技术具象表达法,是表象操作和材料操作具体结合的过程,是技术最具其自身特点的动思结合的过程,是形象思维指导下的技术实践。

二、技术实践

在技术教育活动中,"思"和"做"是结合在一起的。"思",主要体现在技术设计中,就是技术过程的思维活动,也就是技术思维。"思"又是"做"的前提,也就是说技术思维决定了技术活动。

技术是为满足人的某种需要所设计的活动流程或者制造某种人工物。因此,技术是从需求开始的。假如野外活动需要一个方便携带的坐具,我们可以考虑制作木材或竹子小板凳,也可以是"马扎"。当可以方便地得到木板,决定用木材制作一个板凳,这时就从需求形成了技术目标。做成什么样的板凳,是进行技术物的结构设计。如何加工板材和凳腿以及凳面与凳腿的连接方式设计,就是技术流程设计。这些都是头脑中思考的过程,要将结构设计和流程设计用语言文字或图形表达出来,然后按照设计进行制作。制作出小板凳后,会尝试使用,就是对技术物进行检验。不足的地方会进行改进,如凳面太硬,可以缚上海绵垫等。通过上述过程的讨论,可以总结出技术活动的一般流程,即技术是基于人们的需要产生技术目标,对技术目标物进行技术的结构设计和流程设计,根据技术设计产生技术行动或技术制作,对产生的技术物进行试验或检验,评估其是否实现了预定功能、满足了人的需求,对存在的缺陷或问题进行改进。注意技术试验与科学实验的区分，科学实验是利用技术手段揭示出科学原理，技术试验是对技术物是否实现其功能的检验。另外，技术是价值蕴含的，要重视对技术产品的评价。首先是对功能的评价，即是否满足了需求；然后要看对社会或环境的作用，分析其优劣；最后还要看对人类伦理道德的影响，分析其利弊。

三、技术素养

技术教育的目的是培养技术素养。技术活动中包括三个要素。一是客体要素，也称实体要素，包括工具、机器和设备。工具，是以技能技巧为标志的古代技术形态的实物（体）要素；机器是以设计为标志的近代技术的实物要素；设备是以技术理论为标志的现代技术的实物要素。二是主体要素，也称智能要素，包括知识、经验和技能。知识指对事物共性、通行性和规律性的认识，并常以定律、定理来表述。经验指被总结、概括、记载表述和传递的技能体验，也可称为经验知识。技能是个体化的技能体验，它只赋存于亲身从事特定技能活动的特定主体，是"只可意会（体会、感受），不能言传"的，至少很难用语言表达和传授。三是结构要素，也称工艺要素，是把工具、机器、设备等客体，与知识、经验、技能等主体要素相结合而形成的过程与方法。可以称为加工工艺流程，也可以进一步理解为对经验技巧和工艺流程的思维构建，即设计。其中，智能要素是技术活动中人所具有的，是对技术活动中人的要求。对于技术教育来说，是培养人的基本因素，也就是技术教育因素。但考虑技术的性质，一种新技术的产生给人类带来利益的同时，都有其负面影响。技术是价值蕴含的，技术进步代表人类的进步，技术的邪恶反映人的邪恶。因此，除技术知识、技能外，必须考虑技术与人类、社会、环境的关系，具备积极的技术态度。美国国际技术教育协会在《为全体美国人的技术》中提出技术素养，是使用、管理、评价和理解技术的能力。其中使用技术是指个体运用、操作技术的能力。管理技术表现为个体在技术操作、思维方面的综合能力，以保证技术可以顺利运转。理解技术表现为个体对技术、技术与文化、技术与社会关系的理解。评价技术主要表现为个体对技术的认识与鉴别能力。综合起来看，技术教育要素包括掌握基本的技术理论知识和经验知识，具备技术使用和管理的能力，理解技术并通过技术评价形成积极的技术态度。这也可以称为技术素养。

四、基于技术思维的教学设计

技术思维和技术思维方法的分析，为我们提供了技术教育活动的设计依据，也为我们指明了技术教育的实践规则。因此，提出如下的技术教育实践策略。

（一）积累丰富的技术表象，构建技术制造或创造的基础

技术思维是以技术表象为载体的思维。在设计主题技术教育活动时，首先要帮助学生积累丰富的关于技术主题的技术表象。如制作"各种各样的小车"，要用图片或视频的形式，让学生观察服务于不同领域的实际的车辆，在头脑中存储大量关于车的表象。再如建造"桥梁"，也要让学生知道各种不同环境下和使用不同材料建造的各种结构的桥。这个环节是为技术思维提供表象基础。这就像专业技术人员或工程师，在成为职业工作者之前要积累大量的技术知识一样。

（二）提供丰富材料，由表象改造形成技术目标

在中小学中进行技术教育的技术活动，多数往往是虚拟的技术活动或说构建技术或工程模型的活动。如建造"桥梁"，是按假设的需求，使用木板或纸板或木棍等，构造出桥梁模型。制作小车，也是使用塑料车轮、底盘、车壳等，制作出玩具性质的小车。需要指出的是，学生技术活动是虚拟的，但作为技术教育的制作实践是真实的。就像话剧表达的内容是虚拟的，但话剧演出本身，即艺术实践，是真实的。在这样的情形下，要提供给学生尽量多的与技术主题相关的材料。学生在丰富表象的基础上，要结合具体的材料，才能产生类比或进行表象的改造，才能产生符合需求的技术目标。丰富的材料会调动丰富的联想和想象，也才

会锻炼学生的再造想象力和创造想象力。

(三) 强调技术设计与表达，发展心智技能

上述是技术思维过程，而作为思维的结果，需要显性地表达出来。这就是对技术设计的表达。技术设计，包括技术物"是什么样"的结构设计和"怎样做"的流程设计。为什么强调学生的技术活动需要表达出来？这是现代技术活动的重要要求。一位学生或一组学生的技术设计，是否能够满足需求、是否合理、是否经济等多种因素，需要综合考虑。技术设计出现的问题，会导致技术制作过程或结果出现问题，会增加人力、时间、经济等技术成本。精心的设计要经过充分论证，以选择最佳方案。技术设计是"想"的过程，属于心智技能。学生的技术设计，作为形象表达，一般用图像，也会辅助以文字，是一个形象物的抽象过程。强调技术设计的表达，也是在促进学生心智技能发展，尤其是形象思维和抽象思维的协调发展。

(四) 协调表象操作和材料操作，理解技术本质

科学是获得对自然世界的认识，其成果是关于自然世界的知识。技术是获得改造世界的规则，其结果是产生技术行动或得到技术人工物。在技术设计的基础上，通过能产生实际效果或功能的技术行动或人工物，才能检验是否达到技术目标，或说能够满足人们的某种需求。前面谈到的是"想"的过程和"想"的结果，这里强调的是"做"的过程。在"做"的过程，将想象中的技术结构，按照技术流程，将各种对应材料采用具体加工工艺组合在一起。这个过程是将形象思维与具体行动结合在一起的过程，是一个"想"和"做"相互协调的过程，也是一个体验将想法变成现实的过程。通过这个过程，帮助学生理解技术为满足人类需求和增进人类福祉的存在意义。

在技术行动或技术制作过程，需要学生具有相应技术工具的使用技能。我们在强调技术活动中的心智技能，也一定要理解技术活动中的操作技能问题。如果学生缺乏技术操作技能，需要进行专门训练。技术活

动往往用到多种操作技能，在技术活动前要分别进行单项训练。这是技术活动尤其是技术制作活动的基本要求，也是技术活动特点的体现。科学是间接生产力，技术才是将科学原理转化为具体的机器或设备，成为现实或直接的生产力。

第六章
科学探究与元认知能力培养

第一节　科学探究学习的一般程序

科学课程提倡以探究的方式学习科学，其中科学探究方式也是科学学习内容。科学探究方式作为学习内容，其意义何在？这就涉及心理学高度重视的高阶学习内容，即元认知知识学习和元认知能力培养问题。科学探究学习流程一般包括：提出问题、猜想与假设、设计验证方案、实施验证方案、描述与解释、表达与交流。首先对各环节的内涵和各环节之间的关系进行讨论。

一、提出问题的含义与意义

在科学探究活动中，提出问题的含义在于让学生产生疑问。学生的疑问源于他们对事物的好奇、质疑或困惑等。对不知道的事物产生好奇，与原有的认知发生冲突时产生质疑或困惑。这与人类探究自然界的过程是相类似的。人类在生活、实践和社会发展中遇到未知的领域，或与原有的经验相矛盾的时候，问题便产生了，或者说人类探究自然的内部动力便产生了。虽然很多对于整个人类来说已经是科学事实或科学结论的东西对学生来说可能是未知的，然而他们在实际生活中并不会再像人类那样，在自然的情境中遇到实际问题，因此要让学生体验同样的科学探

173

究的过程，就要帮助学生创设产生问题的情境。那么如何创设问题情境便尤为重要了。

首先，情境创设要有趣味性。有趣的事物容易与人们的兴趣产生共鸣，极大地激发人们对其探究的欲望。在科学课堂中，可以充分利用科学课得天独厚的条件，通过一些趣味实验来创设问题情境。例如《杠杆》一课，教师设计了"比比谁的力气大"的游戏，让学生推荐出班上公认的一个力气大的同学和一个力气小的同学，让力气小的压木棍离支点远的一端，力气大的压木棍离支点近的一端，结果力气小的同学几次都轻易获胜。这样的结果出乎学生的意料，产生质疑："这到底是什么原因？"从而提出他们想要研究的问题。其次，情境创设要有生活性。源于生活的问题更能够让学生感到亲切，感到与自己有关，因而也就更加容易让学生融入课堂中。在问题情境创设中，可以利用学生的生活经验本身，或者生活经验与他们原有认知之间的冲突来激发产生问题。例如"木箱里的冰棍用棉被捂着，冰棍不就很容易化掉吗？""为什么海水看上去是蓝色的，而捧起来看却是无色的呢？"这些现象都是学生实际生活中经常遇到的，让他们在亲身经历中产生冲突更能激发他们的探究兴趣。此外，情境的创设在形式上要新颖、多样，符合学生的心理特征和认知水平；但同时在内容上也要紧扣教学主题，不能一味地追求学生兴致勃勃地参与，而偏离了教学的主题，否则这也是无效的创设，并不能真正地起到从情境创设中激发学生对主题学习问题的提出。

探究源于问题，对科学的理解也从问题开始。提出问题是科学探究的指向性环节，如果不能提出问题，科学探究就无从谈起。提出并确定问题，进而选择恰当的方法解决问题，既是展开了科学探究，也是人类探究世界的微观缩影。有了明确的问题，才有了明确的探究方向，进而才能够按照探究的步骤继续进行。问题除了作为探究和理解科学的出发点外，也是激发学生探究欲望和学习兴趣的根本要素。

关于从问题情境提出问题的方式，通常有三种：教师提出问题；教师提出问题，由学生筛选和确定问题；学生提出问题。这体现了提出问题的三个层次。教师提出问题是第一个层次，当学生不能提出问题，提出的问题与教学主题不相关，或者提出的问题无法往下进行的时候，就需要教师来提出问题，以起到为学生提供示范，引导学生学会提出问题的作用。提出问题这一环节具有发散性，发散了就容易出现这种情况：学生提出的问题角度不同、层次不同，多种多样。有时我们认为学生提出的问题"很幼稚"，但是我们要清楚地知道，所有的问题都是从低级、从幼稚开始的，因此也要理解和接受学生所提出的问题，可能教师更需要做的是引导学生提出科学的问题。教师提出问题，由学生筛选和确定问题是第二个层次。这里面蕴含了学生的思考，他们对教师提出的问题进行分析，可以是从问题是否具有可研究性的角度，也可以是从学生自身的角度来分析，学生之间存在差异，不同的学生可能认知冲突不同，因此他们可以根据自身是否有兴趣研究、是否能够研究等多个方面进行筛选和确定以形成自己的研究问题。学生自行提出问题是第三个层次，也是我们所追求的层次。探究是学生开展的探究，因此问题就要是学生自己的问题。在这个层次中，问题的来源是多元的，可以是学生感兴趣的，可以是从自身认知冲突中引发来的，也可以是在探究过程中随时涌现出来的，体现了学生发现问题、提出问题和确定问题的综合能力，另外学生自己提出的问题才更有去探究的主观能动性。这一层次是基于第二层次的发展和提升。无论哪一个层次都以学生探究的自发性和主动性为出发点和落脚点，以通过让学生学会自主提出问题为载体，以学生形成提出问题的能力为目标，三个层次都突出了学生的主体性。

二、猜想与假设的含义与意义

在我们提出问题后，就要试图去解决问题，那么在提出问题和解决问题之间有一个很重要的环节，就是要对所提出的问题进行猜想与假设。如果说提出问题是为我们的探究确定方向的话，那么猜想与假设便是确定具体的研究内容。

猜想是对现象或科学结果产生原因的想象性判断，"猜想"不同于"猜"，猜是完全没有根据的判断，例如我们抛硬币盖住之后来猜是正面朝上还是反面朝上，这是猜，是无依据的臆断。而猜想不同，重在

"想"，是对原因、结果、规律等的推断，有经验、预测和推断在其中。科学探究活动中的猜想是让学生尽可能多地提出产生科学现象或科学结果的可能原因，具有发散性。猜想出的可能原因是不讲"理"的，也就是其中没有科学方法的运用，有较强的主观性。例如，一棵树的树叶变黄了，提出问题：为什么这棵树的树叶变黄了？可能就会出现以下的猜想：天气变冷了；树上有虫害；树缺水；树已经老了；等等。可以看到，这些猜想出的原因都有可能使树变黄，因此不是瞎猜，但到底是哪一种原因呢，还要进行进一步的具体分析，这也就是假设的阶段。

假设是科学研究上对客观事物的假定说明，是对科学现象或科学结果产生原因的推断和对科学结果与产生原因之间关系的判断。假设是对问题的加工，是猜想完以后形成科学问题的过程。仍然以"为什么这棵树的树叶变黄了"为例，之前完成了多种变量的猜想，进一步对猜想进行具体的分析：只有这棵树树叶变黄了，而其他树的树叶是绿的，因此不是天气变冷造成的；这棵树树干与其他树干粗细相差不多，说明它们树龄差不多，也不是因为这棵树老了；虫害和缺水可能成为这棵树的树叶变黄的原因。因此形成假设：由于这棵树遭了虫害，所以它的树叶变黄了；由于这棵树缺水，所以它的树叶变黄了。这也就是假设的过程。

假设未必正确，但是"从可用的证据来看应该是合理的，从科学概念或原理来看应该是可能的"。科学探究活动的假设是"假定"，有可能是"真的"，也有可能是"假的"，但不管假设被证明是"真"还是"假"，都是科学认识，都可以得到结论。例如《摆的研究》，假设"摆球质量越大，摆的摆动越快"。结果是"摆的摆动快慢与摆球的质量无关"，假设被否定了，但一个科学结论也产生了。

猜想与假设是对问题解决的方法和途径作出的尝试性构想，同时也是进一步制订验证方案和实施验证方案的基础环节。没有科学假设，就没有进一步的验证，探究活动也就没有意义，可见这一环节在探究活动中具有举足轻重的连接作用。另外，从猜想到假设，学生经历了思维由具体到抽象、由发散到集中、由现象到逻辑的动态发展过程，这一环节对于学生逻辑思维能力的培养与训练也起到了非常重要的作用。

　　猜想与假设之间具有什么样的关系？在理解猜想与假设的含义上，我们知道，猜想与假设有着不同的内涵与外延。然而在很多文献中却将两者等同起来使用，这很容易造成理解和应用上的混乱，例如现在有些课堂上出现了孩子们随便怎么猜老师都说好，都说"你的思维很活跃"的情况。……这样容易让学生学科学，以为科学是主观臆想。因此明确猜想与假设之间的区别是非常有必要的。猜想是让学生根据自己已有知识经验对事物现象的产生原因进行的猜测，而假设是对现象的假定性解释或是对之后将要出现的结果所做的推测。猜想是进行假设的基础，对有经验支持和逻辑依据的猜想结果进行逻辑分析形成假设。猜想依据的是已有的知识经验，假设更多的是依据逻辑推理等科学的思维方法，对猜想的结果进行归纳、分析，猜想与假设之间有一个推理的过程。假设开始，猜想便结束了。猜想与假设不仅在步骤上体现出一种承接关系，更多地体现在思维过程和思维程度的连续性和层次性。

　　在科学探究活动中，针对一个问题学生会提出很多不同方面的猜想，但是我们不可能也没有必要一一进行验证。例如，关于物体沉浮的猜想：重的物体会下沉，轻的东西会上浮；大的物体会下沉，小的物体会上浮等。这些猜想通过生活经验——苹果要比轮船轻很多，也小很多，但放在水中苹果沉下去而轮船浮在水面上，经过分析后就可以将这些猜想排除掉。这不仅提高了课堂效率，更是让学生有了一个思维加工的过程，依据严谨的逻辑推理对形成的多种可能性答案进行分析、筛选，形成最有可能的假设，然后再针对假设进行验证。假设可能有一种，也可能有多种，但不论多少，假设必须具有合理性，才有助于制订解决问题的可行性方案。

三、设计验证方案的含义与意义

　　提出问题确定了探究的方向，假设确定了研究的内容，便开始了探究活动的主体部分——设计验证方案。验证方案是验证假设的方案，依据假设开展，使得研究的内容在目的指导下按计划开展。一般来说，一个完整的科学探究活动应该包括探究的目的、材料、方法、步骤、活动过程、活动结果、活动评价与反馈等要素。

形成假设后需要进行验证，首先就要知道需要什么样的条件、该怎样做等问题，也就是要进行程序设计、工具设计、人员设计三个部分。程序设计也就是方案的目的、方法、步骤、结果、结论等；工具设计包括验证方案中所用到的工具、仪器、材料等。例如，在《摆的研究》中，学生提出假设：假设摆动快慢与摆角有关；假设摆的快慢与摆长有关；假设摆的快慢与摆球的质量有关，紧接着就要进入验证阶段，随之而来的就是怎样验证、设计什么样的方案进行验证的问题，也就是设计出具体的操作步骤。在这个实验中，如要验证"摆的快慢与摆角有关"这一假设，那么也就明确了方案的目的；确定运用控制变量的方法，除摆角作为变量不同外，其他条件都需要相同，改变摆角的大小来观察摆的快慢是否随之而变化，记录实验的结果，最后得出结论。这也就构成了程序设计的部分。工具设计包括学生与教师的材料准备，确定学生材料——计时表（小组）、单摆装置一个（铁架台、带挂钩棉线、铜棒组装而成）、大小相同螺帽各三个、记录单；教师材料——学生材料一套、不同的单摆多个、课件等等。进行验证的过程大多是以小组为单位的，因此对小组内的成员进行分工也是需要在设计方案的时候考虑的。以小组为单位进行的合作性活动，是一种集体行为，具有很强的互赖性，因此对小组内的每位成员都要设计和安排好其任务。在设计方案的时候也要对人进行设计，可设组长、操作员、记录员、发言员、观察员等，让每位成员有明确的职责，以保证验证方案的顺利实施及其高效性。

设计实验方案同样要突出学生的主体性，但是教师仍然要承担引导和辅助的作用。在上述的例子中，如果学生没有意识到需要注意的地方，教师就要有针对性地进行引导，可以追问学生：改变的是什么条件？哪些条件需要尽量保持不变？怎样避免让小球晃动？是不是做一次就可以了呢？……这些问题不仅在方法技能上让学生更加明确，以促进其掌握，更重要的是对学生科学思维的严密性、逻辑结构的周密性等有着积极的促进作用。

验证方案的种类与设计：根据验证方案的方式、方法的不同，可以将其分为实验、调查、考察三大类。不同类型的实验方案有着不同的特点，在选择的时候要根据具体的教学内容进行确定。

（一）实验类方案

这里的实验指的是广义上的实验，除我们一般意义上理解的"通过利用一些实验仪器，人为地改变、控制变量以探寻改变变量和结果之间的因果关系"之外，观察、测量、比较、分类等也包含其中。科学实验可分为验证性实验、探究性实验和模拟实验。验证性实验与探究性实验较为相近，但也有不同之处。验证性实验可以理解为对已有的结论进行验证，探究性实验则是对未知的假设进行的验证，也可以说前者验证的是别人的结论，后者验证的是自己的假设。模拟实验是人们对一些自然现象无法进行直接观察时，通过考察和探索模拟该事物的现象，以探究其成因的一种实验方法。

如在"摆的快慢与什么因素有关"这一问题下，聚焦形成以下假设：摆的快慢与摆角有关、与摆长有关、与摆球的质量有关。假设形成后就进入了设计验证方案的环节，分别对上述三个因素进行验证，确定采用控制变量的方法，形成验证方案。实验方案：只改变摆的长度（10厘米、20厘米、30厘米），摆球的质量、每次将摆球放开的高度均保持不变，分别记录它们摆动10次所用的时间；只改变摆球的质量（20克、40克、60克），摆绳的长短、每次将摆球放开的高度均保持不变，分别记录它们摆动10次所用的时间；只改变摆角的大小（较小、适中、较大），摆绳的长短、摆球的质量均保持不变，分别记录它们摆动10次所用的时间；摆动的周期就是所测时间的十分之一。需要注意，摆动周期测量的偶然误差就发生在起始时刻和终了时刻，也就是开始计时不能保证秒表的开始与摆动开始严格同步，同样摆动结束与停表时刻也不能严格吻合。当所测次数增加，误差产生仍然是这两个时刻，这样测量次数越多，造成的偶然误差越小。如果测量10次误差仍然较大，可以增加测量次数，如20次、30次等。

（二）调查类方案

调查活动主要是为了了解自然事物的现状、发展变化及事物间的联系，而采取的一种课外活动。如调查当地主要的经济作物、观赏植物、珍稀植物；调查当地近年来新出现的食用植物品种；调查生活中的真菌特别是食用菌种类；调查植物、动物是如何过冬的，从具体事实中认识生物对环境的适应；调查有关新材料发明、性能和用途方面的信息；调查白色污染，讨论防治方法；调查当地主要污染源；调查材料的导热性能；调查家用电器，说明各种家用电器的用途；调查沙在建筑中的作用；调查当地水资源状况；调查所生活的地区饮用水的来源情况；实地调查当地水体的污染源（如废水、垃圾、清洁剂等）。通过梳理分析发现，这些活动都与人们的自身生活有着密切的联系，集中体现出科学对社会生活、生产的作用和影响。

以《废旧电池污染的调查》为例，说明调查类方案的设计。

活动目标：了解废旧电池对环境的污染；知道保护环境是一项长期的工程，它与我们的生活息息相关；培养团结互助的精神，学会观察、记录、收集整理资料的良好习惯；感受并体验人与自然和谐相处的重要性；能够用学到的科学知识解决生活中的问题，改善生活。

活动要求：让学生通过实践调查，进一步认识废旧电池对环境的污染，给人类带来的危害。

调查了解认识电池的组成，认识它的种类，了解它的数量，认识它为人们的生活带来的便利与对环境造成的不容忽视的污染。

指导学生制订调查计划，讨论明确多种调查方法。学习写调查报告，懂得用多种方法展示调查结果。

活动准备：动员学生参加，讲解当时废旧电池给人类环境带来的严重的污染，引起同学们调查的积极性，调动学生争当保护环境的小主人，引起同学们对废旧电池的警觉。

组成调查小组：本次调查共分五组，每组 8 人，按个人爱好在小组中进行合理分工，自愿结成调查、实践的合作伙伴。

制订调查计划：引导学生讨论，明确本次调查活动的意义、目的、任务；讨论调查途径和方法；明确小组、人员具体任务；开展调查；用文字、图表、图片、照片、观察报告、实验报告、记录表、评价表等形成总结；全班交流。

调查方法及安排：分专题、分小组、分类调查、全班调查。

第一组：电池的组成及主要成分。

第二组：到专卖家用电器、专卖各种车辆等地点实地调查了解人们对电池的使用及常用电池的种类、数量、型号等。

第三组：搜集资料了解废旧电池的危害性。

第四组：到生活的小区、公园了解废旧电池对环境的污染。

第五组：走访环保工作人员，了解废旧电池污染环境的途径。

（三）考察类方案

考察是指实地对研究对象的观察，目的是获得对研究对象在自然环境下的特征和变化规律的认识。把学生带到某现场，从参观者的角度考察现场的科学事物，使学生进行亲身体验的活动。教师应关注学生周围新发生的与科学教育相关的事件、工程、环境问题等教育资源，组织学生到现场进行教学。例如，《研究土壤》一课采用了实地考察的方案。

活动阶段构想：

第一阶段：确定研究主题——通过观察、思考以提问的方式，确定自己感兴趣并有可能进行实际操作的问题。

第二阶段：实际研究阶段——通过研讨设计研究方案，通过到大自然中观察、采集标本、调查、访问、实验以及查找资料等方式获得相关数据和信息分析处理得出结论。

第三阶段：成果交流展示阶段——通过调查表、实践报告、实物展示等形式汇报交流研究成果。

实施目标：通过实地考察植物土壤的自然状态，采集土壤标本，记录观察到的现象；能在教师的带领下利用工具分析土壤的成分；能对当地土壤中动物进行观察记录；通过对植物生长土壤的观察分析，总结土壤与植物的关系；了解公园内的环境问题，了解建立公园对周边居民的影响。

实施地点：某城市中心公园。

实施准备：联系地点、工具、小组分工、记录表格、DV 等。

实施时间：周五下午第二节课后。

实施过程：包括室内和室外两部分。

教室内活动：明确研究问题，制订活动方案（一课时）（略）；

海淀公园内活动：实地考察（大约两节课）。

活动过程：进入公园后讲注意事项；

各小组开始活动，并及时做记录。

在约定的时间地点集合。

考察归来：（大约三节课）

各小组整理本小组的活动记录；

各小组进行结论阶段的研究，以获取相关数据、资料，以便为汇报总结做准备；

汇报：各小组以自己喜欢的形式把本小组的成果进行展示并最终得出本次活动的结论。

活动形式：资料汇报、角色表演、PPT 展示、实景影片、手抄报展示。

考察与调查，让学生走进教室外这个学科学、用科学大有作为的更广阔的天地。科学知识本身来源于生活、来源于自然，同时来源于实践活动，根据当地和学生的实际情况，调整和补充教学内容，能让学生真正成为学习的主人，实现课程的生活化、社会化和实用化，从而把科学小课堂与社会大课堂、现实与未来联系在一起。

四、实施验证方案的含义与意义

求得检验是科学区别于其他认识活动的重要特征，所有的科学理论都依赖于证据，科学探究实质上可以看作一个证实或证伪的过程，而验证方案的实施过程就是收集证据，以对科学假设证实或证伪的过程。同样，在科学课堂中的探究活动也是如此。验证方案设计完成后，要进行实施才有意义，学生要依据验证所得出的结果对假设进行论证，假设无论是真是假，都要依据证据来说明。

如果能够被重复验证结论与假设相统一，则认定结论是正确的，否则结论就可能是错误的。但这种"正确"与"错误"是相对而言的，或者可以理解为"可靠的"或"不可靠的"。科学具有可错性的特点，科学结论并不是一成不变的，人们可能在新的方案和验证中得出与之前结论不符甚至相违背的结论，今天被证明是"正确"的结论，在明天有可能更进一步被提升为假说，乃至科学理论，但同样也有可能成为"错误的"，甚至是谬论。可见，反复检验是对假设的一种验证，通过验证，假设可能被证实或支持，也可能被否定或推翻，而那些由"权威"传递的错误观念也可以被抛弃，也正因此我们才能够探查那些隐藏在自然现象和事物背后的自然的本质①。

实施验证方案的要求：验证方案的实施要按照一定的要求进行才能更好地发挥其应有的作用，无论是实验方案、考察方案、调查方案中的哪一种，都要验证方案设计清晰、实施步骤清楚明白以及人员分工具体明确，是顺利开展验证活动的前提。在实施的过程中总的来说都要满足这样几个客观要求：实施的过程要按照要求，规范操作；对结果的记录要客观，实事求是；实施过程要注意安全。

值得一提的是在验证过程中所体现出实事求是的科学态度与客观辩证的科学精神。科学是不断发展的，科学的精确性、可检验性使它具有可变性，这种可变性来源于它的可错性，这不是科学的弱点，而是科学的生命力所在②。在认识到科学理论的这一性质和特点后，将其有意识地在实践操作中加以强调，才能让学生真正有机会在实践中体会和养成这种科学态度和价值观，从而内化成为自身的科学素养。

① 陈琴，庞丽娟. 科学探究：本质、特征与过程的思考 [J]. 教育科学，2005 (2)：25.
② 殷正坤，邱仁宗. 科学哲学引论 [M]. 武汉：华中理工大学出版社，1996：27.

五、描述和解释的含义与意义

科学探究的过程中，从提出问题、形成假设到收集证据，学生获得了充分的数据和信息资料以后，进一步的工作就是将这些数据资料呈现出来，以及运用思维对数据进行合理的加工、整理，对事实进行分析综合，作出解释进而找出规律性的东西。

描述是对事实的客观反映，描述的内容是观察到的现象和事实。解释，是利用已有的知识经验，对所收集的证据进行筛选、归类、统计和列表分析等综合处理，合理地说明事物变化的原因，事物之间的联系或者事物发展的规律。在这一过程中，证据和解释之间要具有逻辑关系。解释是学生学习新知识的方法，即将所观察到的现象与已有的知识联系起来，超越现有知识、提出新的见解。从科学认识角度看，描述实际是对科学事实的反映，而解释是利用思维对科学事实的抽象判断，或获得的科学认识。

在描述中集中体现了对学生尊重客观事实，实事求是的科学态度的培养，而解释的过程是思维加工的过程、思考的过程，蕴含了对学生的思维训练。同时，通过所得到的证据所作出的解释，是对之前假设正确与否的直接判断，同时也为之后的表达与交流提供内容与依据。

描述与解释的关系：对客观事实的反映为描述，描述具有客观性，即对客观内容的表达。而解释是在描述的基础上通过逻辑加工形成的认识，实质上是对主观内容的表达，具有一定的主观性。描述形成的是结果或是科学事实，解释形成的是认识结论。

描述重视事实和材料，"观察、辨别、整理"所体现的即为描述的内涵，描述关注的是"是什么"的问题，这也就要求人们必须重视客体自身的状态和特征。解释是为事物的产生、变化说明原因，因此解释关注的是"为什么"和"怎么样"的问题。由于描述依据的是客观事实，将事物的原貌呈现出来，因此描述具有确定性，而解释是融入了人的主观思考和分析，因此解释可能是对的，也可能是错的，解释所得的结论能否被科学共同体所接受，需要经过多次反复检验，因此具有不确定性。

在科学探究活动中，描述是解释的基础，为解释提供事实依据；解释是描述的目标，是对描述进行的逻辑加工。在探究活动中，先有对客观事实的描述，再有对其现象背后的原因、规律等的解释。如每天在相同的时间持续测量记录空气的温度是描述，从这个描述中得出冬天的平均温度比夏天低的结论则为解释；能持续观察记录栽培植物的生长变化过程是描述，从中得出植物生长所需要的基本条件是解释；能够持续测量记录影子长度是描述，从中得出影子每天出现的地点和长度有一定规律的结论是解释；观察记录月相的变化是描述，得出月亮周期性变化的规律则是解释。

描述的方式主要有这样几种：语言描述、文字描述、画图描述、多媒体描述、表演描述等，其中多媒体描述主要是指客观反映事物状态的照片和影音视频。课堂中学生常用到的描述方式主要包括语言描述、文字描述和图画描述，多媒体中的照片描述，教师还会用到影音视频。对于低年级的孩子，或者对于不好用语言、文字描述的现象，也可以采用图画、照片、影音和媒体表演的方式进行描述。

解释的方式一般有语言解释、文字解释、图形解释、图表解释、模型解释。

如在《声音是怎样产生的》一课中，学生通过语言解释了"声音是由物体的振动产生的"：所有的物体在不发出声音时处于静止的状态，在发出声音时处于振动（或颤动、摆动、晃动、摇动……）的状态。所以，声音是由于物体的振动（或颤动、摆动、晃动、摇动……）产生的。

图表解释的方式包括多种类型，如柱状图、饼状图、折线图、条形图、散点图、圆环图、结构图等等。根据实验数据本身是不能得出这些表示量与量之间关系的图表，中间融入了人们的主观分析与逻辑推理，也就形成了解释。

若感觉其他方式难以简洁清晰地表达出对分析结果的表达时，还可以采用模型解释的方法，如：利用彩色橡皮泥，揉搓成若干小球，将这些不同颜色的小球混合，用书本在桌面上向下压，制作出一种岩石模型来解释这种岩石的形成原因；利用一个小地球仪和一个手电筒制成一个能表示昼夜交替变换的模型，解释中国北京是白天时，美国纽约是黑夜的现象。

六、表达和交流的含义与意义

科学认识必须要得到大家的公认，才能得到确认。这是学术界，尤其是科学界的学术规范之一。在科学课堂中同样如此，我们无法断定个人或小组的认识与观察的事实是否一致，就必须要在全班交流，加以讨论。这也就是科学探究活动中的"表达与交流"。

表达是指采用语言、文字等方式把探究内容、过程和结果表示出来；交流，即彼此间把自己已有的知识或观点提供给对方，是一种相互沟通的过程。一个科学发现或科学结论要得到社会的承认、他人的理解和认同，首先就要让别人知道，而这里的"知道"其实质就是"表达"。只不过这里所指的"表达"更多的是发表论文等文字表达，而课堂里的表达，多为语言表达。虽然表达的形式不同，但其本质内涵却是相同的。科学扎根于交流，起源于讨论。批判和批判的讨论是接近真理的重要手段。正如我们所熟悉的落体运动，亚里士多德认为，物体下落的快慢和它的重量是成正比的。在我们今天看来，这个论断是错误的，然而在古代，亚里士多德有很高的声望，他所说的话没有人怀疑。所以在将近两千年的漫长岁月里，人们一直把亚里士多德的论断当作真理。直至 1590 年，伽利略在比萨斜塔展示了自由落体运动实验，才推翻了亚里士多德的说法，纠正了亚里士多德的错误，把物理学建立在了观察与实验的基础之上。

科学知识并非真理，而是具有可错性的。这种性质就决定了科学结论要经过反复的检验才能确定和被科学共同体接受，同时在这种检验的过程中，可能会是对原有结论的证实，也可能会是对原有结论颠覆性的反驳，还有可能会在原有结论的基础上提出新的理论和假说。由此看来，这所有的可能性都基于一点，那就是表达与交流。有了对科学结论的表达才会有对其的检验和交流，才会产生上述的若干可能，从而推动科学的不断发展。

表达与交流的关系：在科学探究活动中，表达与交流是相互融合的。表达是一种权力，交流是双向的需求。一个人表达出自己的观点后，无论他人持有相同或不同的观点。赞同，为什么赞同，反对，为什么反对，也都要表达出来，这个过程也就形成了交流。交流基于表达，表达又促进了交流。

表达是交流的基础，只有将自己的观点表达出来，才有可能被他人理解和接受，才能够知道这一观点是否值得推敲，才能了解到产生这一观点的思维过程是否严谨。这不仅是对语言表达能力的锻炼，更是对思维能力的培养。为了与他人交流，我们需要澄清自己的思路，而交流通常能鼓励人们评价自己的想法。任何观点都是暂时的、可以修改的，交流便是为我们提供了回顾自己关于新探究和新调查的任务、观点和想法的机会，让我们能够表达并澄清各自的想法，在表达与交流的过程中深化我们对事物的认识与理解①。

从表达与交流的含义中可以知道，它们最明显的区别在于表达与交流的方向性，表达是单向的，交流是多向的。但无论表达与交流，它们都蕴含了对知识、对信息、对方法等多方面的思考过程和思维活动。任何问题的解决都始于对问题的清晰表述，表达的习惯就是思维的习惯。交流则能够克服偏见，激发思维，这也就是为什么对同样的事物可能会有不同的解读。从科学意义上，"交流"定义为"思想的一种外延"，它有助于整理"我们思考和理解的东西"②。学生交流、讨论科学研究过程、收集的证据和解释，交流他们知道什么、怎么知道的。在交流中联系其他学科的知识以及教室以外的事物，同时也形成了事物间关系的构建与对事物的综合认知。

七、探究各环节之间的关系

探究过程是一个问题解决的过程，探究从提出问题开始，有了问题

① 刘大椿. 科学哲学 [M]. 北京：人民出版社，2003：288.
② ［英］约翰斯顿. 儿童早期的科学探究 [M]. 朱方，朱进宁，译. 上海：上海科技教育出版社，2008：42.

指向，也就有了探究方向。然而并不是提出的每一个问题都有探究的价值和意义，因此要对问题进行选择和确定，以放弃那些没有探究必要的问题，这一部分的工作即是猜想与假设的实质性内容。对问题产生的种种原因或事物之间的内在关系进行猜想，通过对有经验支持的和有逻辑依据的猜想结果进行逻辑分析，进一步形成假设。那么假设究竟是否成立呢？自然而然地，就需要对假设进行验证，知道怎样验证、知道验证的具体步骤，才能真正动手操作实施，因此在实施之前就必定有一个设计的过程，这也就是设计验证方案的环节。若设计之后但不加以实施，那么方案设计的意义就不存在了，因此实施验证方案这一环节也是必不可少的。通过设计并实施验证方案，将会在验证过程中得到一些数据与信息，如果不对这些数据或信息进行分析，那么验证方案的实施同样也就没有意义了。对验证中产生的现象以及数据等通过逻辑加工，进一步分析，形成结论与解释。然而这只是个人或小组内对问题的解释，这一解释能否被科学共同体所接受和认可，就需要进行表达与交流。表达与交流中蕴含着科学认识的统一或反驳，科学结论的形成或瓦解等，在这一环节中又可能引发新的思考或提出新的问题，进而开展新的探究。纵观科学探究的过程，对科学的认识是在其中得到补充、修正和完善的，科学的发展也正是在这个过程中不断推进的。

　　科学探究是一个连续的过程，各环节之间具有连贯性。通过对科学探究环节的界定，以及对每个环节及其之间的关系进行分析，可以发现，探究的环节与环节之间是紧密联系的，每一个环节都是上一个环节的自然结果，同时又是下一个环节的开始前提，它们一脉相承，又环环紧扣，每一个环节都有其存在的价值和意义。在教学实施中，科学探究活动可以是全过程的，也可以是部分地进行，如某些课侧重在提出问题，进行猜想、假设和预测的训练，某些课则侧重在制订计划和搜集信息的训练。但是科学探究整体逻辑顺序是应该遵守的，各个有重点的过程技能训练，也要按逻辑顺序安排。科学探究方式，作为学习内容，必须形成基本的思维习惯。科学教育是要学生通过经历探究的过程，了解科学知识、掌握科学方法、养成科学精神，进而提升科学素养，服务社会，以实现科学教育的目标和宗旨。科学探究是培养科学素养的载体，科学素养的养成是过程性的和长期性的，是随科学探究过程的连续性而相辅相成的。而如果将探究的过程割裂开，就环节的训练谈素养的形成是不成立的。如果将探究环节片段化、孤立化，仅停留在学生方法技能的掌握层面上，就不是科学素养的培养，因此也就不能很好地发挥科学探究在实现科学教育宗旨上的突出作用。

可见，提出问题——猜想与假设——设计验证方案——实施验证方案——描述与解释——表达与交流，在这一科学探究的过程中，每一个环节都不是孤立存在的，而是有着内在的逻辑关系，是一个连续性、整体性的结构体系，经历探究过程的每一个环节，才能经历完整的探究活动。

第二节 科学探究的元认知特征

一、元认知概述

人类的学习，涉及大量的知识的获取和应用，也就是认知过程。认知的结果是知识本身，但获取和应用知识依靠的是方法，而在具体情景下如何使用这些方法、何时使用这些方法，又需要人们主动地选择、调节和控制。人类所具有的这种能力就是所谓的"元认知"。我们经常强调的"学会学习""学会做事"，就是针对元认知能力的培养。元认知包括元认知知识和元认知能力。这里讨论的理论依据是布卢姆提出的元认知知识和加涅强调的元认知能力。

布卢姆在讨论教育目标分类时，对于认知领域，将知识和认知过程分别作为行和列，构成一个二维表。知识区分为事实性知识、概念性知识、程序性知识和元认知知识四个维度。认知过程包括记忆（回忆）、理解、应用、分析、评价和创造六个类别。教育目标就是某个知识维度与某个认知过程维度的交叉点，也就是教育目标是对知识类别和所达到认知过程程度的表述。布卢姆界定的元认知知识，是指关于一般认知的知识，以及关于自我认知的意识和知识。其中包括策略性知识、关于认知任务的知识、关于自我的知识①。策略性知识，是关于学习、思维和解决问题的一般性策略的知识。这一类知识的策略能够用于许多不同的任务和学科。不是指对某一学科领域中某一任务。这类包括各种学习策略的知识学习，学生可以使用这些策略去记忆材料，提取文字的意义，或者领会课堂书本及其他教材内容。学习策略的种类繁多，布卢姆将它们分成三大类，即复述策略、精加工策略和组织策略。复述策略涉及一遍又一遍的重复需要回忆的单词和术语。对于更深层次的学习和领会，它们一般不是最有效的策略。与此不同，精加工策略包括对记忆任务使用的各种记忆方法，还包括总结、释义以及选择教科书中的主要观点等技巧。精加工策略能够促使学生对学习材料进行深加工，从而产生复述策略更好的理解和学习效果。组织策略包括各种形式的概述、绘制"认知地图"或概念图，以及做笔记等。学生将材料从一种形式转变为另一种形式。组织策略通常产生比复述策略更好的理解学习效果。关于认知任务的知识，包括情境知识和条件性知识。除了关于各种策略的知识之外，个体还积累了关于认知任务的知识。知道不同的认知任务可能难度不同；知道不同的任务可能对认知系统提出不同的要求；知道不同的任务可能要求不同的认知策略。关于自我的知识，包括对自己在认知和学习方面的强项和弱项的了解。他们具有寻找所需信息的某些一般性策略，对自己知识基础的广度和深度的自我意识是关于自我知识的一个重要方面。一方面，学生需要意识到在不同的情景中，自己可能需要的各种一般策略。另一方面，学生对于他们完成某一任务的能力判断的自我效能感；学生完成某一任务的目的和原因的理解；学生对任务的个人兴趣的认识，以及他们对该任务对自己的重要性和有用性所做的判断。这些知识能够使学习者以更合适的方式监控和调节自己的学习行为。

加涅提出学习结果的五种类型：言语信息、智慧技能、认知策略、动作技能和态度。其中，认知策略是指运用有关人们如何学习、记忆、思维的规则支配人的学习、记忆或认知行为，并提高其学习、记忆或认

① [美]安德森，等. 布卢姆教育目标分类学：分类学视野下的学与教及其测评（完整版）[M]. 蒋小平，等译. 北京：外语教学与研究出版社，2009：42-45.

知效率的能力①。认知策略是被作为一种高阶认知能力提出来的。作为学习结果，一般情况下，认知策略学习是与概念学习结合在一起的。认知策略又包括复述策略、精加工策略、组织策略、调控策略、情感策略。调控策略就是元认知，即控制和调节其他学习和记忆的过程。应用调控策略的能力也就是元认知能力。

二、科学探究的认识论基础

科学认识的一般过程，即人类的科学认识过程要基于客观事实并通过观察、实验等技术手段呈现为科学或经验的事实，科学事实再经过逻辑思维的加工形成科学认识。之后，科学认识还要通过技术手段的证实或思维的论证，上升为科学理论。当然，此过程可能经过证实，成为公认的理论；也可能被证伪，无法得到科学共同体的认可，需要再次修改和发展；抑或证实后成为科学理论，但经过实际运用，发现有矛盾的积累，也会促使科学理论不断更迭与发展。

我们考察人类科学认识过程，理解在科学发展过程中对科学的认识和形成的观点。从客观事实到经验（科学）事实，是以观察实验为手段的技术反映阶段。而这种反映具有客观性，即它必须是基于客观事实的、尽量逼近客观事实；同时要认识到技术手段的局限性，即它只能反映客观事实的某个或几个侧面、某个或某几个属性。就像用尺子测量一根木杆的长度，尺子的读数是木杆长度的测量值，属于经验事实，它在某种精度上反映出木杆的长度，具有客观性。我们可以提高尺子的测量精度，也可以用测量多次取平均值的方法减小偶然误差，但尺子的真实长度（客观事实）我们无法准确知道。再如汤姆逊由阴极射线发现原子中有电子存在，这是科学事实，反映出客观存在的原子是有结构的，这是对原子内部存在的初步认识。但本真的原子结构却是不知道的。因此经验（科学）事实不等同客观事实，其对客观事实的反映，具有客观性，也具有局限性。但需要强调，经验（科学）事实是科学认识的起点，而非客

---

① [美] R. M. 加涅. 学习的条件和教学论 [M]. 上海：华东师范大学出版社，1999：54-72.

观事实。

从经验（科学）事实到形成科学认识，是运用思维手段进行推理判断的阶段。此阶段要求对思维方法的依赖，强调方法的合理性或说合乎逻辑性，这是客观性的要求。但是自然世界的复杂性和我们所能获得经验证据的局限性，会使我们的科学认识具有阶段性和片面性。如原子核式结构模型，也称为原子行星运动模型。卢瑟福 α 粒子散射实验，用 α 粒子轰击金箔，呈现多数 α 粒子通过金箔，少数 α 粒子大角度偏离甚至反弹的现象，这是经验（科学）事实。由此推断，原子内部是很空旷的，原子质量集中在一个带正电的粒子上，把这个粒子称为原子核。汤普逊由原子内发出的阴极射线（电子流），推断中性的原子里同时存在正电荷和负电荷且数量相等，将负电荷命名为电子。卢瑟福结合汤普逊的发现，推断原子核集中了原子的所有正电荷和几乎所有质量，电子在原子核外。但正负电荷具有库仑引力，电子不可能静止在原子核外，由行星运动类比，电子应该在原子核外旋转，正负电荷间的吸引力是使电子作圆周运动的向心力。由此概括出原子的核式结构模型或行星运动模型，成为科学理论。汤普逊发现原子中存在电子，认为电子是镶嵌在原子中的正电荷中，得到原子的西瓜瓤式模型或枣糕模型。卢瑟福的原子行星运动模型是对原子结构认识的深入，是对汤普逊原子模型的修正。因此，科学认识本身具有发展性或可错性。尽管科学认识经过质疑得到证实而成为科学共同体内部认同的科学理论，但同样具有这种性质。

科学探究的过程是由观察客观事实后，引发疑问并产生问题，经过观察和实验来收集证据即呈现为科学事实，之后分析数据并进行逻辑分析以得到探究的结论，这是将科学事实上升为科学认识。学生在该阶段形成的科学认识，经过证实可能会成为科学理论，也可能在实践中检验后被证伪，所以要不断发展科学理论。通过将科学探究过程和科学认识过程进行对比，可以发现，科学探究过程是基于科学认识论的，是符合科学认识规律的，科学探究作为教学方式可以成为遵循的模式。

三、科学探究的元认知特征

人们解决问题的关键是对思维有意识地监控和调节，也就是元认知能力的体现。也就是说元认知在解决问题过程中起到了关键作用。科学探究过程就是发现问题、提出解决策略和最终作出决策的过程，也就是解决问题的过程。所以，进行科学探究活动可以培养小学生的元认知能力。同时有研究者发现具有高水平元认知能力的学生，在探究过程中会更高效地解决问题。由此可见，科学探究与元认知之间呈现相辅相成的紧密关系。

元认知不仅是指个体对自己认知过程、结果以及任何相关事物的知识，也是个体对自己认知过程的主动监控、结构的调整以及对各个过程的协调。换句话说，元认知是个体对自己思维过程的监管和调控。元认知的使用不仅存在于学习与工作中，而且还应用于处理生活中遇到的各种问题。举一个生活中的例子——用回家过年来解释元认知的含义。春节临近，想必大多数人都有赶回家过年的经历，如何在年前回到家就成为一大问题。我们会为了解决该问题，提前思考出行方式、所用时间、是否可以买到票、出行路途的价钱是否合算等内容，总之，就是将一个大问题化解为具体的小问题以逐一解决，这是基于个体对该问题的已有经验与知识或者观察他人经历后所获得的知识，即个人运用了元认知的知识。针对上述内容，接下来，我们要运用元认知知识中关于任务的知识对任务进行具体分析，例如，如何在现场或网上查询各种出行方式的车次或航班的时间、剩余票数和所需金额等信息，以及如何缴费等。在分析任务后，可能会有我们自己解决不了的问题，此时我们可能会借助网络或朋友的帮助来解决问题，那么这就运用了资源管理策略。当我们获得以上信息后，再结合自己的经济能力、回家时间长短以选择最适合的出行方式——火车，这就需要联系元认知中对个人情况进行分析的知识。当确定了火车的时刻表和上车地点后，我们要运用计划知识进行筹备，包括都需要带哪些行李、何时收拾好行李、几点出发去车站、如何前往，提前预留取票和等候安检的时间等，以预防迟到或走错车站等错误的发生。个体之所以能全面地作出计划可能是联想到之前所犯的错误从而总结了经验或曾经产生的懊恼等消极体验影响了此次的计划，以上元认知知识和体验会直接影响到每一次解决问题的过程。等到了车站，个体还会提醒自己拿好行李、别忘记取票并注意安全，以上过程都需要掌握元认知中监控的能力。另外，如果个体遇到想要的车次已经卖完票的情况，就需要及时调整自己的回家计划，例如改换直达的车次，或者选取其他出行方式以保证顺利到家，这种调节能力也是元认知技能之一。经过元认知中各个成分的相互协调，我们最终解决了年前回家的问题。通过上述例子，我们可以了解到元认知在解决问题时发挥着重要的作用。

科学探究是人们探索和了解自然、获得科学知识的重要方法，也是小学科学学习的重要途径。通过科学探究的过程，学生能够经历提出问题、作出假设、制订计划、实施操作、描述总结和表达交流的环节。举例来说，老师在引导学生探究声音是怎样产生的时候，学生通过老师创设的情境提出问题：声音是如何产生的，继而根据已有的经验和知识进行推测，即形成振动产生声音的假设，于是解决老师提出的问题就转化为解决具体的任务：证明假设是否成立。要想完成任务，学生不但要分析自己是否有能力去解决问题、自己是否有兴趣和信心能坚持完成任务，而且更要运用已有的解决问题的经验和方法来解决它。当上述知识和情感准备充足后，就需要学生设计解决方案，包括选择实验材料，如选择橡皮筋、钢尺、音叉、鼓等物体；设计实验流程即分别观察上述材料发出声音时的现象，以及声音停止时材料的状态；以及对小组成员在科学探究过程中进行分工和组织，例如组长负责协调分工和管理时间，观察现象的同学要能认真细致地注意材料的发声状态，记录员要准确记录所观察到的现象，最后发言员还要将实验现象完整准确地表达。通过事先设计翔实的计划之后再实施，学生能较为全面细致地发现现象并总结出来，即当材料发出声音时是在振动，而声音停止则振动消失。在这个过程中，学生需要通过监控思维来控制实验的操作过程，而当遇到无法清晰观察到鼓发出声音时的状态，就需要及时调整计划，即选用绿豆放在鼓面上以便放大鼓的振动现象。最终再经过逻辑思维归纳出振动产生声音的结论，标志着证明了之前的假设，也就意味着解决了学生提出的问题。以上科学探究的过程可看作是解决问题的过程。

既然解决问题的过程中离不开元认知的使用，并且科学探究的过程等同于解决问题的过程，那换句话说，在科学探究的过程中也蕴含着大量元认知的使用。所以，科学探究学习具有元认知特征，在科学探究过程中可以培养小学生的元认知能力。

科学解决问题的方式，或说科学习惯，体现在科学探究的运用与学习中。科学探究一般包括创设问题情境、引发科学问题、进行猜想、作出假设、制订验证假设方案（解决问题策略选择）、实施验证方案（搜集数据）、结论与解释、表达与交流。此流程是解决科学问题乃至解决社会生活问题并作出决策的一般模式。探究性学习过程也是元认知的学习过程，是学生独立学习、解决问题和作出决策的能力培养过程。在世界范围内，倡导以"探究"为核心的科学教育，即科学学习活动要符合科学认识的一般过程，知道科学知识是如何获得的和如何应用的，理解科学性质，培养科学态度与精神，使学生经历类似科学家探索自然的过程。科学探究成为科学学习的方式，同时由于科学探究符合人类解决问题的方式，科学探究也成为学习内容[①]。因此，小学科学所倡导的探究性学习，体现了认知策略，尤其是元认知的学习，表现为探究性教学流程。

第三节　基于科学探究的元认知能力培养

关于科学探究性学习过程，涉及多个环节，各环节之间关系既有科学认识论的要求，又有自身的逻辑联系。因此，科学探究要按照各环节的逻辑顺序展开，这样才能培养学生形成科学解决问题的方式和习惯，才可以有效进行元认知的学习。

小学生的元认知能力会随着年龄增长而提高，且其元认知能力中各成分发展速度不均衡，即元认知知识发展早于元认知技能。低年级段小学生主要是元认知知识学习，即学习或做事的流程和方法，以教师安排、学生模仿为主；中年级段学生能在执行任务前更准确地预测任务完成的时间和分析任务的难度，制订计划并努力实施计划，是教师辅导、学生

---

① 王晶莹.科学探究论［M］.上海：华东师范大学出版社，2011：8.

作为主角；到了高年级段，才能做到根据不同难度的任务作出详尽的计划和及时调整计划，是教师帮扶，学生为主。

一、低年级段学生的"脚本"构建

低年级段学生是指一、二年级小学生。从语言角度看，其口语已经可以达到生活中自由交流的程度，即听说能力可以正常交往，但读写能力还有很大缺陷，正在学习训练过程中。这个阶段的小学生获得的科学概念主要是分类概念，他们要将概念词与形象物建立一一对应的表征关系。如何获得一类事物共同特征从而建立类概念，教师要帮助儿童进行设计安排。

对一些例行活动或具有规律性事件的预测性构思或安排，就是"脚本"构建①。脚本在认知和社会性方面都很重要。对于认知学习来说，所有关于这个世界的信息都以"脚本"这种心理结构来组织；脚本也被当作更复杂、更抽象的认知技巧的基础。对于学生社会化过程，脚本提供一种可以和他人分享有关这个世界知识的方法。脚本构建，可以让儿童有机会和别人交换经验，从他人的描述中学习经验，并且以不同的观点来讨论应不应该继续这些事件的问题。

布卢姆提出的概念知识，指关于分类和类别与它们之间的关系的知识，是复杂的、结构化的知识形式。概念性知识包括图式心理模型或者不同认知心理模型中或明或隐的理论。这些图式模型和理论，描述个体所具有的那一类知识。它涉及某一学科是如何组织和结构化的。信息的不同部分或片段是如何以一种更为系统的方式互相联系的，以及这些部分是如何共同产生作用的。其中，又区分为分类和类别的知识，原理和通则的知识，理论、模型和结构的知识。低年级段小学生学习的科学知识主要在最基本层次，即分类和类别的知识，它是指用于不同学科的具体类别、组别、部类和排列。形成分类和类别，有利于将各种现象结构化、系统化。而对于布卢姆提出的程序性知识，是关于如何做"某事"

---

① ［英］鲁道夫·谢弗. 儿童心理学［M］. 王莉，译. 北京：电子工业出版社，2010：229-232.

的知识[①]，其中包括具体学科的技能和算法知识以及具体学科的技术和方法的知识。对于科学学科而言，"具体学科的技术和方法的知识"是通过达成共识取得的一致意见或学科规范，反映的是一个领域或学科的专家思考和解决问题的方式。作为元认知知识，最基本的应该是策略性知识。程序性知识是策略性知识的基础，对于低年级段小学生来说，元认知策略性知识基本等同于程序性知识。

因此，低年级段小学生元认知能力的培养，就是针对分类和类别的科学知识，进行如何分类、如何归类的程序性知识的学习。教师帮助学生进行观察程序设计，或指导学生进行设计，就是心理学所谓的脚本构建。由于低年级段小学生听说能力已经具备，读写能力不足，教学中，教师不只要求学生阐释观察结果，更要求学生对观察方法、观察流程进行口述。学生在口语表达中相互补充、交流，教师综合记录，学生再朗读。使学生既在听觉中，也在视觉中记忆程序性知识。这样通过脚本构建，重点在于小学生元认知知识的学习。

二、高年级段学生的"探究"流程学习

（一）遵从科学探究逻辑，学习科学探究方式

科学探究过程（以物质科学领域为研究对象）就是在观察客观事实的基础上首先产生疑问（来自与经验相矛盾的现象或是对未知领域的知识），从而引发探究的好奇心，随后提出有研究价值、可行的科学问题。科学问题先要经过发散性思维来猜想问题发生的原因，再通过一定经验的支持与逻辑思维加工，形成较贴合实际的假设。当假设确定了研究的内容后，就要开展科学探究的主体部分——设计验证方案。通过翔实的实验设计，学生们才可能将观察到的客观事实转化为科学事实。开展以上活动，主要目的是使学习者学习元认知知识以及丰富元认知体验。因为，提出问题的过程需要学生运用对自我进行分析的能力（包括：自己

① ［美］安德森，等. 布卢姆教育目标分类学：分类学视野下的学与教及其测评（完整版）[M]. 蒋小平，等译. 北京：外语教学与研究出版社，2009：40.

是否有能力解决它，是否有兴趣、有信心能坚持完成探究过程），而且还要引导学生联想曾经的经历与体验（包括：该现象与以前的经验是否有关联，以前解决这些科学问题时是否成功，成功与否的情感体验对这次探究有什么影响等）。而作出假设的环节又要求学生们对探究问题进行任务分析（包括：分析该探究问题是否可行且具有价值、形成的假设是否有经验与逻辑的支撑等）。对于制订计划的环节来说，学生需要对程序步骤、材料选用和人员分工进行设计，为保证方案的完整和翔实，学生不仅仅需要具备一定的计划能力，更重要的是要灵活掌握一些方法策略，即学生不仅能够了解策略的内容，更需要掌握何时何地运用策略。以上科学探究第一阶段所运用的知识与体验均来自于元认知知识（对自我、任务和策略的认识与分析）、元认知体验，所以科学探究第一阶段可作为学生学习元认知知识的第一途径。

验证假设的方法就是实施计划并收集数据，用整理和分析后的数据作为判断的依据，该过程是一个证实或证伪的过程。通过执行完整和详细的计划，学生得到充分的数据信息资料，紧接着将观察到的现象和事实进行描述，这个信息处理的阶段，实现了对客观事实的反映，进而形成科学事实。之后，得出的结论能对问题发生的原因进行解释或者初步得到有规律性的结论，即从科学事实上升为科学认识。形成的结论是否与其他人形成的科学事实一致，还需大家交流讨论，此过程可能会使科学认识得到认可或被否定，这就会引发反思评价，进而不断更正，最后产生一个大家认可的解决该问题的结果。这个过程是解决科学问题中的执行阶段以及最后的总结反思阶段，这需要运用大量且高质量的元认知技能，同时还会产生积极或消极的元认知体验。首先，在执行计划阶段，学生们要能细致且注意力集中地按照计划操作（包括：准确完成程序、清晰观察现象、详细记录数据等），这就需要调动元认知能力中的监控技能以防止脱离计划等情况的发生。同时，当遇到突发的情况（如实验材料损坏、数据记录错误等），学生要能及时调节实验方案以保证顺利执行计划，这就需要培养元认知能力中的调节技能。其次，在科学事实上升为科学认识的过程中，学生要将收集到的信息经逻辑思维加工总结为结论——灵活运用各种元认知知识（可能会运用到多种思维方法）。在表达交流结果的过程中，如若结论得到了他人的肯定则会产生快乐的情绪体验，但是当结论被否定，肯定会产生一定的消极情绪，而这会促进学生的反思。那么这个过程不仅丰富了学生的元认知体验，而且有利于构建更完整的元认知体系。

（二）在评价与反思环节注意对科学探究流程的总结

在进入整个探究阶段最后的环节前，学生还需要将本组讨论的实验结论与其他同学交流以得到验证，如果得到统一的科学认识，那么我们可以将过程进行梳理和总结，一旦发生分歧那就会引发新的思考或提出新的问题，进而展开新的探究来寻找问题产生的原因，当然该过程更需要学生们的反思和总结。不论是以上哪种情况，教师都应当鼓励学生的努力并帮助他们总结探究过程与方法。该过程是激发学生自身的总结与反思，这不仅是科学探究中重要的步骤，更是培养元认知能力的关键环节。只有总结在科学探究过程中经历的各种环节、使用的方法和各种策略，反思遇到何种意料之外的问题时如何调整计划、重新安排，才能逐渐掌握科学探究的过程。同时学生在科学探究过程中体会到成功时愉快的情绪，会激发他们今后探究的兴趣，而失败时难过的情绪也会让其更深刻地了解科学探究的内涵，即让学生懂得探究不会一帆风顺，其中会有坎坷，但是只有努力总结失败的经验并坚持改进与尝试，才会收获成功的喜悦。如果能将以上体会和收获应用于日常解决问题的过程中，这就潜移默化地形成了生活中元认知能力。

例如学生在探究完物体的沉与浮之后，老师请同学们交流自己本节课的收获和体会。有的学生认为自己在探究过程中表现得十分认真和细致，此时老师肯定他在探究中能做到认真完成自己的任务，即具备一定的元认知监控能力。也有的学生总结自己掌握了控制变量的思想，即采用大小、体积相同但质量不同的物体或者与之相反的材料进行沉与浮的探究，这样控制变量才能找到沉浮的本质原因，该思想可以运用于今后的探究活动中来，老师表扬他总结了自己学习到探究问题的方法，即元认知知识，且该方法可以应用于解决日常问题中。有的同学因为设想能通过自主设计实验（分别按从轻到重和从大到小的顺序放物体于水中，观察现象并验证猜想）来排除物体的大小和轻重与沉浮无直接关系，老师肯定其元认知策略应用。还有的学生们觉得上完这节课，很是开心，因为通过自己设计和执行实验而得到的结论证实了猜想，这使他们收获了成功的体验，可丰富其元认知体验。当然也有学生不太满意自己的表现，例如某位学生认为自己虽然了解了科学探究是要对猜想进行验证，但猜测与实验结果不相符，此时老师应该鼓励，不管你的假设是否被证明为真，都是科学认识，你也帮助同学们排除错误认识，老师和同学们都为你骄傲，因为探究重要的是我们经历了探究发现的过程，在这个过程中的收获和体会很重要。根据学生的自我评价，老师要在以后实验开始前和过程中不断提醒学生探究的目的，以及让学生自我提问或小组成员相互帮助监督以提高学生的自我监控能力。综上所述，教师引导学生总结了自己的知（知识上的收获）、情（情绪中的体验）、意（集中注意力在思维活动）、行（行为上努力和负责）四方面在元认知方面的重要体现。

（三）利用板书对科学探究流程作出显性表达

教师通过总结板书带领学生回顾所学知识、方法和科学探究过程。回顾和总结的意义在于不仅要让学生掌握知识，还要掌握探究的一般过程和学会运用适当的方法，例如观察的方法、控制变量的实验法等认知策略来获取和保持信息以及最后的提取应用信息。元认知策略能对执行任务过程中进行监督和调控，将现象总结为结论的精细加工和组织策略等，以及发现自己在探究中易出现的问题。这就需要老师提前设计自己的板书，不仅要从全局的视角帮助学生总结本节课的科学知识结论，也要回顾科学观察方法、实验方法、思维方法的应用，将科学探究流程显性地表示出来。通过不断的、持续的对科学知识内容和策略性知识进行清晰归纳，可以更好地培养学生善于反思与总结的习惯，提高他们学以致用的迁移能力，最终达到元认知能力的培养。

如《声音的产生》一课，在课结束阶段，老师根据学生们的表达和交流，通过板书对整节课的内容进行总结。教师首先引导学生回顾本节课探究的问题：声音是如何产生的，学生再通过结合生活经验和已有知识作出假设：声音由动作产生和振动产生，并针对上述猜想，由各小组设计实验来验证。大家通过各种方法让物体发声，在这个过程中学生们基本都能运用对比的方法进行观察，以区别究竟是动作还是振动发声。以上过程是将学生们的想法转化为真实做法。此时，老师会提醒，曾在实验时要求各个成员要履行自己的责任，以此督促学生提高对思维的监管。学生对观察到的实验现象进行描述，例如，弯曲尺子时不发出声音，当在桌边拨动尺子时发出声音；直接拉动或弯曲橡皮筋不发出声音，而放在两指间弹、拨时会发出声音。学生对此进行解释：并非所有动作会让物体发声，而是只有看到物体颤动时会发声，进而形成实验结果。当每个结果都得出相同的答案时，采用求同法归纳得到物体产生声音的原因不是动作而是其振动。这就使得学生能将多个结果经过思维加工上升为结论并形成科学认识，也间接地让学生懂得解决问题的方法有很多，方法尽管不同但总结其差异和共同点能得到结果。也许学生的结论验证了猜想，也有可能结论与猜想不一致，但这都是学生经过努力得到的科学认识，均具有价值，也都值得老师肯定和鼓励，从而让他们形成新的元认知体验。老师带领学生从想到做，再从结果到结论的总结过程，是培养小学生元认知能力显性化的重要策略，更是希望学生学会解决问题的一般模式。

　　总结下来，作为小学科学教师，为了实现科学探究对学生元认知能力的培养，首先要重视科学探究的逻辑完整性，使学生既有元认知知识的获得又有元认知能力的训练，这是隐含在探究学习过程的；其次，在课堂学习总结时，教师要有元认知能力培养意识，帮助学生获得科学知识的同时，要引导学生对科学探究过程进行总结，特别是学生在探究过程中遇到障碍和克服障碍进行调整的过程，是强调元认知调节、控制能力的重要过程；最后，利用板书（或显示屏幕），将主题科学知识结论和科学探究流程在视觉上固定或静态地呈现出来，使学生获得更清晰的认识。通过对科学探究流程，特别是在探究流程中使用的科学方法，不断进行显性化学习，逐渐形成科学探究习惯，使得元认知能力不断发展。

第七章
基于隐性知识论的创造性学习和创造力培养

第一节　隐性知识

一、知识与隐性知识

知识为主体与环境相互作用而获得的信息及其组织。储存于个体内，即为个体的知识；储存于个体外，即为人类的知识。储存于个体外的人类知识是以语言文字、公式图表等方式记录在各种书籍中，是明确表达出的知识形态。而储存于个体内的个体知识，有些是可以明确以文字或语言的方式表达出来，但有些却难以言表。这样，基于是否能够清晰表达出来，知识就区分为两种，即显性知识和隐性知识。

波兰尼指出：人类有两种知识，显性知识和隐性知识。我们可以说，我们一直隐隐约约地知道我们确实拥有隐性知识。波兰尼举例说明：我们可以认出任何一张脸上的表情，但是我们一般情况下说不出我们究竟是根据什么符号来认识的。如果非说不可的话，那也是含糊其辞的。不仅在日常生活中存在这种"日用而不知"的知识，就是在人们一直以为是非常理性的科学研究中也存在这种知识。在科学活动中，科学家们总是要使用许多的概念，总是要作出许多的预设，甚至要在科学活动中怀着某种信念。没有这些概念、预设和信念，科学活动根本就不能进行。但是，科学家们对于这些东西往往也并没有非常清晰的了解。当他们试图系统地陈述它们的时候，它们又是显得那样的模糊不清。波兰尼由此提出他最著名的认识论命题：我们所认识的多于我们所能告诉的[①]。

隐性知识是那些很难用语言、文字等清楚表达的知识，其存在于人的头脑之中和一定的情境相联系。隐性知识难以用语言明确表达，但可以用行动来表现；其与个人的经验有很大关系，一般由经验、感受、态度、情感、技能、诀窍、直觉等来表现；它往往来源于一些实践活动、个体间的思想交流、个体对社会的理解以及个体自身的经历、体验和感悟。隐性知识是一种能够深刻地影响个人行为的知识，可以对个人的行为有指导作用，能够深化我们对事物的理解和认识，并且隐性知识的获得主要依赖于个人自身的理解力。

二、隐性知识的特征与类型

隐性知识难以言表，其存在于何处，又有哪些表现或特点？也就是隐性知识的特征是什么。黄荣怀和郑兰琴二位学者在《隐性知识论》一书中作出总结[②]。

第一，个体性。即隐性知识与个体是密不可分的，是存在于个体的经验之中的。一旦脱离了个体而成为客观性的知识后，隐性知识就由此消失。只有在一定的情境下，依靠实践活动才能表现出来；第二，情境性。即"情境唤醒"特征，隐性知识存在于一定的情境和过程之中，一旦剥离了情境，隐性知识便无法显现出来。隐性知识是个人在一定情境下的实践知识，产生于个体正在进行的认知活动之中，只有在一定的情境下，直觉、酝酿效应、顿悟和灵感才能起到相应的作用；第三，自动性。隐性知识往往自动地存储于潜意识之中，其形成和运用都不受主观意识的控制；第四，实践过程性。需要亲身经历和直接体验才能获得相应的能力，所以也可以说隐性知识是"在场"行为的体现；第五，程序性。即隐性知识是关于如何去行动的一种知识，它指导人们如何对外界作出迅速而有效的反应；第六，难言性。隐性知识不能通过语言、文字

---

① 黄荣怀，郑兰琴. 隐性知识论 [M]. 长沙：湖南师范大学出版社，2007：34.
② 黄荣怀，郑兰琴. 隐性知识论 [M]. 长沙：湖南师范大学出版社，2007：44-45.

或符号进行逻辑的说明。波兰尼认为隐性知识是人类和动物共同具有的一种知识类型,是人类非语言智力活动的结晶;第七,经验性。隐性知识能通过经验来决定在什么情况下,采取什么行为,知道某种显性知识可以应用于某种情境;第八,不能以正规的形式加以传递。显性知识能够同时为不同的人们所分享,具有"公共性"和"主体交际性",但隐性知识是一种连知识的拥有者和使用者也不能清晰表达的知识,因此不能在社会中以正规的形式加以传递,但其也并非不可传递的;第九,非批判性。即不能加以"批判性反思"。显性知识是人们通过明确的"推理"过程获得的,因此也能够通过理性而加以反思和批判;而隐性知识则是人们通过身体的感官或理性的直觉而获得的,因此也是不能够通过理性加以批判和反思的。为此,波兰尼将显性的知识称为"批判的知识",而将隐性的知识称为"非批判的知识";第十,文化性。隐性知识比显性知识具有更强烈的文化特征,与一定文化传统中人们所分享的概念、符号、知识体系分不开,或者说,处于不同文化传统中的人们往往分享了不同的隐性知识"体系",既包括了隐性的自然知识"体系",也包括了隐性的社会和人文知识"体系";第十一,层次性。隐性知识并非只有一种形态,根据其能够被意识和表达的程度可以划分为不同的层次;第十二,实用性。在日常生活中,隐性知识是人们达到自己认为有价值的目标的工具,因此目标的价值越高,这种知识就越有用;第十三,偶然性与随意性。隐性知识比较偶然,所以获取的时候就比显性知识要困难;第十四,相对性。相对性有两层含义:一是隐性知识在一定条件下可以转化为显性知识,二是对一个人来说是隐性知识,但同时对另一个人来说可能已经是显性知识了,反之亦然;第十五,稳定性。隐性知识不易受环境的影响改变,它较少受年龄的影响,不易消退遗忘。也就意味着个体一旦拥有某种隐性知识就难以对其进行改造,这意味着隐性知识的建构需要在潜移默化中进行。

隐性知识的特征说明其作为知识的特殊性,它又存在于人类实践活动的以下方面①：（1）情感方面的隐性知识。很多时候我们对情感的反应是无意识的，而且是通过经验学习到的。这说明存在情感方面的隐性知识。（2）言语理解中的隐性知识。在人们日常的交流中，存在着隐性知识。如果我们没有正规地学习语言，我们可能不知道有什么样的语法规则。但事实上，我们能够自觉地知道如何讲话，正像我们学习母语时，如婴儿学习母语，他/她根本不知道什么语法规则，其认识完全是一种隐性的认识。也就是说语言的逻辑本身、语言的运用方式都是隐性的。（3）身体方面的隐性知识。例如，我们骑自行车时，很多技能都是无法明确表述的。这说明在运用我们的身体进行活动的时候存在着大量的隐性知识。（4）社会习俗方面的隐性知识。很多社会文化习俗是自觉形成的，人们在无意识中就能体验到。人们在交往的过程中会体会到这些隐性的规则和习俗。（5）专家拥有的大量隐性知识。专家与新手的差别在于他们知识的数量以及存储知识的方式。专家比新手具有更多的隐性知识。专家身上蕴含着大量的隐性知识，新手需要模仿、实践、与专家紧密接触并深度交流来获得隐性知识。

三、隐性知识与显性知识的相互转化

竹内弘高、野中郁次郎在《知识创造的螺旋》一书中，将隐性知识区分为两个层面：第一是"技术"层面，包括非正式和难以明确的技能或手艺。常常可以称之为"秘诀"。例如大师级工匠或饭店大厨，对大量的技能了如指掌。尽管他们经验老道，但还是常常难以将日积月累的技能背后的技术或科学道理表达出来。很多源自亲身体验、高度主观和个人的洞察力、直觉、预感及灵感也属于这个层面。第二是"认知"层面。它包括信念、领悟、理想、价值观、情感及心智模式。这些认知因素根深蒂固，我们往往认为是天经地义、理所当然的事情。尽管这些内容很难表达出来，但隐性知识的这个层面，却始终影响我们对周围世界的感

---

① 黄荣怀，郑兰琴. 隐性知识论 [M]. 长沙：湖南师范大学出版社，2007：45-46.

受方式①。

隐性知识和显性知识之间是可以相互转化的，也就存在隐性知识到隐性知识、显性知识到显性知识、隐性知识到显性知识、显性知识到隐性知识的转化，共四种情况。竹内弘高、野中郁次郎认为新知识是通过隐性知识与显性知识之间的相互作用而创造出来的。他们把四种转化过程分别称为共同化、联接化、表出化和内在化。

共同化是从隐性知识到隐性知识，是透过直接体验分享和创造隐性知识。共同化通过分享经验创造，诸如情感态度、做事方式、精神信仰和技能之类隐性知识的过程，是个体可以从他人那里不经语言直接获得隐性知识。学徒工与师父一同工作，不用语言，仅凭借观察模仿和练习便可学得技艺。获得隐性知识的关键是体验。

联接化是从显性知识到显性知识，是将各种概念综合为知识体系的过程。这种知识创造模式包括将不同的显性知识彼此结合，通过对显性知识的整理、增添、结合和分类等方式，重新构造既有信息，可以催生新知识。在学校里，通过正规教育和培训的形式所进行的知识创造通常采用这种模式。

表出化是从隐性知识到显性知识，是将隐性知识表述为显性概念的过程。采用比喻、类比、概念、假设或模型等形式将隐性知识明示化，是知识创造的精髓。当我们试图对一个意图进行概念化时，大多借助语言和图形来表示其含义。书写和绘图是将隐性知识转化为可以表述知识的方式。比喻、类比、概念、假设或模型是隐性知识转化为显性表达的不同层次。在知识转换的四种模式中，因为表出化从隐性知识中创造出新的显性知识，所以它对知识创造至关重要。

内在化是显性知识到隐性知识，是在实践中学习和获取新的隐性知识。内在化是使显性知识体现到隐性知识之上的过程，这个过程与"做中学"有着密切的关系。经过共同化、表出化和联接化三个过程的体验，以共有心智能力或技术诀窍的形式内化到个体的隐性知识基础内，这些

---

① ［日］竹内弘高，野中郁次郎. 知识创造的螺旋［M］. 李萌，译. 高飞，校译. 北京：知识产权出版社，2005：4.

体验此时变成了有价值的心智素养。

人类知识是通过隐性知识与显性知识之间的社会化、相互作用而创造和扩展出来的，这种相互作用称为知识转换。应当注意的是，知识转换是一个发生在个体之间，而又不局限于个人自身的社会化过程。知识创造始于共同化，从此开启转换的四种模式，形成一个螺旋。知识经过四种模式转化放大，不断发展。①

四、隐性知识的优先性及其作用

"在茫茫的知识海洋中，人类显性知识只是浮出水面的冰山一角，而隐性知识则是我们未见的冰山的主体。"② 这句话形象地表达出我们具有的隐性知识量远大于显性知识量。也就是波兰尼所说"我们知道的远多于可以说出的"。从知识获得和发展的历史看，人类最先具有的（或从人个体的知识发展，婴幼儿开始认识世界的知识）就是隐性知识，而隐性知识是自足的，人类凭借自己的隐性知识可以进行生存性活动。《知识创造的螺旋》也明确指出，共同化是隐性知识到隐性知识的知识获得过程，是知识创造的开端。显性知识是人类将隐性知识转换为显性知识，成为可以大范围传承的经验。也就是由隐性知识作出显性表达成为知识创造的关键过程。当显性知识作为文本，人们阅读理解后，内化为人的隐性知识，成为人心智能力的重要组成部分。可以看到，隐性知识是基础，显性知识由隐性知识转换而来，显性知识必须依赖于隐性知识进行隐性的理解和应用。因此，所有的知识不是隐性知识就是根植于隐性知识。总结起来，隐性知识不仅是大量存在的，而且隐性知识在人类的认识活动和实践活动中起着基础性、主导性、决定性作用，隐性知识相对于显性知识来说具有优先性。③

隐性知识具有年龄独立性，儿童从很小的时候就开始获取惊人数量

---

① ［日］竹内弘高，野中郁次郎. 知识创造的螺旋［M］. 李萌，译. 高飞，校译. 北京：知识产权出版社，2005：52-62.

② 杨文娇. 隐性知识的理论与实践［M］. 青岛：中国海洋大学出版社，2014：34.

③ 黄荣怀，郑兰琴. 隐性知识论［M］. 长沙：湖南师范大学出版社，2007：37.

的信息，包括他们对物质环境、社会文化环境以及语言环境等的理解。儿童习得丰富的各种技能技巧，会为将来发展奠定基础，即所谓的"童子功"。隐性知识还具有强健的稳定性，一个人的积极情感或操作技能，一旦获得，终身难忘。如骑自行车的技能，很长时间没骑，但马上可以恢复；怕"蛇"，则一生恐惧。隐性知识具有发展性，一个人在学习过程中不断进行隐性知识和显性知识的转化，经验不断增强，使得创造能力和实践能力不断提高，在显性知识发展的同时，隐性知识也不断发展。

第二节　创造能力与隐性知识

一、创造能力

创造能力是人类能力的一个重要组成部分，心理学中一般比对模仿能力或模仿再造能力来阐释创造能力。

模仿是动物和人类的一种重要的学习能力。模仿再造能力，是指人们通过观察他人的行为活动后，用与其相同的方式来模仿和复制他人反应，来掌握学习各种知识并运用知识技能的能力。如儿童模仿父母的说话表情，模仿演员的动作服饰，模仿前人的书法，等等。模仿既可以在观察到别人的行为后，立即作出相同的反应，也可以表现在某些延缓的行为反应中。创造能力则指独立的以新的模式和程序去掌握和运用知识、技能，并善于发现新原理、形成新技能、发明新方法、产生新思想与新产品成果的能力。有创造力的人往往能超脱具体的知觉情景、思维定式、传统观念和习惯势力的束缚。

模仿再造能力和创造能力是两种不同的能力。模仿是按照现成的方式去解决问题。而创造能力提供解决问题的新方式与新途径。模仿再造能力和创造能力也是相互联系的。模仿再造是创造的前提和基础。人们常常是先模仿，然后再进行创造。如科研工作者就是先通过观察模仿再造别人的实验，然后才提出有创造性的实验设计。学习书法的人也是先临摹前人的字体，以后才创造出具有个人独特风格的作品。而再造能力中包含创造力，创造能力中也包含再造能力。且创造能力是在再造能力的基础上得到发展的①。

创造力作为内在能力，具有综合性特征。创造力是由敏锐的观察能力、缜密的逻辑思维能力、直觉思维能力和丰富的联想能力构成。说明创造力不是单一特质的一种能力，而是各种能力集成的结果。创造力的实现，具有灵感顿悟特征。如阿基米德在洗澡时突然发现水对物体的浮力与物体浸没到水中的体积有关。创造力表现具有成果性特征。人们往往从发现、发明的成果意义和数量上说明某个人的创造能力。如爱迪生有很多电学方面的发明，我们称其具有非凡的创造能力。也就是说我们可以从结果判断人的创造力，但无法预测人的创造力。创造力实现和表现还具有过程性特征。从信息加工的角度来看，创造性过程主要包括发现问题，新颖观念的产生与合成，观念的选择与评价等几个过程。其中，第一个过程包括形成问题意识、发现问题、明确问题以及重新定义问题等；第二个过程包括知识提取，观念的联想、合并、转换，直觉与类比推理等内隐认知加工在此时起着重要作用，酝酿效应、顿悟、灵感等现象就出现在此过程中；第三个过程是对前一个加工过程产物的合适性、新颖性以及价值高低的评价，然后决定什么观念将被采用，以及怎样将这些观念组合在一起。前两个过程同时包括内隐认知和外显认知加工过程，最后一个加工过程主要是外显认知加工。另外，后一个加工过程对前一个加工过程也会产生影响。

二、创造力水平划分

创造力包含独特性和有价值性两个基本特征，具有两层含义，一是指人具有创造力表现在提供了对整个社会来说具有独特性和社会意义的创造成果；二是指对创造者来说具有独特性和价值性的认识成果②。创造力的表现水平是分层次的。

根据价值的不同，马斯洛把创造性分成"特殊才能的创造性"和

---

① 多俊岗. 基础心理学（第二版）[M]. 北京：化学工业出版社，2012：140.
② 叶奕乾，何存道，梁宁建. 普通心理学（第五版）[M]. 上海：华东师范大学出版社，2016：340.

"自我实现的创造性"两种。前者是从天才、科学家、发明家、艺术家等特殊人们的身上反映出来的创造性。他们的创造活动得到了社会的承认。而后者是每个人身上都有的创造性。他们的创造活动不一定得到社会的承认，但是对本人来却是一种具有新价值的体验。由于专业的深化，这种创造性有可能发展成为"特殊才能的创造性"①。

斯腾伯格将创造力的两种水平称为创造力的两个层面，一个是社会层面，一个是个人层面②。他所主张的每个人都具有创造力，这个创造力可以认为是个人层面的创造力。个人层面的创造力属于个体创造，它对个人来说是一种创造，但对社会来说还达不到创造的标准。而从创造的角度来说，当个体的创造被社会承认时，就是我们通常所说意义上的创造。而没被社会承认的，不能叫作社会意义上的创造，但是是个人的创造。小学生的创造力基本属于个人层面的创造力。小学生在科学课上所产生的相对自己来说的新颖想法，或者按照自己的想法所做的实验过程，对于社会来说，都不算是真正意义上的创造力，但这些都是小学生个人层面的创造力。

在目前对创造力的研究中，创造力的理论已经足够丰富，但创造力的培养上可操作性不是太强。教师不知道学生怎样的思想行为算得上是创造力的表现，因此也没有办法提出针对性的教学策略和相应的指导。这主要是因为教师关注的是创造力的第一个层面，即社会层面，认为只有被社会承认的，或者学生产生出了与其他学生完全不同的想法时，才能称得上这个学生有创造力。在教育教学过程中，教师不能仅仅局限于社会层面的创造力，更需要看重的是个人层面的创造力。在对学生进行培育这个角度下，创造力本身的意义在于首先培养了个人的创造力。此时不要仅仅关注学生是否创造出了社会层面新的、没见过的东西，首先需要肯定的就是个体层面的创造力。由于教育是为学生的未来做准备，因此在学生有了创造意识之后，有了知识、经验、能力、态度、技巧等素养之后，通过积累这些素养，他们才能在日后继续创造出社会承认的

---

① 王佳佳. 论追求中小学生创造力的代价 [J]. 基础教育，2009 (6)：46.
② 孙雍君. 斯腾伯格创造力理论述评 [J]. 自然辩证法通讯，2000 (1)：31.

创造，也就是培养出了社会层面上认可的创造力。因此，在学生阶段主要是培养学生的个人创造能力，隐含的是未来的社会创造。学生做出对其本身来说是新的东西的时候，这就是一种创造力的表现。如：根据实际桥的形象和提供的材料搭建一个桥。学生用所提供的材料进行拼接，最终完成桥的模型搭建。由于与实际桥的建造方法与使用的材料完全不同，整个过程学生要根据实际桥的形象、结合所具有的材料和加工方法，在大脑中想象出需要搭建的桥的形象，再进行搭建。因此完成这个模型属于这个学生个人创造力的表现。

从科学和技术的角度看，一是为满足人类需要而产生的具有重大意义的独特、全新的智力成果。如由求知热情对自然和社会所作出的科学发现、为满足人类需求实现某种功能的技术发明。二是个人在追求自我发展过程中对知识的总结概括和重新构建形成新知识、对科学研究方法和技术方法在实际情境中创造性的应用。如对科学知识进行分类和归类的逻辑整理形成的新认识，将探究模式应用到新科学现象产生原因的探寻或应用技术类比和改造的方法构建出新的技术物或模型。

从个人层面的创造力来讲，小学生时时刻刻都在创造，只要在课堂中给出合适的机会，让学生主动思考，他们就能创造。斯滕伯格所认为的每个人都有创造力对于教育意味着：首先有个人层面的创造力，而这种个人层面的创造力是为了达到在未来能具有的并最终能表现出社会意义上的创造力。

三、创造力的隐性知识特征

创造想法出现的瞬间，表现为直觉、灵感、顿悟，是创造者本人也无法表述清楚的。创造过程又不依赖逻辑推理，很难分析和批判。说明创造力具有隐性知识特征。

创造力内隐理论是指人们（包括心理学家和普通人）在日常生活和工作背景下所形成的，且以某种形式保留于个体头脑中的关于人类创造力及其发展的看法。斯滕伯格比较了专家和外行对创造性个体的看法，结果发现：不同的人对创造力有不同的看法，但有些基本的因素是相同的，这些因素既包括认知因素，也有人格因素，创造力是这些因素的有机结合①。具体而言，创造性的个体善于"把不同的观点联系起来"，"能发现事物间的相似点和不同点"，"思维灵活"，"有一定的审美力"，"不墨守成规"，"有创造动机"，"好奇"，而且"敢于怀疑社会规范"。他还对艺术、哲学、物理学、商业等领域专家对创造力的理解进行了比较研究。研究发现，艺术家十分强调想象力和洞察力；哲学家强调富有想象地把概念和观点结合起来的能力，创建不同于传统的知识分类并将之系统化的能力；物理学家特别关注发明创造能力，即于混沌中发现规律的能力，质疑基本原理的能力；企业家则格外强调提出和探究新想法（尤其是与新颖的商业产品或服务相关的想法）的能力。创造力内隐理论概念的提出为创造力研究注入了新的思路，开拓了新的研究领域，它与传统的通过心理测验建构的理论相比较更具有生态效度，它大大地拓宽了由外显理论向人们呈现的狭隘的创造力概念。

在科学创造活动中，任何一项问题从提出到解决都需要知觉、记忆、学习与思维等多种认知成分的参与，其中就包括对隐性知识的内隐认知与对显性知识的外显认知。内隐认知是指个体意识不到的认知活动，比如直觉、顿悟等心理现象都以无意识加工为主，可以归类为内隐认知的思维方式。这种认知隐性知识的思维有助于个体开发创造力并且完成创造性工作。创造力具有隐性知识的特征，而隐性知识与创造力之间的联系在于：通过个体间的隐性知识共享，而后实现隐性知识的转移、转化以及分享，即隐性知识显性化的过程，从而推动创造的过程。隐性知识的转化使得知识逐渐显性化出来，便于学生理解掌握与创新。因此，教师在教学过程中把握好隐性知识的转化，使隐性知识显性化，才能更好地激发学生创造力。

隐性知识与个体经验有很大的关系，是个体从经验中学习的能力和应用经验，是创造性活动的源泉和关键。可以说，学习中的经验和判断力，发现问题和解决问题的能力，掌握行业技能和行业秘密，以及决策

---

① 黄四林，林崇德，王益文. 创造力内隐理论研究：源起与现状 [J]. 心理科学进展，2005（6）：717.

时所具有的洞察力和前瞻性都是隐性知识的直接体现①。

第三节　小学科学教学中的创造性学习和创造力培养

我们从知识创造的螺旋来看，共同化是从隐性知识到隐性知识、内在化是从显性知识到隐性知识，它们的学习结果都是内隐的，难于观察。而联接化是从显性知识到显性知识、表出化是从隐性知识到显性知识，其学习结果是外显的，具有可观察的表征。因此，这里只关注联接化和表出化过程中学生的创造表现。由于认知是知识的获取和应用，又区别为知识获取中的创造性学习和知识应用过程的创造力表现。

一、创造性学习的表征及其培养策略

个体的创造力不是在真空中实现的，而总是以一定的学科及领域为依托。学科具有文化传递与创新参照两种作用。一方面，它将特定文化的活动规则和知识传递给个体，使之成为具有特定知识背景的人，并为个体的创造活动提供知识和信息的基础；另一方面，它还作为个体创造活动的背景而存在，个体产生的创新或创造性认识是针对该专业原有的知识状态而言的，在此，学科就成为创造新颖性的参照点与背景。小学科学同样作为一个学科依托，小学生既要学习科学文化知识，又要在科学活动的背景下进行基于自己生活中获得的科学认识的知识创新和创造性学习。

创造性学习的表现或说表征形式，也就是创造的形态是将已知的知识要素组成内在一致的新整体或新的功能性整体，也包括学习的方法在新情境中的应用和创新新方法。学生必须使用多个来源的要素，把它们整合成为一个新颖的，与自己先前的知识相关的结构模型，创造的结果是一个新产品，即能够看得见内容比原来材料更为丰富的知识。

如何培养小学生的创造性学习能力？一是将已有知识联接形成新知

---

① 杨文娇. 隐性知识的理论与实践 ［M］. 青岛：中国海洋大学出版社，2014：3.

识。学生将所学知识进行逻辑化重新组合，形成新知识。这个创造过程是联接化。如学生学习某个单元或主题知识后，自己根据各概念的逻辑关系，构建出树状逻辑图、泡状概念图、模块结构图等。二是将形象特征抽象化创造新知识。对科学事物或变化过程进行科学观察，将呈现的各种形象进行抽象概括创造出新概念或新认识。科学探究过程就是面对各种科学形象，进行形象思维，获得抽象认识，对抽象认识进行概括，获得更抽象的结论。学生自己或者在教师指导下，经历科学探究获得新知识的过程就是集体或个体的知识创新。这个过程是表出化，获得新的科学概念或规律，就是将对自然世界的隐性体验创造出显性知识的过程。如"土壤"的教学，通过调动学生已有经验和观察，发现土壤里有什么（土壤中有植物的根，有小动物，有动植物尸体、空气、水等）和土壤成分的区别（支持植物生长的要素是土壤基质、腐殖质、空气和水）。通过设计实验，发现土壤基质的作用是固着植物和提供矿物质；土壤中的水分是植物吸收水分（特别是含于其中的各种微量元素）的源泉；空气是微生物活动形成腐殖质和根呼吸的重要物质。这样获得对土壤的认识，是通过观察实验将科学现象具有的内涵进行抽象概括而获得的显性表达，属于创新性知识。也是学生小组和个人创造力的表现。

二、创造力的表征及其教学策略

知识的应用，常常表现为程序性知识。程序性知识是关于如何做"某事"的知识，需要遵循的一系列操作步骤（心智的和动作的）。在小学科学课程中，这种程序性知识具体体现在科学认识过程和技术活动过程中的方法性知识。科学方面包括科学观察实验方法（放大法、转化法、对比法、黑箱法、理想外推法等，详细讨论请参阅第二章：感知觉与科学观察）、科学思维方法（归纳法、演绎法、类比法，详细讨论请参阅第四章：抽象思维与科学推理）。技术方面包括技术设计方法（结构设计和流程设计，详细讨论请参阅第五章）、技术思维方法（表象类比法、表象改造法、意象表达法、具象表达法，详细讨论请参阅第五章）、工程思维方法（系统化方法，模块法、协调法，即各个技术模块的选择、匹配、协调和均衡，详细讨论请参阅第五章：形象思维与技术设计）。

这种情况下，创造力的表征形式：一是科学方法在新的情境中的应用。如固体"热胀冷缩"，可以用铜球穿铜环的对比法，也可以用电路连通的转化法，还可以用轮轴旋转放大法（详细讨论参见第二章：感知觉与科学观察）。再如学习"昆虫"是采用寻找共同特征的求同归纳法，在学习"声音是由振动产生的"，也是观察发声物体的状态，发现都具有振动的共同特征。如果在"昆虫"学习时是针对求同归纳法的模仿，在学习"声音是由振动产生的"时就可以引导学生在新情境中应用这种方法，这样就是科学思维方法的创造应用，是学生创造能力的表现。二是技术设计中创造的新形象。如"制作太阳能热水器"，学生要根据所给材料，依据实际太阳能热水器的形式和功能，会选择黑色物质或涂料制作热水器。根据经验或计算纬度确定倾角，根据东南西北方向确定热水器面朝向。最后制作出的模型，是完全与实际存在不一样的人工物，是学生个人创造的表现。

在教学中，要分阶段、分程度逐步进行创造力培养。首先要清晰明确地学习科学观察实验方法、技术设计方法和技术思维方法。这个阶段是学生模仿学习阶段，也是非常重要的阶段，是学生创造性地应用的基础。其次是要有一个指导、帮助的过程，就是教师要与学生一起讨论，引导学生将已有的方法应用到新领域的科学或技术活动中。最后，针对具体内容，学生能够自己选择和确定研究方法，解决新问题。教师要有意识地循序渐进地通过整个教学过程，培养小学生的创造能力。

第八章
态度与科学态度培养

第一节　态度和科学态度

一、态度

态度是影响个人对一类人、客体或事件的行为选择的一种习得的内部状态①。态度包含三种成分，即认知、情感和行为倾向性。其中，认知指态度主体对事物的了解、知觉、理解、信念和评价；情感指主体对态度对象的情感体验及情绪反应，是态度的核心成分；行为倾向性是由认知、情感决定的对于态度对象的行为反应倾向，即行为的直接准备状态。认知是态度形成的基础和依据，情感是态度的核心，行为倾向是态度的外在表现。

我们平时做什么事情都表现出一种态度，但是态度并不是人一出生就拥有的，它是人在各种后天活动中获得，形成于人的社会化过程中，是社会心理学的一个重要概念。情绪情感作为态度的核心成分，情绪情感有积极和消极之分，态度也就具有消极的态度和积极的态度，这是有别于认知过程的重要特征。人对客观事物采取不同的态度是以该事物是

---

① ［美］R. M. 加涅. 教学设计原理 ［M］. 上海：华东师范大学出版社，1999：88.

否满足个体的需要为中介的。一般来说，需要得到满足，就会引起积极的情绪和情感；需要得不到满足，就会引起消极的情绪和情感。态度是个体对人、事、物等态度对象的一种内在反应，这种反应也有积极和消极的两种，如喜欢和厌恶、积极参与和消极应付等。态度并不直接决定个体的行为，但是会对我们的行为产生某种影响，因此，培养小学生积极的态度有利于使学生形成良好的科学行为习惯。

二、科学态度

针对科学来说，认知是学生在科学认识过程中所获得的对科学的理解，科学情感是人对自然世界及其变化规律的内心体验，是对科学知识是否满足个人需要的评价或反映。表现为对自然现象的好奇心和求知欲，对自然变化的探究心理，对科学本身的价值评价与判断，对科学与社会、个人关系的判断与评价。由此形成的科学态度是指人对自然现象、自然规律及其与个人和社会的关系作出行为选择时的反应倾向。科学态度的核心是实事求是。表现为尊重事实，尊重规律，敢于依据客观事实提出自己的见解，能听取与分析不同的意见，并能够根据科学事实修正自己的观点。对于小学生来说，表现为喜欢学科学、做科学、用科学，独立思考、依事实作出判断和选择。

科学态度是一种积极的态度，根据"态度"的成分引申得出科学态度包含科学认知，科学情感和行为倾向性三种成分。科学认知是指学生在科学认识过程中对态度对象（与科学相关的人、事、物等）的感觉、知觉、理解和评价等。这种成分一般具有评价和判断，不仅有学生对于态度对象的认识与理解，也表现了学生的认同或者反对。科学情感是指学生对态度对象的内心体验和情绪反应，比如喜欢或讨厌、接收或拒绝、积极或冷漠等。科学的行为倾向性表现为学生对于自然现象的好奇心，对自然规律的探究欲，对科学与社会、环境和工程之间关系的判断与评价等，是一种心理准备状态。在这三种成分中，科学认知是科学态度形成的基础和依据；科学情感是科学态度的核心成分；科学的行为倾向是态度的外在表现，是由科学认知、科学情感决定的对态度对象的心理准备状态。

科学态度主要包含"科学的态度"以及"对科学的态度"两方面的内容。"科学的态度"主要是指个体在进行与科学有关的活动时，所采取的思考、判断、分析以及解决问题时的方式。具体表现为：在进行与科学有关的活动的过程中有质疑精神，要保持好奇心，实事求是，大胆质疑，批判性思考等。"对科学的态度"主要是个体在进行与科学有关的活动时，在与态度的对象（包括与科学相关的人、事、物等）的相互作用过程中，形成的感觉、知觉、认识、信念、意见等。具体表现为：对科学的看法，对学习科学的兴趣，对科学家的态度，对科学与社会、技术和环境关系的理解，对参与科学活动的积极性等。

"科学的态度"一般是教师在教学中对学生的期望，它被认为是学生学习科学的基本条件，"对科学的态度"往往是促使学生学习科学的关键条件，它会对学生学习科学起重要的推动作用，会影响学生对科学有关的人、事、物的看法，使学生能够在进行科学活动中表现出不同的情绪反应，进而会影响学生学习上的成就。

在我国小学科学课程标准提出的态度目标中，不仅要学生有批判性思考、实事求是、不迷信权威等的"科学的态度"，还要学生有对科学的兴趣、参加科学活动的积极性及在科学探究活动中与他人团结协作等"对科学的态度"。由此可见，科学态度的培养应该包括对"科学的态度"的培养和"对科学的态度"的培养，二者之间相互联系、缺一不可。教师要使学生在学习科学中寻找到乐趣，在科学活动中拥有成功的经历，这会有助于学生对科学相关知识的学习，也有助于提高学生参与科学相关活动的积极性，并形成积极的"对科学的态度"，同时，让学生通过探究调查、数据分析形成自己的正确结论，不迷信权威，实事求是等形成"科学的态度"。科学态度的可观察行为总结为下表，即科学态度的行为表现。

表 1　科学态度的行为表现

一级维度	二级维度	三级维度
对科学的态度	对科学的认知	有基于证据和推理发表自己见解的意识
	对科学的情感	乐于参加观察、实验、制作、调查等科学活动
		在科学探究活动中主动与他人合作
		积极参与交流和讨论，尊重他人的情感和态度
	对科学的行为倾向	对自然现象保持好奇心和探究热情
		在活动中克服困难，完成预定的任务
科学的态度	质疑	在学习科学中运用批判性思维大胆质疑
		善于从不同角度思考问题，追求创新
	实事求是	实事求是，不迷信权威
	包容	乐于倾听不同的意见和理解别人的想法
		勇于修正与完善自己的观点

第二节　科学态度的心理表现

科学态度的养成是融合在认知过程中的。认知过程重点体现的是感知觉和思维，但是注意力、意志力和情绪情感在这个过程中起到很大作用。前者称为智力因素，后者称为非智力因素。而科学态度习得主要表现在这些非智力因素上。下面考察科学态度在这些非智力因素上的心理表现。

一、科学态度在注意力方面的表现

（一）注意概述

注意通常指选择性注意，即有选择地加工某些刺激而忽视其他刺激的倾向[①]。注意是心理活动时对一定对象的指向和集中。指向性和集中性

---

① 叶奕乾，何存道，梁宁建. 普通心理学（第五版）［M］. 上海：华东师范大学出版社，2016：35.

是注意的两个基本特征。注意的指向性是指心理活动有选择地反映一定的对象，而离开其他的对象。注意的集中性是指心理活动停留在被选择的对象上的紧张和强度或紧张度。它使心理活动离开一切无关的事物，并且抑制多余的活动。注意的指向性和集中性表明注意具有方向和强度的特征。由于心理活动时只对一定对象的指向和集中，注意的对象就能够得到清晰深刻和完整的反映。

根据人的心理活动所指向和集中的客体的性质可以把注意区分为外部注意和内部注意。外部注意指人对周围事物的注意，它经常与知觉同时进行，也称知觉注意，它在探究外部世界中起着重要作用。内部注意是指对自己的思想和情感的注意。通过他人可以洞察自己的心理活动、发展自我意识、规划未来的活动和深思熟虑地办事。内部注意在发展人的个性方面起着重要作用。

无意注意和有意注意。无意注意指事先没有预定目的，也不需要作意志努力的注意。例如，学生正在听课，忽然有人推门进来，大家都不由自主地转头看他，这种注意就叫无意注意，这种注意的产生和维持不是依靠意志努力，而是人们自然而然地对那些强烈的、新颖的和感兴趣的事物所表现的心理活动的指向和集中。它往往在周围环境发生变化时产生，是注意的一种初级表现形式。有意注意指有预定的目的需要一定意志努力的注意。有意注意需要个人的积极性和意志努力。有意注意主动地服从于既定的目标任务，它受人的意识的自觉调节和支配。有意注意的客体可能是不吸引人的或单调的事物，但是又应当去注意的事物。因此，要使意识集中在这种对象上就必须有一定的意志努力。有意注意是在人类社会实践中发生和发展起来的。学习活动必然会有困难和单调的因素，这就要求学生把自己的注意有意识地集中并保持在活动上，有意的注意能力就是在这种实践活动中发展起来的。

注意本身并不是一种独立的心理过程，而是各种心理过程的共同特性，即指向一定对象的特性。注意总是和心理过程紧密联系着。也就是说注意贯穿认识过程、情感过程和意志过程。由于注意不是一种独立的心理过程，所以它没有自己特定的反应内容，而是伴随在心理过程中。

（二）科学学习中良好的注意力

注意是一种复杂的心理活动，具有以下功能。一是选择功能。注意的基本功能是对信息进行选择，使心理活动选择有意义、符合需要并且与当前活动任务相一致的各种刺激。避开或抑制其他无意义的、干扰当前活动的各种刺激。即注意将有关信息线索区分出来，使心理活动具有一定的指向性。注意被认为是控制通向意识的机制。许多心理学家把注意看作认识过程选择性的高度表现。二是保持功能。大量外界信息输入后，每种信息单元必须经过注意才能得到保持。如果不加注意，就会很快消失，因此，需要将注意对象的印象或内容保持在意识中，一直到完成任务达到目的为止。三是对活动的调节和监督作用。有意注意可以控制活动向着一定的目标和方向前进，使注意适当的分配和适时转移。工作和学习中的错误和事故，一般都是在注意分散或注意没有及时转移的情况下发生的。心理学上也把注意称为智力监督动作[①]。

注意的生理机制和外部表现[②]。注意的生理机制：注意从其发生来说是有机体的一种定向反射。每当新异刺激出现时，人便产生一种相应的运动，将感受器朝向新异刺激，以便更好地感知这一刺激。定向反射发生时，人除了朝着刺激的方向转动眼睛和头部外，还会出现植物性反应和脑电反应。定向反射发生之后，随即发生适应性反射，即与刺激有关的分析器进行活动，并随着刺激的性质和强度的变化，分析器的活动也发生变化。当大脑皮层一定区域产生一个优势兴奋中心时，邻近的区域就处于不同程度的抑制，落在这些抑制区域的刺激就不能引起应有的兴奋，因而得不到清晰的反映优势，兴奋中的转移就是注意转移的生理机制。注意的外部表现：人在集中注意于某对象时，常常伴随着特定的生

---

① 叶奕乾，何存道，梁宁建. 普通心理学（第五版）［M］. 上海：华东师范大学出版社，2016：37.

② 叶奕乾，何存道，梁宁建. 普通心理学（第五版）［M］. 上海：华东师范大学出版社，2016：35.

理变化和外部表现。人在注意时，最显著的外部表情有以下几种。一是适应性运动。人在注意时，有关的感觉器官朝向刺激物。例如，人在注意观察某个物体时，把视线集中在该物体上，即所谓的"举目凝视"；注意听一个声音，使把耳朵转向声音的方向，即所谓"侧耳倾听"；当沉浸于思考或想象时，眼睛常常是"呆视"着，好像无神一样，对周围对象的感知就变得模糊起来。二是无关运动的停止。在高度集中注意时，无关运动会暂时停止。三是呼吸运动的变化。人在集中注意时，呼吸变得轻微而缓慢，呼与吸的时间比例也会发生变化，一般是吸短呼长；当注意高度集中时，甚至会出现呼吸暂时停止的现象，即所谓"屏息"现象。在视觉注意中，眼睛有三种基本的形式：注视、跳动和追随运动。注视是眼睛对准某一事物的活动。为了保证对事物清晰的反映，眼球还必须跳动且做追随运动。当人们注意某个物体时，眼球运动并不是平稳地滑动，而是以跳跃的方式移动。视线先在对象的某一部位停留片刻，注视后又跳到另一个部位上，并开始对新的部位进行注视。在注意某一个事物时，眼睛就是以不断的注视、跳动、再注视……的方式观察事物。

在科学课堂学习活动中，当进行观察时，学生会根据观察目的视觉集中在科学事物特征或属性上，同时进行思考，会忽略其他因素的干扰，表现为"对自然现象保持好奇心和探究热情"的科学态度。当进行科学实验时，根据实验设计程序，一步一步仔细操作，既观察科学事物变化过程也要记录科学现象，全身心投入与同学的合作过程中，表现出"乐于参加观察、实验、制作、调查等科学活动。在科学探究活动中主动与他人合作"的科学态度。在对观察实验获得证据或数据时，认真思考，用证据得出结论，表现出"有基于证据和推理发表自己见解的意识"，同时在表达交流过程中，认真倾听同学的发言，倾听老师的指导，表现出"积极参与交流和讨论，尊重他人的情感和态度"，"乐于倾听不同的意见和理解别人的想法。勇于修正与完善自己的观点"。这些都是注意力方面表现出的科学态度，也是学生对科学活动具有积极投入的态度倾向。

二、科学态度在意志力方面的表现

(一) 意志概述

意志是指个体自觉地确定目的并根据目的来支配和调节自己的行动,克服困难以实现预定目的的心理过程。意志为人类所特有,是人的主观能动性最突出的表现,也是人和动物的本质区别①。

意志与认知的关系:意志是以认知过程为前提的,离开人的认知过程,意志过程就不可能产生。自觉的目的性是意志的特征之一。人的任何目的都不是凭空产生的,都是在认知活动的基础上形成的。目的虽然是主观的,但它们却源于人对客观事物的认识。人在选择目的和选择方法步骤的过程中,审时度势分析主客观条件,回忆过去的经验,设想未来的结果,拟定方案和制订计划,反复权衡和斟酌等,都必须通过感知、记忆、思维、想象等认知过程才能实现。可见,人们只有认识客观规律与人类需要之间的关系,才可能提出切合实际的目的,从而以一定的方式和方法实现目的。意志影响着认知过程,没有意志努力,就不可能有认知过程,更不可能使认知过程深入和持久。因为在认知活动中人总会遇到这样或那样的困难,要克服困难,就需要做出意志努力。

意志与情绪和情感过程的关系:一是情绪既可以成为意志行动的动力,也可以成为意志行动的阻力。当某种情绪和情感对人的活动起推动作用时,就会成为意志行动的动力。例如,积极的心境对学习或工作具有促进作用。当某种情绪和情感对人的活动起阻碍作用时,它就会成为意志行动的阻力。例如,消极的心境会影响人的学习和工作状态。二是意志能调节控制情绪,使情绪服从理智。个体在工作或学习中,面对困难而产生的消极情绪,可以通过抑制加以调节和控制,从而使意志行动服从理智的要求。例如,人能够调节和控制由于失败或挫折带来的痛苦和愤怒的情绪,也能够控制和调节由于胜利带来的狂喜和激动。总之,

① 叶奕乾,何存道,梁宁建.普通心理学(第五版)[M].上海:华东师范大学出版社,2016:210.

人的认知过程、情绪情感过程和意志过程是密切联系相互影响的。认知过程、情绪情感过程中包含了意志成分。同样，意志过程中也包含着认知过程和情绪情感成分。在对人统一的心理活动过程进行分析时，必须注意它们的密切关系①。

（二）科学学习中良好的意志力

意志表现在人的有目的的行动中，而人调节控制自己行为的能力称为意志力。意志力的培养和表现就在这种意志行动中。意志行动的基本阶段总体分为采纳决定阶段和执行决定阶段②。采纳决定是意志行动的开始阶段，它决定意志行动的方向。这个阶段包括动机斗争和确定行动目的的环节。①动机斗争。人的行动是由一定动机引起并指向一定目的的。动机是激发人去行动的内部动力。②确定行动目的。确定目的在意志行动中非常重要。是否通过动机斗争正确地树立行动目的，体现了一个人意志和智力水平的高低。目的是意志行动要达到的目标和结果。目的越明确，越具有社会价值，则由这个目的引起的毅力也就越大，就越能体现出人的意志力水平。一般来说，有一定难度、需要花费一定意志努力后可以达到的目的往往是比较适宜的。一旦这个目的得以实现，就可以带来心理上的满足感和成就感，并能够弥补在目的确定时发生的心理冲突所带来的损害，更好地为实现下一个目的做好准备。如果有几种目的，都很适宜和诱人，就可能引发内心冲突或动机斗争，难以下决心作出抉择，这就需要合理安排，即先实现主要的近期的目标，后实现次要的远期的目标。或者相反，先实现次要目标，创造条件，再集中力量实现主要目的。目的确定以后，就要解决如何实现目的的问题。一般来说，要经历行动方法和策略的选择，克服困难以实现所作出的决定等环节。①行动方法和策略的选择。选择行动方法和策略是目的确定之后由实现目

---

① 叶奕乾，何存道，梁宁建. 普通心理学（第五版）［M］. 上海：华东师范大学出版社，2016：211.

② 叶奕乾，何存道，梁宁建. 普通心理学（第五版）［M］. 上海：华东师范大学出版社，2016：212.

的的愿望所推动的，它是一个人根据欲达目的的所具有的条件，适当地设计自己行动的过程。这个过程既能反映一个人的经验、认知水平和智力，又能反映一个人的毅力水平。方法的选择、策略的确定和计划的拟定要满足两个方面的要求：实现预定目的的行为设计是合理的；方式方法符合客观事物的规律和社会准则及要求。②克服困难以实现所作出的决定。克服困难以实现作出的决定是意志行动的关键环节。因为即使有美好愿望和高尚动机，拟定的计划也很完善，如果不付诸行动，所有的一切仍是空中楼阁，仅是人脑中的主观愿望而已。在实现所做决定时，最突出的特点是在行动中会遇到许多困难。而克服困难，就需要意志努力。意志表现在克服内心冲突、外部干扰等各种障碍上。

在科学课堂学习活动中，不管是观察、实验还是科学论证，都是在明确的目的下进行的，接下来就是计划，也就是科学观察流程和实验操作流程，科学论证又体现在科学推理的运用。学生在教师指导下或学生自己根据学习主题确定观察目的和实验目的，然后作出观察计划和实验计划。在计划实施的过程中，努力寻找将验证主题问题的各种证据，不怕麻烦，不惧辛苦，表现出"在活动中克服困难，完成预定的任务"的科学态度。在对观察实验结果通过逻辑思考进行论证过程，或根据大量证据发现科学事物的共同特征得到类概念或普遍性认识（归纳推理），或根据实验事实揭示出事物属性或变化规律（典型归纳法），或根据科学原理对个别具体事物归类或作出推断（演绎推理），或根据类比揭示出科学事物的新属性，都会凭借证据和数据进行逻辑推理，不盲从他人结论，尊重逻辑论断，表现出"实事求是，不迷信权威""勇于修正与完善自己的观点""在学习科学中运用批判性思维大胆质疑。善于从不同角度思考问题，追求创新"，这些是意志力方面所表现的科学态度。

三、科学态度在情绪情感方面的表现

（一）情绪情感概述

情绪和情感是人对客观事物的态度的体验，是人对客观事物与个体需要之间关系的反映①。情绪和情感，不同于认知过程。认知过程是人对客观事物的反映，而情绪和情感反映的则是客观事物与人的主观需要之间的关系体验，这也是情绪和情感的基本特征。无论人对客观事物持什么态度，个体自身都能直接体验到。离开了体验，就谈不上情绪和情感。情绪和情感有积极和消极之分，这也是有别于认知过程的另一个特征。人对客观事物采取不同的态度是以该事物是否满足个体的需要为中介的。一般来说，需要得到满足，就会引起积极的情绪和情感；需要得不到满足，就会引起消极的情绪和情感。

情绪和情感都是对需要满足状况的心理反应，是属于同一类而不同层次的心理体验。情绪和情感的区别：一是情绪的生理性和情感的社会性。情绪更多的是与生理需要满足状况相联系的心理活动，情感则是与社会性需要满足与否相联系的心理活动。情绪是原始的，是人和动物（尤其是高等动物）所共有的。情感则是人类所特有的心理活动，具有一定的社会历史性。二是情绪与情感相比，情绪不稳定，情绪具有较强的情境性、机动性和暂时性，会随着情境的改变以及需要满足情况的变化而发生相应的改变。情感具有较强的稳定性、深刻性和持久性，是对事物态度的反映，是构成个性心理品质的稳定成分。三是情绪表现的外显性和情感表现的内在性。情绪表现具有明显的冲动性和外部特征。面部表情是情绪的主要表现形式；而情感多以内在感受、体验的形式存在。人们高兴时手舞足蹈，愤怒时咬牙切齿，这些都是情绪的外部表现。而爱国主义情感是一种内心体验。虽不轻易表露，但对行为具有重要的调节作用。

情绪与情感的区别是相对的，虽然它们所表达的主观体验的内容有所不同。但往往在强烈的情绪反应中也有稳定的主观体验，而情感也多通过情绪反应表现出来。情绪和情感彼此之间具有密切的联系。一是情绪是情感的基础，情感离不开情绪。情感是在情绪稳定固着的基础上建立和发展起来的；情感通过情绪的形式表达出来，离开具体的情绪过程

---

① 叶奕乾，何存道，梁宁建. 普通心理学（第五版）［M］. 上海：华东师范大学出版社，2016：193.

的情感及其特点就不可能现实地存在。二是情绪依赖于情感，是情感的具体表现。情绪离不开情感，情绪的各种变化，一般都受制于情感。情感的深度决定着情绪表现的强度，情感的性质决定了在一定情况下情绪的表现形式。情绪发生过程中，往往深含着情感因素。因此，从某种意义上讲，情绪是情感的外在表现，情感是情绪的本质内容①。

　　基本情绪，包括快乐、兴奋、愉悦、愤怒、恐惧、悲哀。自我评价有关的情绪和情感，包括害羞、骄傲与自责。他人有关的情感，包括爱和恨。这里重点说明与接近事物的愿望有关的情绪和情感。这种情绪和情感体验，包括好奇和兴趣，与之相反的是厌恶。面对陌生、奇特且并未发现对自己构成威胁的事物时，个体会产生好奇感，进而产生探究该事物的兴趣。好奇和兴趣，这种有接近事物倾向的情绪体验的出发点是探究反射。探究反射是一种特殊的先天反应。人对其特殊的反应往往要经历几个阶段。如小学生观察"蚕"，很多人先是害怕，既看又躲，逐渐熟悉之后，对这个物体很好奇，进而产生兴趣，敢碰敢仔细注视，然后认真观察。好奇和兴趣是中等程度的肯定情绪体验。它导致个体对事物主动探究、了解和学习。所以好奇和兴趣是个体获得知识的心理动因。厌恶是指与恶心、呕吐等身体不适感相关联的，具有强力躲避，抗拒、否定的情绪体验。与好奇和兴趣的作用相反，厌恶使人躲避引起厌恶感的事物。厌恶和恐惧都将导致人的躲避行为。但厌恶不像恐惧那样使个体对事物感到无能为力，而只是不喜欢厌恶的对象，不一定对个体造成威胁②。

（二）科学学习中积极的情绪情感

　　情绪对应有情绪状态，情感区分为道德感、理智感和美感。

---

　　① 叶奕乾，何存道，梁宁建．普通心理学（第五版）［M］．上海：华东师范大学出版社，2016：193-196.

　　② 叶奕乾，何存道，梁宁建．普通心理学（第五版）［M］．上海：华东师范大学出版社，2016：200.

情绪状态是指在某种事件或情境影响下，人在一定时间里表现出的一定情绪，最典型的情绪状态，有心境、激情和应激。心境是一种深入的比较微弱而持久的、影响人整个精神活动的情绪状态。心境具有弥散性，它不是关于某一事物的特定体验，而是由一定情境唤醒后，在一段时间里影响个体对事物的态度的情绪体验。处在某种心境中的人，往往以同样的情绪状态看待一切事物。心境与人们常说的"心情"比较一致。心境往往由对人有重要意义的事件引发。工作顺境还是逆境、事业成败、人际关系忧虑、健康状况好坏、环境舒服与否都可能引起人的某种心境。心境对人的生活、工作、学习和身体健康有很大影响。积极良好乐观的心境会促使人的主观能动性的发挥，提高活动效率，增强克服困难的信心，有益身心健康。消极悲观的心境使人厌烦，意志消沉，降低人的活动效率，有碍身心健康。学会调节控制心境，对工作学习和生活都十分重要。激情是一种强烈的短暂的爆发性的情绪状态。激情往往由与个体关系重大的事件所引起，如成功后的狂喜，失败后的沮丧与绝望，至亲逝世的极度悲伤等，都是激情状态。激情会导致意志力减弱。激情爆发后的平静阶段会出现疲劳现象。激情积极的一面是有些激情状态能推动人的活动，成为其强而有力的推动力。应激是在出乎意料的紧张或危急状况下出现的情绪状态，是人对意外环境刺激作出的适应性反应。

情感是与人的社会性需求相联系的主观体验，反映着人们的社会关系和生活状况，渗透在社会生活的各个领域，具有鲜明的社会历史性。道德感是个体根据一定社会道德行为标准，在评价自己或他人的行为举止、思想、言论和意图时产生的情感体验。如果自己或他人的思想和行为符合这种道德规范的要求，则产生肯定情感，反之则产生否定的情感体验。产生道德感的基础是对社会道德规范的认识，缺乏这种认识，道德感就无法产生。道德感规范具有社会性历史性和阶级性，是在一定社会历史条件下形成的。不同时代、民族、文化和阶级具有不同的道德评价标准。理智感是人对认知活动成就进行评价时产生的情感体验。如人们在探索真理时的求知欲、了解和认识未知事物时的兴趣和好奇心、在解决疑难问题时体验到的迟疑、惊讶和焦躁，解决问题后产生的喜悦和快慰，在坚持自己观点时的热情，由于违背事实感到羞愧等，都是理智感的表现。理智感是高级情感，是在认识活动中产生和发展起来的，对人们学习知识、认识事物发展规律和探求真理的活动有积极的推动作用。如好奇心是探求真理的源泉。理智感是个体良好精神境界的体现，是追求真理的精神力量，对人们的社会实践和科学研究有推动作用。美感是人对事物的美的体验，是人们基于美的需要，按照个人审美标准，对自然和社会生活中的各种事物进行评价时产生的情感体验。美感体验有两个明显特点，一是愉悦性，二是有情景性。审美标准是美感产生的关键，客观事物中，凡是符合个人审美标准的，就能引起美感体验。美感是在欣赏艺术品、自然景物和社会上和谐现象的过程中产生的。虽然美感具有快感体验，但它比快感更高级更丰富。美感具有较强的直观性。事物的外在形式对美感有很大影响，美赋予美感以更丰富的内涵，内在美是外在美的源泉，对内在美的追求，是由更深刻的审美需要引起的①。

　　如何知道学生的情绪情感呢？由于情绪情感的内隐性和易变性，很难进行测量，因此对外部表现的观察是洞察其内在情绪情感的关键。表情是情绪的外部表现形式，是一种独特的情绪语言，主要有面部表情、身段表情和言语表情。面部表情：不同的情绪会产生不同的面部表情。由于面部表情能精细、准确地反映人的情绪，它是人类表达情绪最主要的方式。身段表情：身段表情是除面部之外，身体其他部位表达情绪的方式，头、手和脚是表达情绪的主要身体部位。例如人欢乐时的手舞足蹈，悔恨时的顿足捶胸，惧怕时的手足无措，羞怯时的扭扭捏捏，等等。言语表情是情绪在言语的声调节奏和速度上的变化。人在高兴时音调轻快，悲哀时音调低沉节奏缓慢，愤怒时音量大，急促而严厉。同样一句话，用不同的方式讲出来，则会表现出不同的含义。例如，"你干嘛"用升调来表示疑问，用降调来表示不耐烦，用感叹句强调则表示责备。表情是人际交往的重要工具。在三种主要表情中，面部表情起主要作用，而身段表情和言语表情往往是情绪表达的辅助手段。

---

　　① 叶奕乾，何存道，梁宁建. 普通心理学（第五版）［M］. 上海：华东师范大学出版社，2016：204.

在科学学习活动中，学生的道德感体现在"爱护小动物""爱护植物"的态度上，也表现在对技术产品帮助人们更方便、更快捷地进行生产、生活的肯定，对它们对环境的破坏或产生的负面作用的否定。学生的理智感表现在科学认知过程中，当学生观察昆虫的特征，获得对昆虫的共同特征和与其他动物的区别性特征的认识，可以成功地判断蜻蜓属于昆虫，而虾不是昆虫，懂得分类的重要意义。学生观察"铜球的热胀冷缩"实验，发现虽然无法直接看到固体的热胀冷缩，但通过对比可以知觉理解这种现象，知道科学实验对于揭示科学事物属性的重要作用。小学生的美感主要是科学事物特征和属性及其科学变化过程所获得的审美体验。如蝴蝶美丽的翅、蚂蚁雄健的结构、对称的雪花冰晶、对流的环形流动等。也会在技术物进行装饰中表现出审美体验，不光强调其功能，也要美观愉人。到中学及其更高学段才会体验科学表达或科学公式的简洁美、对称美和协调美。

情感是通过情绪表达的。学生的道德感、理智感和美感除了肯定和否定的表达以外，往往也表现在情绪上。如对参与环境保护的积极表现、对自然界美景的兴奋感叹、对科学实验现象的惊讶表情等。在注意力和意志力方面也是通过可观察的情绪反映出来。如学生做科学观察会无视教师或听课者的存在；做实验会皱眉也会开心地微笑；进行科学讨论时，时而凝思苦想，时而顿悟状，立刻举手争取表达的机会。这些都是良好的注意力和意志力在情绪上的表现，教师正是通过学生在课堂上的情绪表现，控制着教学的节奏，动静结合、快慢适宜，达到好的教学效果。

第三节　科学态度的培养

一、激发科学学习兴趣

（一）兴趣

兴趣是个体力求认识某种事物或从事某项活动的心理倾向。它表现为个体对某种事物或从事某种活动的选择性态度和积极的情绪反应。人的兴趣是在需要的基础上，在活动中发生发展起来的。需要的对象也就是兴趣的对象。正是由于人们对于某些事物产生了需要，才会对这些事物发生兴趣。在生理性需要基础上所产生的兴趣是暂时的兴趣。稳定的兴趣是建立在社会性需要基础上的。社会性需要的满足常常会引起更浓厚的兴趣。兴趣是认识和从事活动的巨大动力，是推动人们去寻求知识和从事活动的心理因素。兴趣在人的学习、工作和一切活动中起动力作用。兴趣是引起和保持注意的重要因素。人们对感兴趣的事物总是愉快地主动地去探究它。兴趣使人集中注意，产生愉快、紧张的心理状态，对认识过程产生积极的影响[①]。

（二）直接兴趣和间接兴趣

兴趣是人们从事活动的强大动力。凡是符合个体兴趣的活动，就能提高人们的积极性，积极愉快地从事某种活动。根据兴趣所指向的目标，可以把它们分为直接兴趣和间接兴趣[②]。直接兴趣是对活动过程本身的兴趣。例如小学生普遍对观察活动、实验活动具有浓厚的兴趣，这是对学习过程本身的兴趣。间接兴趣是指对活动结果的兴趣。如通过观察获得对某一类动物共同特征的认识、通过实验知道物体具有热胀冷缩的性质，对这些认识结果的兴趣就是间接兴趣。年龄小的儿童大多数是对活动本身感兴趣。年龄稍大的儿童会更多地对活动结果产生兴趣。在科学教学中，要充分利用小学生对科学现象的直接兴趣，提供好观察样本和设计好科学实验，但接着就要提出观察目的和实验目的，使学生对活动的结果充满好奇，产生间接兴趣，使兴趣保持在整个观察活动和实验活动中。在学习活动中，直接兴趣和间接兴趣都是不可缺少的。如果没有直接兴趣的支持，活动将变得枯燥无味；如果没有间接兴趣的支持，活动也不可能长久地持续下去。只有直接兴趣和间接兴趣正确地结合，才能充分

---

① 叶奕乾，何存道，梁宁建.普通心理学（第五版）[M].上海：华东师范大学出版社，2016：266.

② 叶奕乾，何存道，梁宁建.普通心理学（第五版）[M].上海：华东师范大学出版社，2016：267.

发挥一个人的积极性。

(三) 科学学习兴趣的激发

利用无意注意的特点引发直接兴趣，根据有意注意的要求保持间接兴趣。引起无意注意的刺激物的特点，一是刺激物的强度。刺激物的强度是引起无意注意的重要原因。强烈的刺激物如浓烈的气味、震撼的声音、突出的视觉形象等。在教学中，如学习气体的扩散现象，可以在课堂上使用花露水：花露水放在讲桌上，同学们都嗅到强烈的香味，"你们在座位上都闻到了花露水气味，这种味道怎样跑到你鼻子处的呢？"由无意注意产生的直接兴趣，马上转化为对嗅到花露水味道的原因的探究活动中，形成间接兴趣。再如，上课时将几枝鲜花呈现给学生，什么形状、什么颜色、好看吗，这是直接兴趣。花开鲜艳，还有香味，对植物有什么作用，学生对问题结果的兴趣就产生了。色泽鲜艳、味道芳香的鲜花，会"招蜂引蝶"，帮助自己传粉。二是刺激物之间的对比关系。刺激物在强度形状、大小、颜色和持续时间等方面与其他刺激物存在显著差别时，会引起人们的无意注意。例如，光的传播，用激光笔发射激光，经常倾斜射到黑色屏幕上观察轨迹。固体的热胀冷缩由于膨胀系数很小，现象很不明显。典型的固体热胀冷缩实验是用室温下刚好能穿过铜环的铜球，在铜球加热后不能穿过铜环进行对比，认识到固体具有热胀冷缩的性质。三是刺激物的活动和变化。活动的刺激物、变化的刺激物比不活动、无变化的刺激物更容易引起人们的注意，例如小车的直线运动、风扇的转动，引发问题：小车和扇叶都是在运动，各有什么特征。再如，学习声音，课堂上播放交响乐，引发直接兴趣，再思考问题：你听的声音有什么变化？转为对学习结果的兴趣，即声音的变化体现在音量、音调、音色的变化。教师在讲课时音调的变化及讲话节奏的快慢变化也有助于引起学生的无意注意。四是新异的事物很容易成为注意的对象。千篇一律的、刻板的、多次重复的事物很难吸引人们的注意。所谓刺激物的新异性是指刺激物的异乎寻常的特性。例如，学习物体在水中的浮与沉。教师将一铁块放入水槽，铁块沉底；将一泡沫塑料块放入水槽，泡沫塑料块漂浮。将两者捆绑在一起，是浮起还是沉底？学生操作，发现有的浮起，有的沉底。引发问题：如何使沉的物体浮起来，使浮的物体沉下去？沉、浮由什么因素决定？既有对活动本身的直接兴趣，又有对活动结果的间接兴趣，保持积极的活动状态。

可以看到，科学学习过程中对直接兴趣的激发和间接兴趣的保持，很好地吸引学生的注意力和保持持久的注意力，可以有效培养学生在注意力方面的科学态度。

二、培养科学学习活动动机

动机是由需要产生的，要理解学习动机，首先要理解需要。因此，从需要开始讨论学生的学习动机。

（一）需要

需要是人脑对生理需求和社会需求的反映。人为了求得个体和社会的生存与发展，必须要求一定的事物。例如，衣服、食物、睡眠、劳动、交往等。这些需求反映在个体头脑中，就形成了个体的需要。需要被认为是个体的一种内部状态，或者说是一种倾向。它反映了个体对内在环境和外部生活条件的较为稳定的要求。需要是个体行为和心理活动的内部动力。需要是个体行为积极性的源泉。人的各种需要推动人们在各个方面的积极活动。个体活动的积极性根源于个体的需要。需要和人的活动紧密相连，需要越强烈，由此引起的活动就越有利，它是个体活动的动力。没有需要，也就没有人的一切活动，而且需要永远具有动力性，它不会因暂时的满足而终止。需要又是个体认识过程的内部动力。人们为了满足需要，必须对有关事物进行观察和思考，需要调节和控制个体认识过程的倾向。需要对情感和情绪影响很大。人对客观事物产生情感和情绪，是以客观事物能否满足人的需要为中介的。凡是能够满足人需要的事物，则产生肯定的情感和情绪，否则产生否定的情感和情绪。情感和情绪就是人对客观事物与人的需求之间关系的反映。需要推动意志的发展。个体为满足需要，从事一定的活动，要用一定的意志努力去克服困难。需要在人格中起重要作用，是人格倾向性的基础。人格倾向性的其他方面，如动机、理想、信念等都是需要的表现形式①。

（二）动机

动机是由需要所推动达到一定目标的行为动力。人们从事任何活动都有一定的原因，这个原因就是人的行为动机。动机可以是有意识的，也可以是无意识的。引起动机的内在条件是需要动机，是在需要的基础上产生的。如果说，人的各种需要是个体行为积极性的源泉和实质，那么人的各种动机就是这种源泉和实质的具体表现。如学生的学习动机就是他们学习需要的具体表现。动机和需要密切地联系在一起。离开需要的动机是不存在的。当需要在强度上达到一定水平且有满足需要的对象存在时就引起动机。动机在人类行为中起着十分重要的作用，动机在刺激和反应之间提供了清楚而重要的内部环节。人类动机是个体活动的动力和方向。它既给人的活动以动力，又对人的活动方向进行控制。动机被认为具有活动性和选择性。人类的动机好像汽车的发动机和方向盘。动力和方向被认为是动机概念的核心。具体地说，人类动机对活动具有引发、指引、激励和制动的功能。动机对活动具有引发功能：人类的各种各样的活动，总是由一定的动机引起的。没有动机，也就没有活动。动机是活动的原动力，它对活动起着起始推动作用。指引功能：动机像航标一样指引着活动的方向，它使活动具有一定的方向性，朝着预定的目标前进。激励功能：动机对活动具有维持和加强作用，强化活动以达到目的。不同性质和强度的动机对活动的激励作用是不同的。高尚的动机比低级的动机更具有激励作用。制动功能：动机不仅有激活功能，而且还有制动的功能。动机是一个过程，它以某种方式引发、促进、保持和制动指向目标的行为。

---

① 叶奕乾，何存道，梁宁建. 普通心理学（第五版）［M］. 上海：华东师范大学出版社，2016：251－252.

（三）社会性动机

动机分为生理性动机和社会性动机。生理动机是对生理需要的动力行为。这里重点讨论社会性动机。社会性动机起源于社会性需求，与人的社会性需求相联系。又包括成就动机、交往动机和学习动机。成就动机：旨在完成某种任务时，力图获得成功想法的动机。成就动机对个人的发展和社会的进步都具有重要作用。它好像一台强大的发动机，激励人们努力向上，在前进道路上取得一个又一个的成就。交往动机：指个体愿意与他人接近，合作互惠并发展友谊的动机。人类的交往动机反映了社会生活和劳动的要求。人要参加社会生活，要劳动。就必须与他人协调合作，保持友谊关系。人际交往也是个体心理正常发展的必要条件。只有在社会生活过程中，通过人际交往个体心理才能得到正常发展。学习动机：指直接推动学生进行学习的内部动力。学习动机并不是某种单一的结构，而是由多种动力因素组成的整体系统，其中包括学习需要、学习自觉性、学习态度、学习兴趣等。一般认为，学习动机在学习活动中具有引起学习的作用，维持学习的作用，强化学习的作用，调整学习的作用[1]。

（四）动机对有意注意和意志品质的作用

利用无意注意刺激物的特点，激发学生的学习兴趣，特别是由直接兴趣过渡到间接兴趣。稳定的间接兴趣会转变为学生学习动机。动机的作用重点体现在有意注意活动中。

有意注意指有预定的目的需要一定意志努力的注意。有意注意主动地服从于既定的目标任务，它受人的意识的自觉调节和支配。有意注意的客体可能是不吸引人的或单调的事物，但是又应当去注意的事物。因此，要使意识集中在这种对象上就必须有一定的意志努力。有意注意是人类社会实践中发生和发展起来的。劳动本身是一种复杂和持久的工作，

---

① 叶奕乾，何存道，梁宁建. 普通心理学（第五版）［M］. 上海：华东师范大学出版社，2016：257 - 263.

其中总有一些不使人感兴趣但非做不可的事情，必然会有困难和单调的因素，这就要求人们把自己的注意有意识地集中并保持在作业上，有意的注意能力就是在这种实践活动中发展起来的。有意注意又是人们实践活动的必要条件①。

有意注意是人类特有的心理活动，是在语词成为心理活动的组成因素的时候产生的。语词调节和控制着心理活动的指向和集中的注意，在当前没有具体刺激存在的情况下，也能借助于语词的刺激而实现。儿童的有意注意的发展大体经历三个阶段。第一个阶段，有意注意是通过成人的言语指令而引起。第二个阶段，通过自己扩展了的外部语言调节控制行为。第三个阶段，通过自己的内部言语指令来调节和控制自己的行为。如在观察实验开始前，教师要通过板书或 PPT 演示文稿明确活动流程和操作规范，学生阅读并理解这些要求，也就是接受外部语言的调控，然后学生在观察实验中以内部语言要求自己遵守流程、进行规范操作。苏联心理学家维果斯基提出了有意注意的社会根源理论。他认为，有意注意是儿童在与成人交往的过程中逐渐形成的。儿童出生后与成人生活在一起。当成人对儿童说出一个事物的名称，同时用手指着这个物体，儿童的注意就指向这个物体。交往过程中，语言和手势对儿童注意的引导，在儿童有意注意的发展中具有重要意义。维果斯基还认为，在儿童的早期成人用语词来标志客体，会用手势来指示客体，以便启示儿童的心理活动。儿童用视觉分出已经命名的客体，注视它并作出反应。后来儿童的语言发展了，他们能够将注意的对象命名。这样，以前分配在两个人之间的机能成为儿童心理过程的内部组织方式。有意注意，对儿童来说已经成为内部的自我调节过程。

引起和保持有意注意的条件和方法有以下几种，第一个是加深对活动的目的、任务的理解。有意注意是有预定目的的，人们对活动的目的、任务的重要意义理解得越清楚、越深刻，对任务完成的愿望越强烈，那么与完成任务有关的一切事物就越能引起和保持人的有意注意。第二个

---

① 叶奕乾，何存道，梁宁建. 普通心理学（第五版）［M］. 上海：华东师范大学出版社，2016：42-44.

是建立学习动机。学生的学习动机使学生具有明确的观察实验目的，由此保持对活动过程的有意注意、对活动结果的间接兴趣，自始至终集中注意，积极投入。第三个是合理地组织活动。在有明确的目的任务的前提下，合理地组织活动，有助于集中注意。智力活动与实际操作相结合，有利于保持有意注意。根据任务的需要，提出一定的自我要求，经常提醒自己保持注意。提出问题有利于加强有意注意。第四个是用坚强意志与干扰做斗争。有意注意，不仅在没有干扰的情况下进行，有时在有干扰的情况下也是可能的。干扰可能是外界刺激物，也可能是机体的某些状态，如疲劳疾病和一些无关的思想情绪。在这种情况下，人们为了集中注意，除了采取一定的措施排除干扰外，还要用坚强的意志与干扰做斗争，这样既锻炼意志，又能培养有意注意。如学习"种子的传播"，开始引入人类的播种活动，引发问题：为什么要将种子分散开来进行大面积种植？通过对问题的讨论，得到认识：种子分散开来有利于更好地吸收土壤中的水分和营养、有利于接受阳光照射。引发出学习主题：自然界的植物如何使自己的种子分散开来，也就是自然界的种子如何传播以利于种子繁殖。面对这个未知问题的思考，就产生了学习需求，也就建立了学习动机。在学习动机的驱动下，开始进行科学观察活动。观察活动有对多种植物种子传播的视频或图片，也有苍耳、鬼针草、椰子、莲蓬、蒲公英等多种实物种子，使学生在丰富的感知下，理解种子特征结构与环境相适应的传播方式。由于具有明确的目的和学习动机，学生会集中注意力在科学观察活动中，随时排除干扰，完成学习任务。在这个过程中，学生会追求自己的成功，具有成就动机；也会积极和同伴交流讨论。听取别人的观点和表达自己的观点，与同伴建立友谊，实现交往动机。学生获取到科学知识，实现自己的学习动机。

可以看到，良好的学习动机的培养，会养成学生"基于证据和推理发表自己见解的意识""在活动中克服困难，完成预定的任务""在学习科学中运用批判性思维大胆质疑"的科学态度。良好的交往动机的培养，会养成学生"在科学探究活动中主动与他人合作""积极参与交流和讨论，尊重他人的情感和态度""乐于倾听不同的意见和理解别人的想法。

勇于修正与完善自己的观点"的科学态度。良好的成就动机培养，会养成学生"乐于参加观察、实验、制作、调查等科学活动""对自然现象保持好奇心和探究热情""善于从不同角度思考问题，追求创新"的科学态度。

三、培养科学学习的成就感

（一）态度形成与转变的一般过程

从态度的习得方式来看，条件反射的学习是态度形成的基础。人们在满足需要过程中，可以形成自己的态度。对于能满足需要并引起快感的客体一般会形成肯定的态度，而对妨碍需要满足的事物就容易形成否定态度。态度的形成分为依从、认同和内化。依从指个体为了获得奖励或逃避惩罚而采取的与他人表面上相一致的行为。依从不是个体自愿的，而是迫于外界的强制性压力采取的暂时性的行为。在态度形成的过程中，依从是很普遍的现象，在个体早期生活中，态度的形成很大程度上依赖于依从。认同是个体自愿地让自己的态度和行为与心目中榜样的观念和态度相一致。实际上，我们很多时候都是依照社会中其他角色的态度来指导我们自己的思想和行为。内化是指个体真正从内心相信并接受他人观点，使之纳入自己的态度体系成为有机组成部分。内化在个体态度形成的过程中起着非常重要的作用。我们知道，每个团体都有一定的规则，有的明确，有的模糊，但团体不可能对所有的行为都制订一定的规则，这就要求成员在大多数场合下都自觉地按照社会的期望来行动。

态度改变一般是在社会交往过程中进行的。个人态度的形成是有阶段性的。儿童最初从家庭中获得很多待人接物的态度，这时的态度是十分具体的，范围是狭窄的，概括性和稳定性都很低。后来，随着活动范围的扩大，知识的增长，少年儿童的态度就逐渐概括化。到了青年期，随着对人生意义的探索，理想、信念和世界观基础的形成，个人比较稳定的态度就出现了。态度也能以社会赞许或不赞许的奖惩方式按照条件学习的原则改变。因此，儿童的某些态度有时是可以按照教育者的某些要求，或言语的暗示，经过条件学习而形成。个人对没有直接经验和亲身感受的事物的态度，可以在观察别人情绪反应的基础上产生，这称为替代性的情绪激发。儿童许多待人接物的态度，就是通过观察模仿权威性的社会范例（父母、教师、同伴、英雄人物、杰出代表、道德模范）习得的。

我们期望的是在各种教育活动中不断发展学生积极的态度，但学生态度的形成和改变是一个发展过程，需要在这个过程中通过上述各种方式不断进行强化，才能获得稳定的积极态度。也就是不要企图通过一两次的活动或事例教育就获得持久、稳定的积极态度。

（二）成功体验

态度培养的基本方法是强化，既有奖励的强化也有惩罚，这里特别强调成功的作用。也就是说态度的建立依赖于对学习行为完成所给予的强化。人们都喜欢做自己擅长的事情，导致成功的各种行为极有可能就是个人对其表现出积极态度的那些行为。在许多教育情景中，通过让学生获得成功就能非常容易地确保获得想要的积极态度。科学态度的习得，就是帮助学生在科学活动中不断获得成功体验。也就是要发挥学生的成就动机，实现成功，获得成就感。成就感指一个人做完一件事情或者做一件事情时，为自己所做的事情感到愉快或成功的感觉，即愿望与现实达到平衡时产生的一种心理感受。因此，在教学设计时要考虑学生的年龄特征和所学科学知识的难度，特别是设计好难度进阶，作好全体学生基本都能够顺利完成科学任务和获得科学认识的保证。在教学实施时，要特别关注进度慢的学生，帮助他们、辅导他们，使全体学生都能获得成功。这样，通过成功体验，学生获得成就感，能激发和保持他们的科学学习兴趣和动机，培养学生积极的科学态度。

四、科学态度目标的陈述

作为学习结果，态度被加涅单独列出来，也明确位于布卢姆教育目标分类学的第二个领域，即情感领域。态度是影响个人对一类人、客体或事件的行为选择的一种习得的内部状态。即态度是一种内隐的存在状态。态度对认知学习具有重要影响，积极的态度是重要的学习结果，但态度的表现又不能像认知水平一样进行纸笔测评。对积极科学态度的培养是蕴含在科学学习过程的，因此，对科学态度目标陈述采用状态描述法。

态度包含三种成分，即认知、情感和行为倾向性。其中认知指态度主体对事物的了解、知觉、理解、信念和评价；情感指主体对态度对象的情感体验及情绪反应，是态度的核心成分；行为倾向性是由认知、情感决定的对于态度对象的行为反应倾向，即行为的直接准备状态。科学态度是指人对自然现象、自然科学及与个人和社会的关系作出行为选择时的反应倾向。科学态度是一种积极的态度，根据"态度"的成分引申得出科学态度包含科学认知、科学情感和行为倾向性三种成分。科学认知是指在科学认识过程中学生对科学的理解，即科学知识、科学方法的意义和价值，表现为对意义和价值作出表述；科学情感是学生对探索自然界发生发展内在原因的内在反应和内心体验，表现为好奇心与探究欲等；行为倾向是对科学活动的积极性，表现出的状态是参与程度和认真程度。因此，在进行科学态度目标陈述时，要说明针对具体科学知识、科学方法的意义和价值的理解，不同学习内容蕴含的意义价值是不同的，意味着所产生的情感是不同的。要对学生的情感状态进行陈述，包括下列某些状态，如感兴趣、高度投入的安静或兴奋等。对行为状态进行陈述，包括积极参与到科学活动中、实事求是（勇于基于证据和推理发表观点、敢于质疑、善于倾听不同的意见和理解别人的想法），也包括履行职责、分工合作、尊重他人等各个学科都会存在的行为状态。通过下面几个例子说明科学态度状态陈述法的应用。生命科学领域，"昆虫"一课的科学态度目标：通过识别昆虫的共同特征和区别特征，知道分类方法是人类认识事物的基本方法。对昆虫的识别辨认充满兴趣。积极投入到学习昆虫的活动中。物质科学领域，"热的传递"一课的科学态度教学目标：通过热传递实验，理解科学实验是揭示自然界客观规律的重要方法。依据事实进行判断，了解热传递是有规律的，规律是可以被认识的，相信规律的客观性；在科学实验时，严谨规范；认真观察，发现规律。在地球科学领域，"昼夜交替"一课的科学态度教学目标：知道昼夜交替现象是地球自转决定的客观规律，人们按照这个规律安排作息时间和生活、生产计划。形成客观事物发展是有规律的，人们要尊重客观规律的科学观念。在模型的构建过程中，尝试不同的构思，培养批判质疑的意识。

由于态度是从最低级别的对事物的"注意接受"开始，经历对其情感刺激的"反应"、产生对事物的"评价"、对各个事物的价值及其联系进行"组织"，最后形成对世界的价值观或成为性格化[①]。可以推断，态度的形成比较缓慢，只有过了很长一段时间甚至好几年才能看出其变化结果。因此，作为一种学习结果的态度很难从程度上进行规定，往往从期望的呈现状态上进行描述。从对所学知识意义价值的理解和学生情绪情感上的状态表现陈述的态度目标，这样将直接指示教学行为，是落实科学态度培养的依据，也是评价的依据。

---

① ［美］D. R. 克拉斯沃尔，B. S. 布卢姆，等. 教育目标分类学——第二分册情感领域（第一版）［M］. 施良方，张云高，译. 瞿葆奎，校. 上海：华东师范大学出版社，1989：34.

第九章
科学方法与科学能力培养

第一节　能力概述

一、能力

能力是顺利实现并完成某种活动所必需且直接影响活动效率的一种个性心理特征。能力区分为两种。一种是人完成某项任务或活动的现有成就水平及现在就具备的知识和技能，代表着现有的能力。也就是个体在先天遗传基础上，经过自身努力学习，而在行动上所表现出来的实际能力。另外一种，指个体将来可能在行为上表现出的能力，也称为潜能。潜能也分成两种，一种是普通能力，是一般性的潜能。具有这样的潜能者，学习锻炼，成为一名通才。另一类是特殊性的能力，指某一方面的特殊潜能，这类人如果有机会学习锻炼，可能会成为某方面的专门人才。因此，能力包含着实际能力和潜在的能力[①]。

能力与知识的关系：当代心理学认为，能力和知识既有区别，又密切联系着。区别是：第一，它们属于不同的范畴。能力是人的个性心理特征，知识是人类社会历史经验的总结和概括。例如关于音程、和弦、音阶等的概念和理论属于知识范畴。而听音、辨音、节奏感和曲调感等

---

① 多俊岗. 基础心理学（第二版）[M]. 北京：化学工业出版社，2012：137.

属于能力范畴。又如，证明几何题时所用的公理定理和公式等属于知识范畴。而证题过程中思维的严密性和灵活性等属于能力范畴。第二，知识的掌握和能力的发展不是同步的。能力的发展比知识获得要慢得多，而且不是永远随知识增加而成比例地发展的。人的知识在一生中可以随年龄增长而不断地积累，但能力随年龄的增长是一个发展、停滞和衰退的过程。能力和知识又是密切联系的。一方面，能力是在掌握知识过程中形成和发展起来的。在组织得当、方法合理地掌握知识过程中同时发展能力。离开了学习和训练，任何能力都不可能得到发展。学生在掌握知识的同时，必然有一系列的智力操作，在不同程度上发展着自己的智力。例如，学生掌握了一定的语法知识和写作知识，就可能提高写作能力。另一方面，掌握知识又是以一定的能力为前提的，一个人的能力影响着他掌握知识的快慢、难易、深浅和巩固程度。智力发展高的学生掌握知识又多又快；智力发展低的学生掌握知识常常有较大的困难。能力既是掌握知识的结果，又是掌握知识的前提。能力和知识密切联系着，相互促进。应该说明，能力是人获得知识的基本条件，个人原有的知识基础、学习动机、性格特征等都影响人们获得知识的速度、深度以及获得知识后巩固的程度。因此，教师不能简单直接地根据学生的知识水平来确定其能力的高低①。

　　能力与技能的关系。技能是指人们通过练习而获得的动作方式和动作系统。技能也是一种个体经验，但主要表现为动作执行的经验，因而与知识有区别。技能作为活动的方式，有时表现出一种操作活动方式，有时表现为一种心智活动方式。因此，按照活动方式的不同技能可以分为操作技能和心智技能。操作技能的动作是由外显的肌体运动来实现的，其动作的对象是物质性的客体，即物体。心智技能，动作通常是借助于内在的智力操作来实现的，即动作对象为事物的信息及观念。操作技能的形成依赖于激起运动的反馈信息，而心智技能则是通过操纵活动模式的内在化才形成的。总之是两种不同的技能。由于技能直接控制活动的

---

　　① 叶奕乾，何存道，梁宁建. 普通心理学（第五版）［M］. 上海：华东师范大学出版社，2016：338.

动作程序的执行，因此是活动的自我调节之中的又一个组成要素，也是能力结构的基本组成成分[①]。

能力与活动密切关联。实践表明，人进行任何活动都需要有相应的能力，缺乏能力就会影响相应活动能力，从而使活动不能顺利进行。如认识未知事物，就需要有良好的观察能力；完成教学任务，就需要有良好的语言表达能力；进行文学创作就需要有丰富的想象力等。在理解能力和活动的关联性时，要注意两点。一是能力是在活动中形成，也是在活动中发展起来的。也就是说，能力不是个体先天遗传的产物，而是在后天的学习与训练条件下逐渐形成与发展的。从人类的抽象思维能力形成来看，原始人在实践活动中。逐渐学会了在头脑中思维的分析与综合。一方面，不断把各种事物分解为组成部分；一方面又把它们联合成一个统一的整体。像修建窝棚、缝制兽皮衣服等活动，又如计算能力的发展，也是原始人最初先用实物进行计算。因为当时他们还没有利用抽象单位进行计算能力，而人的较复杂较高级的计算能力则随着社会的进步，随着人类实践的需要逐步发展起来。第二点，考察测定和评价个体的能力。还必须在所组织的活动中进行。一个有绘画能力的人也只有在绘画活动中才能施展出来；一个有管理才能的人也只能在领导一个组织的活动中才会显现[②]。

注意区分能力与其他个性心理特征在认知活动中的不同作用。能力与其他心理特征相比，具有自己的独特性。能力、性格、气质，虽然都是个性心理特征，都表现在人的活动中，且对活动的产生、完成有一定的影响。但是性格、气质并不直接影响活动的效率，不是完成某种活动的最直接、最基本的心理特征。众所周知，具有不同气质、性格的人都能顺利完成同一种活动，这说明气质、性格并非是完成活动必需的心理特征。只有那种对顺利地完成某种活动，决定活动效率高低的个性心理特征才能称为能力。所以，能力的基本特征就是直接影响活动的效率，

---

① 多俊岗. 基础心理学（第二版）[M]. 北京：化学工业出版社，2012：138.
② 多俊岗. 基础心理学（第二版）[M]. 北京：化学工业出版社，2012：137.

是顺利完成某种活动的必要条件①。这也就是我们在讨论小学生科学学习心理时没有涉及性格和气质的原因。

二、能力的种类

能力按照它的性质可划分为一般能力和特殊能力。一般能力又称普通能力，是指大多数活动所共同需要的能力，是人所共有的最基本的能力。它适用于广泛的活动范围，符合多种活动的要求，并保证人们比较容易和有效地掌握知识。一般能力和认识活动紧密地联系着。观察力、记忆力、注意力、想象力和思维能力都是一般能力。一般能力的综合体就是通常说的智力。特殊能力是指专门活动所必需的能力，又称专门能力。它只在特殊活动领域内发生作用，是完成有关活动必不可少的能力。一般认为，数学能力、音乐能力、绘画能力、体育能力、写作能力等都是特殊能力。一个人可以具有多种特殊能力，但其中有一两种特殊能力占优势。研究表明，同一种特殊能力包含多种成分。其中各种成分对活动的作用是不同的。例如音乐能力包括音乐感知能力、音乐记忆和想象能力、音乐情感能力和音乐动作能力。这些能力使人们能够成功地完成音乐活动。但一些人可能音乐情感能力占优势，另一些人可能音乐记忆能力占优势，等等。这些要素的不同组合就构成各种独特的音乐才能。一般能力和特殊能力密切地联系着。一般能力是各种特殊能力形成和发展的基础。一般能力的发展为特殊能力发展创造了有利的条件；在各种活动中，特殊能力的发展同时也会促进一般能力的发展。要成功地完成一项活动，既需要一般能力，又需要具有某种活动的有关的特殊能力。在活动中，一般能力和特殊能力共同起作用②。

按照能力的功能，可以把能力分为认知能力、操作能力和社交能力。认知能力是指接收、加工、储存和应用信息的能力。它是人们成功地完成活动最重要的心理条件。知觉、记忆、注意、思维和想象的能力，都

---

① 多俊岗. 基础心理学（第二版）[M]. 北京：化学工业出版社，2012：138.
② 叶奕乾，何存道，梁宁建. 普通心理学（第五版）[M]. 上海：华东师范大学出版社，2016：339.

被认为是认知能力。美国心理学家加涅提出三种认知能力、言语信息、智慧技能、认知策略。操作能力指操纵制作和运动的能力。劳动能力、艺术表现能力、体育运动能力、实验操作能力都被认为是操作能力。操作能力是在操作技能的基础上发展起来的，又成为顺利地掌握操作技能的重要条件。认知能力和操作能力紧密地联系着，认知能力中必然有操作能力，操作能力中也一定有认知能力。社交能力是指人们在社会交往活动中所表现出来的能力。组织管理能力、言语感染能力等都被认为是社交能力。在社交能力中包含认知能力和操作能力①。

三、能力的形成与培养

人的能力是以先天的遗传素质为基础，在后天的环境与教育的作用下，经过个体的学习与实践活动逐步形成与发展起来的。影响能力形成，包括遗传素质、环境（家庭环境和教育环境），个人的实践活动，人的主观能动性，人的自我分析与自我评价的能力以及个人的理想、信念、兴趣和性格特征等非智力因素的影响②。

这里重点强调学校教育在儿童能力的形成与发展中起主导作用。这是因为学校教育是一种有目的、有计划、按步骤的系统的育人活动。这种教育能使人在掌握知识技能的同时，也发展起能力和其他的心理品质。成年人所具有的观察力、记忆力、逻辑思维能力、言语表达能力、分析决策能力、创造发明能力等都与学校教育密不可分。强调个人的实践活动，人的能力形成与发展离不开人参加的社会实践活动。随着社会生产力的发展，科学技术和社会活动领域的扩大，人也不断地产生新的需要，形成和发展起多种多样的能力。所以，从事活动是能力发展的基本途径。只有通过有关方面的实践活动，才能形成和发展某方面的能力。人的各种能力是在社会实践中形成与发展的。离开了实践活动，即使有良好的素质、环境和教育，能力也难以得到形成和发展。教育和教学是个体后

---

① 叶奕乾，何存道，梁宁建. 普通心理学（第五版）［M］. 上海：华东师范大学出版社，2016：339.

② 多俊岗. 基础心理学（第二版）［M］. 北京：化学工业出版社，2012：151.

天实践活动的一个重要组成部分。研究证明，在教学过程中，良好的教学方法，对儿童能力的形成与发展起重大的作用。

由多元智能理论，我们知道一个人具有多种智能，每个人都具有自己的优势智能，隐含的意思也就是同时具有劣势智能，一个人凭借自己的优势智能，在社会上可以成为成功人士、成为特殊人才和杰出人才。但是如何判断出自己的优势智能呢？尽管心理学上有智能测验，但是在各种各样的教育实践活动中，学生对一个或几个方面的活动感兴趣，在一个或几个方面表现出特长，就极有可能是他的优势智能。如此，学校设置丰富的实践活动，一方面是培养学生的综合素质，另一方面是发现或甄别出他们的优势智能。学生在学校教育实践中表现出的优势智能，将为学生的未来发展方向起到指导作用。

第二节　小学生科学能力培养

一、科学方法与科学能力的关系

科学教育的宗旨是培养学生的科学素养。而具有基本的科学能力是科学素养的重要组成部分。能力是顺利实现并完成某种活动所必须且直接影响活动效率的一种个性心理特征。能力是在活动中形成，也是在活动中发展起来的，也就是说能力不是个体先天遗传的产物，而是在后天的学习与训练条件下逐渐形成与发展的。考察、测定与评价个体已有的能力还必须在所组织的活动中进行。科学能力就应该是保障科学认识活动顺利进行并内化于人的个性心理特征。科学能力应该在科学认识活动中形成与发展，其强弱也必须在科学认识活动中体现出来。

从人类的科学认识过程看，科学认识的根本条件，首先是变革现实获得事实材料，然后是对事实材料进行概括，最后再把带有经验性质的认识概括上升为科学理论。科学理论应当解释已知的实验结果，还应当预言今后可能出现的科学事实。如果解释和预言失败，理论就需要修正或被别的更能满足要求的理论取代①。科学学习过程就是科学认识过程，学习者所应培养与习得的科学能力就是人类科学认识过程所体现出的能力。因此，科学能力最基本的是获得科学认识的抽象概括能力和解释与预测的推断预测能力。对于科学认识过程，是具有探索性的、综合性的科学探究能力。科学探究能力，既包括抽象概括能力、推断预测能力，还有观察实验能力、想象力和创造力。

考察科学认识过程，科学认识的获得与应用，都是依据相应的科学方法，科学能力表现为科学方法的应用。因此，科学能力的获得是通过科学方法的使用训练；科学能力强弱也体现为科学方法应用的熟练程度。科学能力的培养就体现在科学方法的训练上。科学方法具有什么特点，其与科学能力的培养具有什么样的关系，这些问题的明确对于有效培养学生的科学能力具有重要意义。

科学观察、科学实验，凭借的手段是仪器设备，属于技术物，其流程形式为技术流程。因此，观察实验设计是技术设计，观察实验过程是技术操作。对观察实验能力的培养体现在技术能力的培养过程中。科学观察实验又是获得科学认识，增强人类对科学事物和科学过程的感知觉的手段。关于科学观察实验能力培养，已经在本书第二章"感知觉与科学观察"和第五章"形象思维与技术设计"中进行过详细讨论。本章主要从科学思维的角度讨论科学思维能力的培养。

二、归纳方法与抽象概括能力培养

归纳法是以个别性知识或特殊性认识为前提概括出一般性认识为结论的思维方法。概括是把由各种事物与现象的共同特征和属性抽象出来，并推广到同类事物中使之普遍化的过程。归纳方法的应用突出体现抽象概括能力训练。归纳法包括完全归纳法和不完全归纳法。科学领域的归纳，基本上是不完全归纳法，其又包括列举归纳、典型归纳、统计归纳（经验统计）。

---

① 刘大椿. 科学哲学 [M]. 北京：中国人民大学出版社，2011：92-93.

　　科学研究的目的是获得关于自然世界的存在及其发展、变化的因果关系。而获得因果关系的方法又有不同的"格"，即穆勒五法——求同法、求异法、求同求异共用法、共变法、剩余法。列举归纳法是以列举若干事例为基础的，指根据一类中的部分对象具有（或不具有）某种属性，从而得出该类全部对象都具有（或不具有）某种属性，是获得因果关系的主要方法。因此，出现不同"格"下的具体应用。求同法指在不同环境中，都有一个因素总是存在，都出现了一个同样的现象；则这个因素与这个现象存在因果关系。求同列举归纳，就是列举不同情境中出现的具有某种属性或特征的事例，考察同时存在的因素，找到此因素与此现象间的关系，形成科学认识或科学概念。如"植物的向光性"，选择五个纸盒，分别在四个侧壁和顶部挖出一个圆孔，然后分别将五株生长的小苗罩住。这就是提供了将出现特征属性的观察实例。过一个星期后将纸盒打开，可以看到小苗生长方向倾向挖孔的方向。由于挖孔的部分是可以透光区域，得到单称判断，即 1 号纸盒内小苗向光生长、2 号纸盒内小苗向光生长……。由各个单称判断，抽象概括得到植物生长的共同特征属性，即向光性。求异法指当一个因素存在的时候，有一个现象出现；当这个因素不存在时，这个现象也消失了。则这个因素是这个现象产生的原因。求异列举法，就是列举若干事例，每个事例控制一个因素的出现与消失，考察一个现象的有无，得到共同的因果关系或科学认识。如"空气具有压力"。由于我们所处空间充满着空气，时刻受到空气的压力，但却没有清晰的感知。此时，我们提供将空气去掉的实例，如吸贴、可封出液口的针管、"马德堡半球"等，通过有、无空气去对比感知其压力。概括出空气具有压力的认识。求同求异共用法指求同法、求异法的结合。小类求同，大类求异。如"导体和绝缘体"，提供铜棒、铝棒、铁棒、橡胶棒、玻璃棒、塑料棒等。接入到电路中，使小灯泡亮的为一类共同特征、不亮的为另一类共同特征，由求同求异的方式抽象出"导体""绝缘体"的概念并理解其区别。共变法，当环境中一个因素发生变化时，有一个现象也随着发生变化。则判断这个变化因素是这个现象变化的原因。如"单摆的运动：摆长与摆动周期的关系"。改变摆长，测量对应的周期，发现摆长变长，摆动周期增大，概括出摆长越长摆动周期越大的结论。剩余法，假设在环境中有三个因素存在，产生了三种现象或结果。若可判定其中两个因素是所产生三种结果中的两个的原因，则第三个因素是第三种结果的原因。正是这些探求因果关系的列举归纳方法的使用，抽象出事物存在或发生、发展的关键特征或属性，概括为一般性的因果关系，形成科学抽象概括能力。

还有一种归纳方法，称为典型归纳法。即从一类事物中选择一个标准作为典型，对它进行考察，然后将其显示的某种属性概括为同类其他个体对象共同具有的属性[①]。显然，典型归纳推理的前提是选择具有典型意义的代表性个体。这样的个体通常是根据一类事物的内在决定性来选择的。而这种内在规定性是由列举归纳抽象与概括出来的，也就是说典型归纳是以列举归纳为基础的，列举归纳的可靠性决定了典型归纳的可靠性。如"一杯水的观察"，提供一杯水作为典型，学生观察其特征：无色、无味、透明、可流动、有确定体积但无固定形状。这个关于水的综合性特征是由观察一杯水得到的，但可概括为所有水的特征。再如"哺乳动物"，选择家兔的生育、哺育为典型，得到其在未成年期间以吸食母乳为特征，归纳出具有这种特征的动物就是哺乳动物。典型归纳法由于依托列举归纳只需对典型个体进行考察，简单、经济，结论具有较高的可信度，在科学研究和科学学习中是大量使用的。还有一种特殊的归纳方法，其不是获得因果关系的方法，而是在大数情况下寻求分布规律的方法，即统计归纳法。科学领域所谈主要是经验统计方法。如"抛硬币"。将一位学生抛出的正反面数与抛出总数比较，将一个小组的、半个班的和整个班的正反面数与抛出总数比较，得到正面出现的概率与反面出现的概率逐渐接近，假想数目更多，则比率更接近，且接近一半。典型归纳法和统计归纳法，也是培养科学抽象能力的重要方法。

三、演绎方法与推断预测能力培养

科学的功能为解释与预测，也就是以所获得的科学认识为前提，对

---

① 《普通逻辑》编写组. 普通逻辑 [M]. 上海：上海人民出版社，2010：293.

具体的科学事实进行判断或对事物的发生、发展过程作出预测。演绎法是由一般性原理推出个别认识结论的方法。科学上的推断与预测就是应用演绎法从已知的科学原理出发，对具体科学事物或过程作出判断，得到肯定或否定的回答，也可以是解决相应的问题。

一种情况是直言判断（命题）演绎推理。所谓直言判断就是对一定数量的对象具有或者不具有某种性质的断定。直言判断演绎推理是从一个具有普遍性的直言判断出发，针对特殊情况，推出另一个具体的直言判断。一般情况就是所谓的"三段论"，即大前提、小前提和结论。大前提通常表示一般原理，小前提通常表示特殊情况。根据一般原则，推定特殊情况，从而对这一特殊情况作出结论①。在科学推断与预测时，大前提常常指出一类事物具有某种共同属性，如果小前提指出一个个别事物属于这类事物，则得到这个事物具有这种属性的结论。如，金属可以导电。铜丝是金属，则铜丝可以导电。如果小前提指出某个事物不具有该属性，结论得出某个事物不属于该类事物判断，从而把某个事物和某类事物区别开来。如，水是无色、无味、透明的液体。酒精有气味（即不是无味），则酒精不属于水。

另一种情况是复合判断假言演绎推理。直言判断是本身不包含其他判断的判断，其变项是概念。而复合判断是包含其他判断的判断，其变项是判断。在复合判断中，作为其组成部分的判断称为肢判断，把肢判断连接起来的语词叫联结词。复合判断根据其联结词的不同，区分为联言判断、选言判断、假言判断等②。其中，假言判断又称条件判断，是断定某一情况的存在或不存在是另一种情况存在或不存在的某种条件的判断。假言判断的联结词常常是"如果……，那么……""只有……，才……"等。紧接"如果"词后的肢判断称为前件，"那么"后面的肢判断则为后件。在科学推断中，常常使用充分条件假言判断，即断定其前件是后件的充分条件。其有效的逻辑形式是：如果前件为真，则后件为

---

① 王海传，岳丽艳，陈素，等. 普通逻辑学［M］. 北京：科学出版社，2013：118.
② 《普通逻辑》编写组. 普通逻辑［M］. 上海：上海人民出版社，2010：27.

真；如果后件为假，则前件为假[①]。如，如果给物体加热，那么物体体积会膨胀。这是充分条件假言判断。给一个铜球加热，这是对前件的肯定，则可得到肯定后件为真的结论，即铜球体积会膨胀。如，只有发光物在凸透镜一倍焦距以内，才可以得到正立的放大的虚像。如果发现可以接收到缩小的倒立的实像，即对后件的否定，则否定前件，即发光物不在凸透镜一倍焦距以内。

不管是直言判断演绎推理，还是复合判断假言演绎推理，在逻辑上都有其有效推理的要求。学习与把握这些有效推理，在科学应用中依科学原理不断地进行推断与预测练习，逐步提高科学推断预测能力。

四、类比方法与想象联想能力培养

类比推理，即从特殊判断到特殊判断的或然性推理。这个过程需要基于经验的充分想象和寻找新的可能的创造性。如"大陆漂移学说"。当魏格曼看到地图上陆地边缘凸起的地方隔着大洋的对应陆地边缘是凹进的，想象两块陆地原来应该是一个整体，在漫长的地质变化过程中，地球壳层断裂漂移开来。这种想象源于这样的类比，即我们将一张纸随意撕开，纸被撕开的边缘呈现曲折的形状，这种曲折突出与凹进是对应的。一张纸被撕开，其撕开边缘凹凸相对；反过来边缘凹凸相对应，则原来有可能是一个整体。这就是由结果寻找潜在原因的类比。类比是或然性推理，要增强所揭示原因的可信度，还要搜寻原因与结果之间的证据。因此，通过对对应陆地上古生物和古岩石的相似性的判断，使大陆断裂漂移认识得到认同。通过类比推测各种可能的原因，然后必须搜寻原因与结果之间的证据，以揭示或确定原因。再如亚里士多德观察月食，总看到遮挡的部分边缘是圆弧形，联想光从任何角度照射球，其投影都是圆，从而类比得到判断，我们居住的大地是球体。

五、溯因法与探究能力培养

应用归纳法进行抽象概括得到基于客观事实的合乎情理的或然性的

---

① 王海传，岳丽艳，陈素，等. 普通逻辑学［M］. 北京：科学出版社，2013：74.

推论，应用演绎法组织已知的知识从作为"真"的前提中推断出必然的结论，这是科学认识过程的两种重要认识阶段。但是科学认识过程，都是从自然世界所呈现的客观现象及其发展变化过程去寻求这种存在和变化的原因。也就是说科学探索过程往往是从显露出来的结果去追溯到潜藏的原因。因此，对科学探索过程而言，最一般和普遍的方法是溯因法。溯因法是根据某事物现象特征去推测该现象之原因的逻辑方法①。对自然现象或实验现象的观察结果，推测其各种可能的原因，搜寻原因与结果具有逻辑关系的证据，揭示产生该结果的原因。

溯因法往往会用到类比法，由类比法找到探究的方向，再根据研究问题的性质，决定采用归纳法还是演绎法。因此，可能用到类比法，也可能用到归纳法、演绎法，同时需要观察实验设计与操作得到事实性证据。如"凸透镜成像特点"。凸透镜可以成虚像，也可以成实像；可以成倒立的像，也可以成正立的像；可以成放大的像，也可以成缩小的像。凸透镜成像为什么有诸多特点？在观察这些像时，需要不断变化成像物与凸透镜的距离，由此猜想凸透镜成像的特点可能与成像物与凸透镜的距离有关。根据获得因果关系的"共变法"设计实验，即取一个凸透镜，使成像物（蜡烛或光源）与凸透镜的距离由近及远变化，观察像的变化与距离的关系。得到距离近时，得放大正立虚像；距离远时，得放大倒立实像；距离再远时，得缩小倒立实像。凸透镜所成像特点由成像物与凸透镜的距离决定。换用多个不同的凸透镜（焦距不同）进行实验，尽管成像物与凸透镜距离不同，但可以得到相同的规律。通过比较成像物、凸透镜距离与凸透镜焦距的数值，发现成像特点由成像物在一倍焦距内、一倍焦距外、两倍焦距内和两倍焦距外决定。因此，由列举归纳法得到凸透镜成像特点的普遍结论。这就是用归纳法得到揭示原因的证据。再如"冬天室外汽车车窗上的冰霜"，在寒冷的冬天，停放在室外的汽车，有些时候车窗玻璃外表面会产生冰霜。在冬天，我们经常看到室内窗玻璃表面会出现冰花。但冰花产生在室内，冰霜产生在车外，为什么？根

---

① 王海传，岳丽艳，陈素，等. 普通逻辑学［M］. 北京：科学出版社，2013：184.

据凝华的原理，空气中的水汽遇冷可直接结冰。室内的水汽遇到寒冷的玻璃直接结冰。对于汽车来说，空气中具有足够的水汽，汽车内要足够寒冷，则在汽车车窗外表面直接结冰。这种判断是否合理？首先，汽车玻璃结霜，不是每天都有，只有空气湿度很大的时候才有，这种情况空气中具有足够的水汽。汽车内比汽车外要冷且冷得多，实际测量凌晨时车内温度比空气温度低得多。这种情况是通过演绎法去获得证据，得到冬天室外汽车车窗上产生冰霜的原因。

我们看到，科学探索的本质是溯因法的应用，常常涉及想象与创造性的类比。而搜寻结果与原因之间的逻辑证据，却涉及各种各样的科学方法。这种特点，符合科学的探索性、复杂性和试错性。对所揭示原因的可靠程度取决于所提供证据的可靠性与丰富性。美国《国家科学教育标准》将"科学探究"定义为"科学家们用以研究自然界并基于此种研究获得的证据提出种种解释的不同途径"，也指学生们用以获取知识、领悟科学的思想，领悟科学家们研究自然界所用的方法而进行的各种活动[①]。从科学认识的角度看，溯因法的应用过程，就是对自然世界的探索过程，也就是科学探究过程。科学探究过程一般包括由问题情景（结果）激发问题，由问题对原因猜想并作出假设，设计验证假设方案，实施验证方案，获得证据或数据，解释与交流，揭示原因（或说结论）。因此，学生在科学探究过程中，会需要和体现出包括想象能力、创造能力、抽象概括能力、推断预测能力、观察实验能力等多种能力及其综合运用。溯因法的应用，可能涉及上述能力中的某些项，简单的溯因法应用过程涉及少量的单项能力，复杂的溯因法应用过程会涉及多数的单项能力，这些能力的综合，构成科学探究能力。

---

① ［美］国家研究理事会. 美国国家科学教育标准［S］. 北京：科学技术文献出版社，1999：30.

第十章
小学生科学认识特点

第一节 科学发展的阶段性

一、科学发展的三阶段论

人类的科学认识过程要基于客观事实通过观察实验的技术手段呈现为科学（经验）事实，科学事实经过思维加工形成科学认识，科学认识通过技术手段的证实或思维的论证，上升为科学理论。同时存在另外一种可能，即科学认识被证伪从而被否定；也可能得到修正，使科学认识更深入或更精确，再上升为科学理论。科学理论在实际应用和科学自身发展过程中，会有与其产生矛盾的反常出现，当反常增多与积累，会出现危机，此时会出现新的科学认识，就会出现替代旧理论的新理论①。这是一个永无止境的发展过程。科学发展的一般模式，说明科学本身作为人类对自然世界的认识，是一个不断深入、不断修正甚至颠覆、不断发展的过程，科学没有终极结论。但是，对任何一个科学领域，其发展过程具有不同的性质。

---

① ［美］托马斯·库恩，伊安·哈金. 科学革命的结构 ［M］. 金吾伦，胡新和，译. 北京：北京大学出版社，2003：85.

武谷三男作出总结，提出科学发展三阶段论①。第一个阶段是现象论阶段，即描述科学现象和描述实验结果的阶段。第二个阶段是实体论阶段，即了解产生现象的实体结构，并根据这种结构的认识，整理关于对现象的描述，以获得规律性认识。第三个阶段是本质论阶段，即概括出实体的本质规律，并且根据这种本质规律进行推测，具体地预言出这种实体的性质。当然，一个理论发展到本质论阶段，在本质层面上进一步探索，还会向纵深发展，永无止境。

武谷三男是从科学史的角度对物理学进行总结，得出科学发展三阶段论。他的一个典型的例子是对人类认识太阳系历史的总结。古代人类的天象观察和第谷·布拉赫获得的大量天文观测数据，是对太阳系认识的现象论阶段；当开普勒建立天体运动模型并寻找到行星围绕太阳运动的规律，提出开普勒三个定律，进入认识太阳系的实体论阶段；而牛顿万有引力定律解释了这些运动的原因，则达到本质论阶段。科学领域的其他学科是否也一样具有这样三个发展阶段呢？我们看对生命现象的认识。孙锡芳、廉永善两位学者，回顾剖析了生物学科发展的历史，把该学科从诞生到目前这一长久的发展历史划分为三个大的阶段，即博物学阶段、生物学阶段和生命科学阶段②。博物学阶段，主要学科为分类学，最大的贡献是建立了以门、纲、目、科、属、种为骨架的生物分类层次系统。生物学阶段，主要学科为遗传学和形态学，最大成就是明晰了生物存在的结构层次系统，即生物是由分子、细胞、组织、器官、个体、居群、物种等结构层次组成，并且以群落、生态系统和生物圈等形式存在。重要的标志性规律为达尔文的进化论和孟德尔的遗传规律。生命科学阶段，主要是在分子层次，特别是遗传基础物质 DNA 双螺旋结构的发现，为揭开生物遗传变异的秘密打开了大门；摩尔根基因学说的创立，加快了人类认识生命本质的速度。最大贡献是一个包括基因在内的生物生长发育的调控层次系统将被逐步阐明。博物学阶段可理解为生命科学发展的现象论阶段；生物学阶段为实体论阶段；而生命科学阶段，则对

---

① 徐玉华. 武谷三男"三阶段论"方法论的哲学意义 [J]. 社会科学辑刊, 1983 (3): 11.
② 孙锡芳, 廉永善. 简论生命科学发展的三个阶段 [J]. 自然辩证法通讯, 2010 (3): 12.

应其本质论阶段。对生命世界的认识过程，突出体现了科学发展的三个阶段。说明可以根据科学发展的三阶段论考察科学领域的各个学科以及这些学科的分支学科。

二、科学发展阶段的不平衡性

科学整体处于一个发展过程，而一个具体学科领域的发展不是同步的，又会分别处于不同的发展阶段。前面谈到的生命科学发展过程，从整体上看，经历了科学发展的三个阶段。对太阳系的认识历史，也在分支学科的层面经历了三个发展阶段。有些学科还未发展到第三个阶段，或说其发展还处于现象论阶段或实体论阶段。如"磁学"，早期也是对各种磁现象的认识，尤其是由电产生磁的认识，这个阶段是现象论阶段；当发现磁在空间产生的分布效果从而认识到磁场的存在，磁学发展到实体论阶段，出现磁场模型和描述磁场规律的比奥-萨法尔定律。安培的磁的分子电流假说，可以解释铁的磁化和退磁，但对铁以外的物质却根本说明不了。到现在也没能发现磁的本质，也就是说磁学的发展还没有进入本质论阶段。对于地球科学而言，整体上处于对地学现象的观察、类比、说明，是现象论阶段的。如对地壳运动规律的认识，由大陆漂移说、海底扩张说到板块学说，都是基于观察事实的类比性判断[①]。现在最被认同的板块学说，也还无法解决板块的整体运动与板块内部复杂结构形成的争论。由此可以看出，科学各个学科（包括分支学科）起步时间不同，成熟度不同，可能处于不同的发展阶段。但也可以预测，都要经历从现象论到实体论再到本质论的发展。

第二节　科学学习的重演特征

一、哲学重演律

德国博物学家海克尔在《生物体普通形态学》一书中强调："个体发

---

① 王恒礼，王桂梁. 地球科学哲学［M］. 北京：人民教育出版社，2009：61.

育是系统发育的简短而迅速的重演"，建立了著名的重演律，也称为生物发生律①。以此为基础的哲学重演律②，包括三个定律。第一重演律，又称胚胎重演律，即高等生物在胚胎阶段的发育过程，重演生物进化史。生物进化过程，是从无机物到有机物，从有机物到有机大分子，从有机大分子到细胞、组织和器官；生物又从单细胞生物到具有复杂结构的高等生物，经历了从无到有、从简单到复杂的发展过程。受精卵结构简单、处于混沌状态，但是在胚胎内生长发育不断组织化，直至形成一个结构复杂的生物体，与生物进化时间相比，在一个相对非常短的时间内重复了生物进化过程。第二重演律，又称个体发育重演律，即个体一生的发育重演群体发展的历史。一个生物种群，从进化产生，不断发展壮大成熟，接下来会从繁荣走向衰落，直至灭绝。从一个生物个体发展历史看，个体诞生后，从弱小不断成长成熟，而后会衰老直至死亡。可以看到一个生物个体短时间的生命存在过程，重演这个种群的漫长的发生发展过程。第三重演律，又称思维发展的重演律，即一个人思维概念的发展、思想情感的发展成熟过程，重演整个人类认识的历史。这个重演律是一个推论，主要针对人类思想意识的发展。人类的思想发展史，历经几千年，不断丰富、不断发展。而人个体从出生以后开始接触感知所存在的社会，才开始建立概念、产生思想，而后概念不断丰富、思想不断深入，成为一个睿智的成人。一个人概念、思想的发展历史，重演人类的思想认识历史。

二、科学学习的重演律特征

哲学重演律得到了混沌科学的有力支持。混沌科学揭示和探索着宏观和微观的辩证统一。混沌是由确定性非线性方程出现宏观无序性，但在混沌态的无序性中还存在有序性的周期窗口，在周期窗口中又有混沌态的存在……有序、无序不仅可以相互转化，在混沌态，你中有我、我

---

① 宋憬恩. 简明动物学 [M]. 北京：科学出版社，2013：25.

② 王德胜. 从哲学高度再探重演律——兼论重演律与辩证逻辑方法的内在关联 [J]. 齐鲁学刊，2004（3）：5-6.

中有你，形成辩证的统一体。从混沌学角度看，对于一个开放的非线性动力学系统，在其自发展过程中，会从有序发展到混沌。在混沌态，会产生自组织现象，从混沌发展到有序。周而往复，存在不同层级上的自相似结构①。混沌学的研究结果，说明哲学重演律的普遍性。科学认识过程是人类认识自然世界的重要组成部分。一个人的概念、思想发展历史重演人类的思想认识历史。同理，人个体的科学概念和思想发展，重演人类科学认识历史。根据哲学重演律的第三重演律，我们可以推论：人个体的科学学习过程，是一个不断发展的科学认识过程，重演人类科学认识过程。换言之，学生的科学学习具有重演律特征。

第三节 小学生科学认识的一般特征

一、小学生科学认识的现象论特征

从人一生的认识发展来看，一个人的科学认识过程重演人类科学认识历史。小学生的生长发育阶段处于个体人发展的初期，其认识阶段也处于人类认识的早期，其科学认识阶段也应该处于人类科学认识的早期。儿童科学认识处于人类科学认识的原初阶段，具有早期人类科学认识特点，即具有成人崇拜性、生活情景性、外部表征性。成人崇拜性，来自于人类与自然的抗争中出现的对超越一般人的英雄所产生的英雄崇拜。不论儿童的身体力量还是对世界的认识，都远逊于成人，经常需要成人的指导和帮助，由此产生成人崇拜。在学校中，又经常表现为对教师的崇拜。早期人类的科学认识来自于生活情景中的各种事物和变化，儿童的最初认识也来源于生活本身。同人类的早期认识一样，儿童对客观事物的认识也是从事物的可以感知的外部特征开始。这是从整体上看，儿童科学认识的特点和其科学认识阶段。但对于某一个具体科学领域，又有各自的发展阶段。"重演"是对成功经验的接受和正确知识的吸收，是

---

① 叶宝生."教学实验法"在"混沌"教学中的应用 [J]. 首都师范大学学报（自然科学版），2010（4）：1.

对经验和知识提炼后的重复，因而个体对群体发展的重演是简约和迅速的。学生面对科学的各个领域，应该简单重复各个领域的认识过程。小学生的科学认识，主要处于这个领域科学认识发展阶段的初级阶段，即现象论阶段。如"运动"的学习。小学生主要观察运动的各种形式、运动轨迹，也会体验运动与力的联系；中学生会学习直线运动规律、圆周运动规律、牛顿三定律，尤其是它们的数学公式。小学生的科学认识是现象论的，中学生则是实体论和本质论的。对于太阳系构成的学习，无论小学生还是中学生，其学习内容都是太阳、八颗行星、矮行星、小行星、流星、彗星等天体，没有本质上的层次区分。这实际上是由天文学研究的现象论阶段所确定的。现象论、实体论和本质论之间没有清晰的界线，小学生也会了解一些实体论阶段的科学，也要知道一些本质论阶段科学知识。小学生的科学认识，不完全局限在现象论阶段，但主体是现象论的。因此，可以认为小学生的科学认识具有现象论特征。

二、基于现象论特征的教学意义

小学生科学认识的现象论特征，提供了小学科学教学可以依据的方式、方法，也就是明确了一般性的教学策略。

（一）以科学实践丰富学生科学表象

科学认识的对象是自然世界。早期人类对大自然的认识就是从观察体验开始的。因此，小学生要亲身观察体验各种各样的自然现象。用耳朵听，观察声音的大小（音量）、高低（音调）和特色（音色），获得听觉表象；用眼睛看，观察光的传播、光的色散、光的混合，获得视觉表象；体验四季转换、昼夜交替、动物的活动、植物的生长……，获得综合性的感知觉表象。因此，小学生的科学学习要参与丰富的科学实践，获取丰富的科学表象，从而理解大自然的丰富多彩，理解大自然变化的规律性。

（二）基于归纳、类比认识科学事物

人类早期基本上是运用归纳的方法获得对科学事物共同特征或属性

的认识。在比较、分类中归纳概括出对科学事物的认识也是小学生运用的基本方法。如动物、植物的认识，通过一系列的观察，体会到植物生长在土壤中，具有根、茎、叶，有的有花、果实、种子，种子可以萌发成为新的植株，归纳得出植物的一般外部特征；看到各种各样的动物，有爬行的、有奔跑的、有飞翔的、有游水的……获得动物区别于植物的最大特征是运动。再如对气体占据空间的认识，将塑料袋在空中兜一下，将袋口扎紧，塑料袋是鼓的；用打气筒向气球内充气，气球越来越鼓；将粉笔放入水槽，有气泡产生……对各个个别事例进行分析，归纳得出空气占据空间的结论。人类也经常使用类比的方式，用熟悉的事物去类比新的事物，从而获得对新事物的认识。小学生也经常通过类比的方式获得科学认识。如小磁针在磁铁附近会发生偏转，也就是小磁针受到磁力的作用产生运动；把小磁针放到通电导线附近也发生了偏转，则它偏转的原因也应该是磁力的作用。由此推论得出通电导线产生了磁。再如魏格曼大陆漂移假说的学习。先将一张报纸撕成几片，让学生将其拼接起来，体会凹凸边缘的对应关系，再观察地图上大陆边缘的凹凸对应，类比推出整个大陆原来应该是一体的。理解魏格曼大陆漂移学说的建立。从逻辑学上看，归纳法、类比法都是或然性推理，或者说具有可错性。归纳法的可靠程度需要个别事例的数量要尽量多，数量越多，结论越可靠。类比法需要更多证据支持，尤其是证据之间关联性大，结论才可靠。因此，我们要充分认识归纳法、类比法在小学生科学认识中的作用，同时清晰认识其特点和局限。

（三）基于证据作出科学判断

科学的一个特征是可证实性，也就是基于证据的。在漫长的科学认识过程中，人类不断获得更深入、更精确的证据，因而使得科学认识不断发展。科学是累积进步式的，人类众多领域的科学认识达到了本质论阶段。但小学生的科学认识处于现象论阶段，是以认识科学事物的表征为特点的。因此，小学生的科学认识不可能达到最先进的人类认识。这就产生了小学生科学认识结论的科学性问题。如小学生在学习光的传播时，得到一个结论"光在空气中沿直线传播"。这个结论对吗？如果你是中学物理老师，会判断这个结论不对，应该是"光在均匀介质中沿直线传播"。如果你是大学物理老师，你会引用爱因斯坦广义相对论的一个推论：光在引力作用下会发生弯曲。我们看看小学生是如何得到自己的结论的：清晨的阳光穿透薄雾时的路径是直线的；光照射到球形物体上在墙壁上形成圆形阴影；当三个中心有圆孔的纸板，三个圆孔在一条直线上，光可以穿射过去……我们周围存在着空气，光在空气中是直线传播的。我们必须明确，这个结论的得出，是基于一个较小的宏观空间尺度，而不是达到大气层的较大的宏观空间尺度，更不是宇观尺度。小学生科学认识结论很多是对现象特征或属性的描述，但是，我们必须强调，这些认识来自于证据。基于证据获得的科学认识，是符合认识规律的，就是合理的。这也是小学生科学认识的特点。

（四）允许学生基于科学事实的科学想象

我们知道人类早期对自然现象的众多未知因素，产生了丰富的想象，诞生了很多神话故事。正是这些想象和神话，指引了人类对未知世界的探索。飞翔的梦想、飞天的梦想，已经由飞机、航天飞机实现，千里眼、顺风耳，已经由遥感技术和无线电技术实现……小学生对科学事实的观察，在解释时，也会产生很多联想。这些联想，可能是科学内涵的内在隐藏性，小学生还不具备理解它的能力，也可能蕴藏着人类未解之谜。当一片树叶从树上飘落，这片树叶是有生命的还是无生命的？这片树叶是鲜活的，所以它是有生命的。这片树叶会慢慢枯萎，变成枯叶，它就不具有生命。哪种说法对？按照生命的新陈代谢说，刚落下的树叶还在新陈代谢，具有生命。而按照灵活适应说，生命体的一部分脱离了生命体，便失去了生命，除非它再次获得进行生命的条件①。其实，生命科学也还未对生命作出清晰的界定。儿童的想象，似乎天真，但具有重大的认识论价值。呵护这些想象，将为儿童开拓一个自由的空间，也可能开

---

① 李建会. 生命科学哲学 [M]. 北京：北京师范大学出版社，2006：120-127.

辟儿童的寻梦之旅。

第四节 小学生科学认识的特点

本节内容是对北京市小学科学特级教师彭香老师组织的"小学生前科学概念研究"中所获得前科学概念侦测的调查数据①，进行进一步深入分析。发现小学生表现出的前概念蕴含着他们的科学认识特点。将这些揭示出的小学生科学认识特点进行分类和归类。人的认识来自于对世界的感知，而对事物的判断又是思维的结果。对于处于信息高度发达的现代社会的小学生，其对世界的认识又会间接地来自环境和各种媒介。因此，从小学生的感知觉、思维和社会环境因素影响三个方面阐释小学生的科学认识特点。

一、小学生在感知觉方面的认识特点

科学认识源于观察，而观察的基础是感知觉。在感知觉方面，小学生具有以自我为中心、突出明显特征性和抽象概念做实体理解的特点。

（一）以自我为中心

自我感知为中心的认识特点指的是儿童在进行科学学习时，将自己置于各种事物的中心，通过自己的感知认识事物。

如地球科学中的一个测试题："你怎么能知道或测试出岩石的软硬？"② 学生回答"捏、摸、踩"的方式，占 71.5％。回答"摔、磨、扔在河里、大的砸小的、用锤子"的占 28.5％。小部分学生会设想一些简单的相互作用的方法。大部分的学生是通过自己的感官去观察的，采用捏、摸、踩的方法去判断，这反映出学生把自己置于事物中心，用自己的触觉来判断岩石的软硬，表现出自我中心特点。再如物质科学的一个

---

① 彭香. 小学生前科学概念研究（上）［M］. 北京：北京出版社，2014.
② 彭香. 小学生前科学概念研究（下）［M］. 北京：北京出版社，2014：282.

测试题："你认为什么是力？你都知道哪些力？"① 测试结果：学生直接表述生活中听说到的各种力（推力、拉力、握力……）的占 46.7%，从对物体的作用效果角度来描述力（力可以使物体运动、力可以捏扁橡皮泥等）的占 13.3%，没有作答的占 17.8%。22.2%的学生从自我感受出发并以自己肌肉紧张程度来感受来描述力，他们认为"使了劲儿就是力""用了力气、力量就是力"等。科学追求的是物我分离，即尽量客观地认识客观世界，但观察世界是以感知觉为基础的，儿童以自己的感知认识事物，将自己置于各种事物的中心，这表明小学生具有以自我感知为中心的认识特点。

（二）突出明显特征性

凸显明显特征性指的是学生对于具有综合性特征的"实体概念"，往往对某一明显特征认识清晰，并将该特征作为事物的唯一特征，而对其他特征认识淡化，导致学生对具有综合特征的科学事物产生片面的认识。其中的实体概念又称具体概念，指的是能够反映出思维对象本身的概念，这类概念的关键特征可以通过人的感觉器官而获得。

如物质科学领域的一个测试题："能否说明纺织面料的特性"②。学生回答"柔软"的，占 60%；回答"可清洗"的，占 3%；回答"有弹性"的，占 13%；回答"易撕"的，占 12%；回答"薄"的，占 3%；回答"不易撕"的，占 10%；回答"吸水"的，占 3%；回答"易燃"的，占 3%。纺织面料是具有综合性特征的事物，然而学生对"柔软"这一特征的认识比例远远高于其他特征。从这一具有统计意义的数据中可以分析出小学生对于具有综合性特征的"纺织面料"，仅仅对它的"柔软"这一明显特征认识清晰，但对其他特征的认识淡化，这表明小学生具有凸显明显特征性的认识特点。再如生命科学领域的一个测试题："你见过什么样的茎，请你画一画或写一写。"③ 学生画出的基本都是直立茎。学生并

---

① 彭香. 小学生前科学概念研究（上）[M]. 北京：北京出版社，2014：131.
② 彭香. 小学生前科学概念研究（上）[M]. 北京：北京出版社，2014：10.
③ 彭香. 小学生前科学概念研究（下）[M]. 北京：北京出版社，2014：11.

不了解茎的多种生长方式，直立茎比缠绕茎、攀援茎和匍匐茎等更加显著，直立的特征更突出。学生在接触多个直立茎的植物后认为茎都应当是直立的，会以是否直立的标准来判断是否是茎。学生的回答凸显出直立姿态的整体特征。

（三）抽象概念做实体理解

反映事物的某种属性或事物与事物之间关系的抽象概念，被理解为一种客观实体。典型的像"什么是热？"小学生认为有热物质也有冷物质，有热传递也有冷传递。

在物质科学领域测试题："什么是燃烧？"[①]。学生回答"燃烧就是着火和冒烟"的，占 77.5%；回答"热量高、温度高"的，占 12.5%；回答"物体温度高、受热着火"的，占 37.5%；回答"摩擦而成"的，占 10%。燃烧是可燃物与空气中的氧气发生的一种发光发热的剧烈的氧化反应。氧化反应过程是抽象的，是学生不易感知的。而 77.5% 的学生在回答时都提到了火和烟，这一数据所占比例较大。火和烟是燃烧这一化学变化中表现出来的外在的现象，是一种学生易于感知的实体。当学生遇到抽象的、难以理解的概念时，易于做可以唯象的实体理解。这表明小学生具有抽象概念做实体理解的认识特点。再如"热如何传递？"[②] 有 40% 的学生没有回答；43% 的学生认为是靠风和空气流动；11% 的学生认为是物体就能传热，即无理由。43% 的学生都认为热的传递需要靠风和空气流动。他们的这种认识还是建立在"热是一种物质的基础上的"。学生认为物质的传递都是需要借助外界的媒质的，例如空气，才能从一个物体传递到另一个物体的。由于"热"是一个抽象的概念，热传递的过程也是抽象的，学生难于直观感知得到，因此，他们就倾向于将其传递过程看作物质的传递过程。表明小学生具有抽象概念做实体理解的认识特点。

---

① 彭香. 小学生前科学概念研究（上）[M]. 北京：北京出版社，2014：44.
② 彭香. 小学生前科学概念研究（上）[M]. 北京：北京出版社，2014：241.

二、小学生在思维方面的认识特点

在感知觉的基础上，学生对事物之间的关系会作出自己的判断。这个判断过程就是小学生通过思维加工获得科学认识的过程。在思维加工方面，呈现出小学生科学认识具有表征联系性、间接因果性、直接类比性和单向联系性特点。

（一）表征联系性

表征联系性是学生对事物局部与整体关系的认识，这种认识主要根据事物的外部表现或特征作出判断。特别是由结构或系统上的联结，判断功能上的联系。

如测试题："动物、植物的体内有水吗？请举例说明。"[①] 学生回答"动植物的体内有水"的，占 89.5％；回答"动物体内有水"的，占 2.6％；回答"动植物的体内没有水"的，占 5.3％；没有回答的，占 2.6％。大部分学生在列举动植物体内的水时，提到了"动物和植物都需要喝水""动物排泄""血液里有水""植物的枝叶中有水（汁）"等情况。学生能从生命活动外在形式中呈现出的与水的关系判断生物体内有水、生命需要水。这种认识特点就是表征联系性。对于测试题："如果地球上没有了空气，动物和植物将会怎样？"[②] 100％的学生认为动物会因"无法呼吸"或者"缺氧"而死亡；89.5％的学生认为"没有空气植物会死亡"，5.3％的学生认为植物会"生长不了"或者"生长很慢"，2.7％的学生认为植物可以吸收二氧化碳继续生长，2.7％的学生认为没有空气的状态，好比是在真空中，"植物会飞起来"。空气中有动物呼吸作用所必需的氧气，有植物光合作用所必需的二氧化碳等气体。大多数学生都能认同动植物的生存需要空气，但是学生不是由生命体内部呼吸作用和光合作用等形式进行认识，而是由"无法呼吸""生长不了""生长很慢"等外部显现的特征进行认识，由此呈现出学生对动植物的生存需要空气

---

① 彭香. 小学生前科学概念研究（下）[M]. 北京：北京出版社，2014：50.

② 彭香. 小学生前科学概念研究（下）[M]. 北京：北京出版社，2014：52.

的认识具有外部表征联系性的特点。

（二）间接因果性

小学生在认识科学事物的过程中也在不断地寻因，但由于受到强刺激的影响，往往将强刺激作为产生结果的原因，这种因果判断具有间接性。表现出间接因果性特点。所谓强刺激，指的是易于被各种感官感知到的刺激。特征鲜明的、新异性的、对比性强的刺激更容易被感知到。

如物质科学领域测试题："你认为琴弦、鼓和锣的声音是怎么产生的"[①]。学生回答"弹、敲"的，占 70％；回答"它们会发声"的，占 21％；回答"有振动，有声音"的，占 3％；回答"有声波"的，占 3％；回答"不知道"的，占 3％。70％的学生认为弹拨、敲击是产生声音的原因。实际上，敲击产生振动，振动产生声波，声波传到人耳产生听觉，形成一个因果链。敲击是产生声音因果链中的一个环节。小学生发现敲击这个动作出现，声音也随之出现，敲击是一个强刺激，判断敲击是声音产生的原因。这种判断就是间接因果性的体现。再如测试题："隔着火炉的火焰观察物体时，会看到物体变得摇晃不定，这种现象说明了什么？"[②] 学生提到火焰的占 45.2％，提到光或反光的占 6.5％，提到热空气的占 6.5％。光在均匀介质中沿直线传播，介质均匀程度由密度决定。在空气中，温度越高，密度越小。火焰附近温度高，空气密度变小，同时由于热空气在上升，气体在不断流动，所以此时的介质（空气）是不均匀的，光不能够沿直线传播。由于空气流动，各处的密度都在不停地变化，光路也在不停地变化。所以隔着火炉的火焰观察物体时，会看到物体变得摇晃不定。而学生在隔着火炉看物体摇摆不定这一过程中，首先容易关注到的是火焰，因此，火焰给了学生一个直接的强刺激，使学生形成一个因果判断，认为火焰是导致我们看到的物体摇晃不定这一结果的原因。实际上，火焰只是使人眼看到物体是晃动的这一过程中的一

---

① 彭香. 小学生前科学概念研究（上）[M]. 北京：北京出版社，2014：173.
② 彭香. 小学生前科学概念研究（上）[M]. 北京：北京出版社，2014：218.

个环节。由于科学是由结果寻找原因，小学生在隔着火炉看物体的过程中，感受到火焰的强刺激，往往就认为这是物体摇摆不定这一结果的原因，这种原因的判断表明小学生具有间接因果性的认识特点。

（三）直接类比性

类比推理，是指两个事物有若干相似属性，由一个事物的多余属性推知另一个事物也具有这种属性的判断。但类比推理是由特殊到特殊，或然性很大。因此，要更多的证据支持才可以保证结论的可靠性。小学生也经常进行类比推理，但往往依据某个属性相似推出一个事物具有另一个事物的多余属性，不寻求更多的证据支持。这种认识特点称为直接类比性。

如生命科学领域测试题："小明家养了一只小母狗，小立家养了一只小母鸡，想让两种动物都生一个宝宝，怎么办？"[①] 学生回答"找个公的（爸爸）"的，占 90.2％；回答"小狗要找个爸爸"的，占 4.8％；回答"鸡要找个鸡爸爸"的，占 2.5％；回答"不知道"的，占 2.5％。绝大多数学生回答正确。访谈得知，小学生认为自己家有爸爸、妈妈和自己（孩子），小狗、小鸡要生小宝宝，也得有爸爸、妈妈。现在有小母狗、小母鸡，因此要有小公狗、小公鸡。这就是一个类比推理的过程，表现出小学生思维的直接类比性。再如测试题："我们在山中有时会听到自己的回声，你认为为什么会发生这种情况？请画出声音传播的路径。"[②] 测试结果：学生认为回声在传播过程中被反弹回来并进入人耳的占 85.5％，将回声理解为传到远处的声音的占 5.8％。我们能在山中听到自己的回声，是因为声音以波的形式进行传播，遇到了障碍反射到人耳中，就形成了回声。大部分学生能够有一个声音在传播过程中反射到人耳的意识，但多用反弹表述。教师提道："学生多是凭借自己的生活经验或者从科普书上看到过关于回声的介绍。"学生在打球的时候，例如打网球，见到过人将球打出去以后，球遇到墙然后又反弹到人的位置，学生将回声与球

①　彭香. 小学生前科学概念研究（下）[M]. 北京：北京出版社，2014：158.
②　彭香. 小学生前科学概念研究（上）[M]. 北京：北京出版社，2014：195.

反弹做直接类比推断，这表明小学生具有直接类比推断的认识特点。

在对儿童科学认识特点的研究中，很多学者指出儿童具有"泛灵论"，即"万物有灵"。其表现是将非生命物质赋予生命的特性，将低等生物赋予人的特性。究其因，是直接类比思维。因此，将"泛灵论"归为直接类比特点。如测试题："小球在地面上滚了一段时间后，为什么会慢慢停下来？"[1] 学生回答"推球的力渐渐变小，球没劲了"的，占87.7%；回答"受摩擦力影响"的，占8.9%；回答"受阻力影响"的，占2.2%；回答"受逆风影响"的，占2.2%。有87.7%的学生认为推球的力渐渐变小用没了、球没劲儿了，因此才会停下来。学生不了解球停下来的内在原因，他们只是认为人在走累了、没力气的时候会停下来休息，小球滚动一会停下来这一现象是学生与人的状态作类比，推断出小球停下来也是因为没劲儿了。

（四）单向联系性

单向联系性，主要在生命科学领域。生命体各个组成部分是相互联系、互为存在条件的，但小学生的理解往往是单方向的。如学生认为"茎"给植物体输送水和无机物，但不会想到"茎"也给自身和"根"输送营养。

如测试题目："观察'植物的生长变化'图片，排列序号，表明植物生长的正确顺序。"[2]

调查结果，有2.8%的学生了解植物的生命周期是由种子开始，经历幼苗、开花和结果的过程，再到种子结束，是一个周而复始的过程。97.2%的学生基本上只是从种子开始，结果结束，单方向排列的植物生长顺序，反映出学生的认识具有单向性特点。再如测试题目：你见过什么样的根，请你画一画。[3] 调查结果中，30%的二年级学生画的不是根，70%的二年级学生可以简单地画出细条状的主根和侧根。根的生长是双

---

① 彭香. 小学生前科学概念研究（上）[M]. 北京：北京出版社，2014：133.

② 彭香. 小学生前科学概念研究（下）[M]. 北京：北京出版社，2014：10.

③ 彭香. 小学生前科学概念研究（下）[M]. 北京：北京出版社，2014：7.

向的，根向下会生长出主根和侧根；根向上会生长出茎。被调查的学生更多地关注根向下单方向的生长，学生能够确定根向下生长的方向，勾勒出主根与侧根的大致模式，忽略根向上与茎的联系。植物的根向上生长与茎紧密相连，虽然二者形态结构不同，但是根与茎的表皮、皮层和维管组织共同构成一个统一的整体，彼此在功能上联系紧密。学生不关注根向上生长与茎的紧密联系，形成了单方向的思考特点。

三、受社会生活因素影响的科学认识

现代社会的小学生，一方面在自己的生活情境中会接触到各种自然和人工事物并获得相应的体验和认识；另一方面社会各种媒体对科学的传播也会使小学生获得碎片式的科学认识。这也是除感知、思维以外，小学生受社会生活因素影响的科学认识。在这方面小学生的科学认识具有经验技术性和横断性两个特点。也存在着对一些科学现象根本没有任何感知，更不知道原理的"零认识"现象。

(一) 经验技术性

从过程上看，技术是符合人类需求或某种目的做事的流程形式。其中，不知道所蕴含的科学原理，在实践中反复尝试（或他人实践经验）获得的有效的做事方式，称为经验技术。小学生经常通过自己体验和学习成人的经验知道有效的方法，呈现出经验技术性特点。

如测试题："设计一种有效防霉的方法"。[①] 学生回答"放冰箱或冷冻方法"的，占55.8%；回答"干燥地方放置"的，占23.3%；回答"用密封保鲜膜方法"的，占11.6%；回答"通风干净、尽快吃完"的，占7%；未回答的，占16.3%。大部分学生都能答出正确有效的防霉方法。学生不懂霉变的科学原理，但是在生活中可能多次见过父母用这种方法来处理家中剩下的食物，或者自己也尝试使用过这些方法，而且发现这种方法的确能达到防霉的效果。表明小学生认识具有经验技术特征。再

① 彭香. 小学生前科学概念研究（上）[M]. 北京：北京出版社，2014：44.

如测试题："放入一块方糖在水中，怎么能让它在水里溶解得更快一些？"① 测试结果：提到用热水的占66.7%，提到搅拌的占10.3%，提到弄碎的占10.3%，不知道方法的占2.5%。通过测试发现，大部分学生都能至少说出一种加速糖的溶解的方法，而且方法也较为准确。学生没有系统地学习过溶解的相关知识，也没学过加速溶解的原理，但是却能较为准确地说出加快溶解的方法。原因是学生有过溶解糖的经历，或者看他人在做饭或者冲固体饮料时采取过加热、搅拌等方法，而且这个方法在多次尝试过程中能够达到一定的效果。学生根据生活经验获得了加快溶解的方法，并能够用该方法解决生活中的实际问题。表明学生认识具有经验技术特征。

（二）横断性

在社会生活中，学生能够通过各种信息渠道获得科学概念和科学结论。但是这些科学认识不是系统化地建构到学生头脑中的，而是孤立点状的或碎片式的直接植入的。我们称其为科学认识的横断性。现代信息化社会特征也突出体现在小学生科学认识的横断性特点上。

如测试题："我们都生活在地球上，你知道地球是什么形状吗？② 试着画一画，像生活中你见过的什么，举例说一说。"测试结果：对于第一问的回答，100%的学生即所有学生的回答都是平面的图形——圆形、椭圆形等，没有人能说到球体、椭球体、梨形体等。关于第二问学生的回答是像皮球、像鸡蛋等。说明小学生完全认为地球是球体。虽然不能直接感知地球的形状，但各种地球的图片、视频，特别是"地球"概念词本身，通过各种渠道将地球是球体深深植入到学生头脑中。非常具有横断性。再如测试题："1. 你认为以下哪个说法是正确的（　　）。A. 人类本来就存在于地球上　B. 人类是和自己完全不同的物种变化来的　C. 人类是从和自己十分相似的物种进化来的　D. 人类是从外星球来到地球的。""2. 你认为人类的祖先可能是（　　）。A. 猩猩　B. 鱼　C. 细菌　D. 古

① 彭香. 小学生前科学概念研究（上）[M]. 北京：北京出版社，2014：68.
② 彭香. 小学生前科学概念研究（下）[M]. 北京：北京出版社，2014：232.

猿　E. 其他。"① 这是关于小学生"人是进化的产物"的调查，统计结果：第一题76%的学生选择了正确答案C，即人类是和自己十分相似的物种进化来的。第二题83%的学生选择了正确答案D。学生所处的生活时期只是人类进化过程中的一个阶段，不可能直接经历人类进化的全过程。但大多数学生都能选择正确，即"人类是由和自己十分形似的古猿进化来的"，有的学生解释道，"很多人很多书上都说猿类是人类的祖先"。其实，回答正确的学生不一定能将人类进化的过程、历史等内容完整地叙述出来并应用和解释。由此看出，大多数学生能够回答正确是因为他们在学校课堂外对人类进化的知识有一定的涉猎，但了解的仅是科学语词。实际上，"早期灵长类中的原猴类分化出原猴亚目和类人猿亚目。类人猿猴类迁移到南美洲后，因地理隔离发展为今天新大陆猴类；旧大陆的古类人猿则与猴类分道扬镳，演化成现代类人猿与人类"②。学生了解这些知识主要依靠现今发达的信息传媒渠道，如书籍、电视、网络等。由对学生进化的起源调查能够看出，学生的认识具有横断性的特点。

（三）对科学现象的"零认识"

我们认为小学生是带着"前科学概念"进入课堂的，但大量的侦测数据呈现出学生对很多科学概念是"一无所知"的。说明小学生对很多科学概念的认识是一张"白纸"。这时我们寻求的不是由"前科学概念"转变为所谓"科学概念"，而是帮助学生建立全新的科学概念。

如测试问题："你知道什么是矿物吗？矿物和岩石之间有什么关系？③"调查结果：74%的学生不回答这个问题，或者是承认不知道，26%的学生回答的是矿物是有用的、透明的、珍贵的、有营养的、光滑的、是矿产等回答。对于两者之间的关系，57%的学生承认不知道，16%的学生没有回答，8%的学生回答岩石中有矿物，11%的学生回答矿物是岩石变成的，8%的学生不知所云。矿物是指在各种地质作用中产生

---

①　彭香. 小学生前科学概念研究（下）[M]. 北京：北京出版社，2014：200.

②　赛道建. 普通动物学 [M]. 北京：科学出版社，2008：348.

③　彭香. 小学生前科学概念研究（下）[M]. 北京：北京出版社，2014：308.

和发展着的,在一定地质和物理化学条件处于相对稳定的自然元素的单质和它们的化合物。矿物具有相对固定的化学组成,呈固态者,还具有确定的内部结构,它是组成岩石和矿石的基本单元。74%的学生不知道什么是矿物,而且26%回答的学生也没有直接说明什么是矿物,只是将矿物的外在特点描述出来,这也就表明学生对什么是矿物这一内容不知道,属于零起点的科学认识。对于矿物和岩石之间的关系一题,从回答中看出,不知道的学生应该包括那些没有回答的、承认不知道的以及答错的,所以不知道的比例应该为92%,这就表明绝大多数的学生都不知道矿物和岩石两者之间的关系,对于这一知识点学生是没有任何知识基础的。再如测试问题:"日食有几种? 日食一般发生在农历什么时候?[①]"调查结果:对于日食的种类,学生答错或不知道的占总人数的73.4%,答对一种以上的占总人数的26.6%;第二问,对于日食发生的时期,69.1%的学生答错,只有30.9%的学生答对。本题考查的是学生在接受相关内容前对日食的了解程度,本题的答案是要求学生说出日食的种类包括日全食、日偏食、日环食。由于农历是按照月亮运行的规律来计算的,而日食的产生是由于月球运行到地球和太阳之间,此时,月球所在的位置正是农历初一,因此,日食发生的时间一般在农历初一。从学生的回答上看,大部分学生在没有接受日食的知识前,对日食的种类及发生时期都不太了解。由于日食发生的频率少,且即使日食发生时,由于地球与太阳和月球之间的距离非常遥远,学生也很难用肉眼直接观察到太阳、月球和地球三者之间的位置关系,因此学生在没有阅读相关书籍或观看相关影视信息的情况下,对日食的知识是不太了解的,头脑中对日食的了解处于零起点阶段。

四、基于小学生科学认识特点的教学意义

(一)从以自我为中心认识到科学的客观标准性

依据学生以自我为中心的认识特点,从学生的感知觉出发,采用恰

---

① 彭香. 小学生前科学概念研究(下)[M]. 北京:北京出版社,2014:348.

当方法，引导学生脱离自己的感觉，认识到科学事物的客观独立性。如岩石软硬的判断，应该让学生以触觉或力的方式认识岩石软硬。但一定要提供用触觉很难分辨软硬的岩石，这时引发学生思考采用具有标准性的方法，即相互刻划看痕迹深浅或选用相对硬度高的物体刻划的方法判断岩石软硬。从自我感知转变为科学方法的应用。又如"力"的学习，让学生推一个小球使之运动。这是学生基于感知觉的"使劲"认识力的作用效果。接下来一定要让运动的小球去撞击另一个静止的小球，静止的小球也可以运动起来。认识到一个物体可以使另一个物体运动，理解"力"是物体与物体之间的作用。总之，科学追求"物我"分离的客观规律，但又以感知觉为基础的观察为手段。要帮助学生基于感知觉，认识到科学的客观性，逐渐去自我中心。

（二）从明显特征性到对科学事物的全面认识

知觉具有选择性，即明显刺激和新异刺激会被人优先感知。这是人知觉的内禀属性，儿童的表现更突出。小学生的突出明显特征性在认识上的缺陷是对事物认识的片面性。在教学中，基于学生的片面认识，采用顺序观察、多角度对比观察、群体个体比较观察，实现认识的全面性。顺序观察，体现在月相的认识上。在每个月里从地球观看月球，月相变化依次是：新月、蛾眉月、上弦月、凸月、满月、凸月、下弦月、残月。要求学生进行长时观察，也可以运用日、地、月模型按顺序进行模拟观察，认识到月相变化规律，理解自己认识的"月牙"和"满月"是月相变化中的某个具体现象。多角度对比观察，体现在各种材料的观察上。作为材料，就是基于某种属性而被应用的物体。纺织面料，柔软、结实、透气等，可从服装实际应用角度讨论与纸张、塑料布等材料的对比，全面认识纺织面料适合人体的各种特性。群体个体比较观察，体现在像植物"茎"这样内容的学习。提供像直立、攀援、匍匐等各种植物的茎，比较各种茎，认识到茎的多样性。

（三）从表征联系性认识科学的结构与功能

关于概念的心理表征，现在基本达成共识的是概念的双层表征观点。

概念的内涵由两部分组成，即概念的原型和概念的核心。原型是概念的特征或属性；核心是概念的本质。原型易于观察，但对概念的诊断性不强；核心对概念具有诊断性，但又是隐藏性的，不易识别。小学生对科学概念的学习基本在认识概念原型。因此，小学生的表征联系性特点，非常有利于其科学学习。如认识"生命离不开水"，表征联系就非常易于小学生理解。又如直立茎可长成参天大树，树上长枝，枝上长叶，枝越多，叶越多，把叶向太阳展开；匍匐茎可铺展在地面，茎越长，叶越多，将叶平铺开。"茎"这样的结构为"叶"更多、更好地进行光合作用提供了条件。利用表征联系性，帮助小学生顺利理解"茎"的外部结构和功能。

（四）从间接因果性认识科学现象间的因果关系

物质科学的认识逻辑是寻求因果规律，且是由结果去究因。造成结果的可能是一系列的原因。而在一系列原因中，具有强刺激的因素容易被识别。在产生声音的因果链中，敲击产生振动、振动产生声波、声波传到人耳产生声音，小学生最明显感知的是类似"敲击"这样的动作，各种产生声音的动作成为强刺激，很容易判断为原因。由此，将敲击作为产生声音的原因。在教学中，我们帮助小学生从认识到敲击产生声音到振动产生声音，也就是将认识深入一个层次。因此，我们要把振动转化为强刺激。将鼓面上放上轻小物体、将悬挂的乒乓球轻触音叉、在哨中放个小球等，都可以达到目的。小学生很多究因过程，具有间接因果性特点。如"物体越重，拉动物体越费力"。实际上是物体越重，与接触面的摩擦力越大，克服摩擦力而拉动物体越费力。

（五）从直接类比性认识科学类比的严谨性

类比推理的基础是对比物和类比物具有很多相似的属性。对比物是指具有多余属性的事物，类比物是指将推出新属性的事物。类比的规则是对比物和类比物对比，找到多余属性作出判断。为保证结论的可靠性，要有更多的证据支持。如，小学生对于两性繁殖的生殖方式没有体验或感知，但可以从反例上去理解：通常情况下，一个男人或一个女人不组成家庭就没有孩子。要增加证据支持，体验科学上类比推理的严谨性。再如，魏格纳的"大陆漂移学说"，是由于大洋对岸的凹凸对应，类比一个物体被撕裂，推理出大陆是漂移分离的。这是直接类比的结果，但需要两岸古生物、岩石等相似性证据的支持。

关于"泛灵论"问题，科学追求自然存在及其发生发展的客观性。因此，儿童科学教育的一个重要任务是去"泛灵论"。而"泛灵论"的错误是对比物和类比物相似属性的错位。在教学中，要引导学生区分生物与非生物、动物与植物、动物与人，保证对比物和类比物在性质上的一致性。

（六）从经验技术性到认识科学内在规律性

科学是探索客观规律，技术是实现有用的功能。从科学和技术的发展历史进行考察，技术随人类的产生就产生了，技术远远早于科学。如石刀、石斧，点火技术和保存火种的技术，在不知道其原理的情况下，利用其功能达到实用效果。而这种技术是通过反复摸索获得的有效做事的模式，就是所谓的经验技术。早期，技术的发展刺激着科学的发展。如食品发酵、酿酒技术已经很成熟，但对发酵原因的探索，导致微生物的发现。这种对发酵原因的认识属于科学。当科学发展到技术的前面，对技术发明的指导作用明显地体现出来，大大减少了技术发展的盲目性，呈现出现代科学与技术的关系特点，即科学指导技术进步。如电磁理论的诞生，导致发电机、电动机这样的技术成果。由于小学生的科学学习，重演人类科学认识的原初阶段，小学生对世界的认识与人类早期的经验技术相吻合。在教学中，基于小学生科学认识的经验技术性特点，在其不知道或还无法知道科学原理的情况下，可以进行技术体验，为究因的科学认识提供感性材料。也可以由技术体验，引发科学探究。如防霉方法（技术），引发为什么有霉变？由可视的霉变（霉斑），推知生命科学领域的一个发现，即微生物及其繁殖发育。再通过显微观察（或图片），认识属于真菌的霉菌及其孢子繁殖。

（七）从横断性到认识科学概念的意义

小学生的横断性认识特点，确实使小学生获得了很多正确结论。但是这些认识，经常是具有概念词，而不是理解了概念的意义。在教学中，要让学生理解科学概念的认识过程，将科学概念纳入到学生概念网络中或概念系统中。如地球是球体，带领学生重温地球形状认识历史。从人类早期提出天圆地方的盖天说、浑天如鸡子的浑天说等各种猜想，到亚里士多德观察月食，从而猜测地球可能是球体。再到麦哲伦环球航行证明了地球是个球体，直到近现代科技的发展，人们能够在太空中观测地球，从而发现地球是个两极稍扁、赤道略鼓的不规则球体。课堂上，对学生的横断性结论，可采取追问的方式，了解其产生根源和特点，以观察实验的方式，帮助学生理解这些概念，同时纳入概念系统。

第五节　低年级段小学生科学学习的特殊性

根据对人脑研究的成果，儿童到 6 岁时，其大脑发育基本达到成人水平，多俊岗先生指出"儿童在 6 岁末期几乎所有皮层传导通路已经髓鞘化，标志着脑内部已经成熟"①，这时儿童可以开始进行正规的学校教育，所以 6 岁也就成为世界范围儿童入学的年龄依据。低年级段小学生是指刚进入学校进行正式学习的一、二年级学生。在执行 2001 年小学科学课程标准时，教材编写、教师的教学体验都是针对中年级段（三、四年级）和高年级段（五、六年级）的小学生。面对 2017 年课标对低年级段学生的要求，如何理解这个年龄段小学生的心理发展特点和把握科学认识特点进行有效教学，这成为一线教师面临的重要问题。

一、低年级段小学生科学学习的特点

（一）低年级段小学生的语言发展特点

语言是一种受生理结构影响的人类特有的能力。儿童的语言包括听

---

① 多俊岗. 基础心理学［M］. 北京：化学工业出版社，2012：2.

说与读写，也就是口语和书面语。这两种语言能力的发展路径不同。口语是在社会交往中很自然地学会的：儿童借助言语中内含的大量手势和环境来理解他人的话语；并且从他人那里获得自己言语被理解的立刻反馈；没有必要追求完美无缺的句子，因为不完整的句子常常足够让他人猜到儿童要传达的意义。与口语不同的是，读写能力不是人类内在整体的一部分，而在我们物种的历史上出现得相对来说比较晚。因而它是一种文化成就。听说是人类进化的内在独特功能，可自然学会；读写是人类的外在技能，需要特别训练①。

到 5 岁的时候，几乎所有的重要语言听说能力都基本到位。儿童借助环境信息、手势、体态，使用口语表达自己的想法，而且能使他人听懂。同样情况，也能听懂他人的表达。尽管是"蹦词"式的，不具有严格语法规则。可以用口语表达以"类"形成的概念，但概念词往往具有比喻性或模拟性的自造式。可以用口语表达做事规划，即脚本构建，但规划在全面性和顺序性上存在缺陷。对于读写，是呈现在书本的符号，这些符号表征儿童所认识的客观世界。学生首先要将这些符号与客观事物建立固定联系，其次就是理解这些符号的意义，然后是学习书写这些符号，再将这些符号赋予声音表达。这些能力都是后天获得的，因此，读写比较困难，需要不断训练。

低年级段小学生的语言发展，正处在口语可以达到听说理解，但语句不完整；书面语作为文字表达，面临很大困难，正在训练发展。科学，从本体上看是关于自然世界的认识成果，表现为具有很强逻辑关系的知识体系。不论从科学结论的规范表达，还是阅读与理解科学知识，低年级段小学生都需要付出很大努力。这也就是 2001 课标没有从低年级段开始要求进行科学学习的原因。

（二）低年级段小学生科学认知特点

认知指知识的获取和应用，科学认知意味着学生学习获得科学知识

---

① ［英］鲁道夫·谢弗. 儿童心理学［M］. 王莉，译. 北京：电子工业出版社，2010：274.

和运用科学知识。小学生进入学校开始接受正规的、系统的教育，低年级段小学生处于最初阶段，也是非常重要的适应、过渡阶段。教师必须了解他们的科学认知特点。这里从皮亚杰和维果斯基关于儿童的认知特点进行讨论。

在皮亚杰的眼中，儿童是"小科学家"[①]。他认为儿童对他们的环境怀着浓厚的好奇心，对周围的世界想要探索和研究。但是他们不是随意去做的，而是通过选择与已有的心理结构相一致的经验，利用经验将事物与自己的想法进行积极的探索，通过对事物的感觉与想法的一致性，建构自己的知识。如冬天要穿厚棉衣、夏天穿薄衬衫，这个时期的儿童会探索认识到厚衣服保暖和薄衣服凉快的科学道理。因此，儿童就像"小科学家"一样，通过实验来使他们的新经验富有意义，并把此经验纳入他们已有的理解方式中。如果不行的话，他们就会扩展已有认识或创造新的理解方式。如夏天可以用棉被裹住冰块，防止冰块融化。又进一步认识到厚衣服、棉被的作用是隔热。

在维果斯基的眼中，儿童是"学徒"[②]。他认为任何智力技能的形成首先通过和成熟的成年人的交流，然后儿童将其内化。如热水会烫伤皮肤，成人要指导儿童喝热水要先稍稍触摸一下杯壁或舌头轻试，水温合适再大口喝。儿童经过自己体验，才可以把握自己适宜的水温程度。儿童在独立之前，必须依赖他人的帮助。开始的时候，儿童可能并不理解他们所面临的任务或是需要达到的目标，这时成人必须解释和引导，孩子只能跟从和效仿。维果斯基强调，儿童的认知发展在根本上是从人际间的智力交流到个体本身的智力发展的演变。

从皮亚杰和维果斯基对儿童的观点看，儿童既具有像科学家那样对自然世界具有好奇心、具有自己的探索性，又具有像学徒工一样的需要在模仿和指导帮助下的学习成长性。对于低年级段小学生，具有自由探索的天性，也具有无目的性、随意性和情绪性，需要大量的模仿性学习、指导帮助性学习。

---

① ［英］鲁道夫·谢弗. 儿童心理学［M］. 王莉，译. 北京：电子工业出版社，2010：178.
② ［英］鲁道夫·谢弗. 儿童心理学［M］. 王莉，译. 北京：电子工业出版社，2010：187.

(三) 低年级段小学生感知觉和思维特点

幼儿园已经进行科学教育，而 2001 课标从三年级开始小学科学教育，使得一、二年级产生断层。为保持科学教育的延续性，新课标从一年级开始到六年级都进行科学教育。但是既要保证科学教育的延续性，又要保证有效学习的可行性，2017 课标的要求上，科学内容相对浅显，课时安排上每周 1 课时（中、高年级段是每周 2 课时）。但更重要的是对这个阶段小学生感知觉和思维特点的把握。

小学生在感知觉上具有的一个特点是突出明显特征性①，在低年级段小学生中表现出感知的单一性，即对具有综合性特征的具体事物，他们只感知多特征事物的某一种明显特征。如对月相的认识，常常表达出"月亮是圆圆的"和"月亮是弯弯的"。由于没有经过正式的观察训练，他们对事物的感知具有模糊性，即对一事物多种特征关系感知混乱。如对蚂蚁的认识：蚂蚁有头、胸、腹三部分，胸上有三对足。学生往往认为有头和身体，而不是三部分；三对足可能画在身体上任何部位。低年级段小学生的感知还具有跳跃性，即从一个事物或某种特征的感知突然变化到另一个或另一种，会偏离观察目的。如观察西瓜，当看到西瓜的外形是球形的，上面有深浅不同的绿色条文，会忽然喊出来"西瓜上有一个小疤"。另外，这个年龄段的学生情绪性很强，感知事物还受情绪影响或引导，就是感知的情绪性，也就是由兴趣导致对观察对象的选择和分类标准的确定。如"校园寻宝"，学生们会带回石头、羽毛、树叶、昆虫干尸等，当他们解释为什么选择这些事物时，他们的回答是：有意思的、漂亮的、特殊的……

低年级段小学生的思维，也表现在科学概念学习和科学方法学习中。对于他们来讲，是要将大量的客观存在物的形象与表征它们的符号建立对应关系。这里面就必须讨论儿童的语言与概念获得的关系。儿童观察科学事物，获得事物的形象，将其存储在大脑中就是表象。心理学中所

---

① 叶宝生，彭香. 小学生的科学认识特点和教学策略——基于"小学生前科学概念研究"[J]. 课程·教材·教法，2018 (12)：105-110.

谓的表象，就是头脑中存储的感知过的事物的形象。儿童将头脑中的表象用某种方式表达出来，即达到符号表征。符号表征就是用一种符号代表一个事物或一类事物的能力。语言是一个语词、一些声音或元素的组合，但是是最常见和最有效的表征事物的方式。学生会对观察对象的特征进行比较，发现某些事物具有的共同特征和与其他事物的差异特征，这样可以对事物进行分类和归类。分类是以某一个共同特征将一些事物划分为一个集合体，归类是通过辨别、识别将一个个别事物划归到对应的集合体中。事物具有特征，也具有属性，低年级段小学生的比较主要是特征比较和单一因素变化的比较。这时学生获得的概念是将具有相同特性的东西集结起来，而集结的结果形成概念。儿童用语词表达概念，在概念的形成中发展语词能力。对于低年级段小学生，所获得的概念的意义是：概念能将这个世界切割成可以掌握的范畴；帮助儿童以有意义的模式组织他们的经验，有效地存储这些经验，了解新的经验。对于科学方法的学习，就是心理学上所谈的"脚本构建"[1]。所谓脚本构建就是对一些例行活动或具有规律性事件的预测性构思或安排。在认知方面，所有关于这个世界的信息都以脚本这种心理结构来组织，即以流程形式组织；脚本也被当作更复杂、更抽象的认知技巧的基础。在社会性方面，脚本提供一种可以和他人分享有关这个世界知识的方法，也就是做事方式。儿童可以有机会和别人交换经验，从他人的描述中学习经验，即相互学习做事的方式。对于科学学习来说，就是低年级段小学生不只要获得科学概念，还要学习获得科学概念的方法，也就是观察实验的方法。学会科学思考问题和解决科学问题的方式，这种学习体现在脚本构建中，或者说只是初步的科学探究流程设计学习。

二、低年级段小学生科学教学建议

（一）以听说为主，指导读写，学习运用科学术语进行科学表达

低年级段小学生在科学课上要进行大量的科学观察。小学生表达观

---

① ［英］鲁道夫·谢弗. 儿童心理学［M］. 王莉，译. 北京：电子工业出版社，2010.

察结果的时候，往往使用具有比喻性的生活语词。如观察"西瓜"，会说西瓜有一个"小把把儿""小棒棒儿"；观察"树叶"，说树叶上有"小道道儿""小纹纹儿"。学生的任务是去学习符号和所指之间的关系，而积累起他们自己的表达词汇。语言是学生与他人交流的重要工具，也是与他人分享知识和经验的重要手段。因此，语言学上要求，每个社会成员间必须达成一致如何指称事物。就儿童学习说话而言，有必要认识到应正确使用事物的名称。对于科学学习来说，就要使用准确的科学术语指称科学事物。西瓜上的"小把把儿""小棒棒儿"，应明确给出科学名称"果柄"；树叶上的"小道道儿""小纹纹儿"，是"叶脉"。这时的科学语词就是最初的科学概念。科学概念是对科学事物最明确的概括。科学概念具有两个要件：一是指向确定的科学事物；二是具有可以被证实的科学意义①。低年级段小学生对于"果柄""叶脉"所具有的意义完全可能是不知道的，会随着以后的科学学习逐渐理解其内涵，但是其对科学对象的指称是清晰的。对于小学生，应尽可能应用科学概念术语。儿童的科学概念意义是浅显的，甚至不清楚其意义，但至少具备统一性和明确的指向。

由于低年级段小学生基本具备了听说能力，但读写困难。教师在指导学生观察的时候，要将对观察的要求，呈现出文本让小学生读；在表述观察结果的时候，根据学生的"说"，教师要板书为科学术语，带领学生读。也就是说，科学课上，学生听说、教师写、学生读，即科学教师对小学生也要进行读写训练，当然是具有科学意义的读写训练。

（二）模仿与探究结合进行科学学习

皮亚杰主张儿童与环境相互作用，以建构个人对客观世界的认识，即个人建构主义；维果斯基倡导儿童在成人的帮助下，通过交流和社会性集体活动产生内化发展智力，也称为社会建构主义。现代儿童教育观是将两者结合起来，也就是将皮亚杰的个人建构和维果斯基的社会建构

---

① 叶宝生. 小学生科学概念获得与发展的两条途径及特点——基于科学概念进化的视角[J]. 中小学教材教学，2016（2）：34-36.

相结合，换句话说，是将以自我探索为主的"小科学家"方式和以成人指导为主的"学徒"方式结合起来。对于低年级段小学生来说，后者的比例更大。在教学中，首先要给学生指定或明确学习目标，使用有效的辅助手段，提供学习资源，示范指导、模仿练习，学生获得活动体验。接下来，在体验学习环境下产生疑问，激发学生自主探究的兴趣和欲望，在探究过程中进一步展开知识学习。最后还要求教师帮助和引导学生进行深入探讨，获得知识和应用知识，促进儿童认知高效发展。

如小学科学"折纸飞机"一课，首先要指导学生学习纸飞机具体的折叠方法，或者在老师的示范下学生模仿老师进行折叠。在飞纸飞机时，学生去体会如何投掷，同学间相互观摩、相互学习，不断调整和尝试，这个阶段是学生自主思考和学习。在这个过程结束后，教师一定要帮助学生深入思考，"纸飞机为什么能飞""为什么最后落下来"。教师要提供直翼飞机的视频或图片，对比发现现代直翼飞机的飞行原理与纸飞机是一样的——机翼与空气作用会产生升力，发动机提供动力使飞机持续飞行。这样，在教师的帮助下，学生通过原初技术理解高技术，使学生获得更深层次的认识。

再如学习植物。让小学生种植植物，首先要指导学生选择器皿，如纸杯、塑料盒等；选择土壤、种子；浇水水量、置于阳光处等等。学生根据要求种植，自己去把握各种情况。学生对自己种出的小植物精心呵护，自己也非常欣赏。当小苗长出后，大家展示、相互观摩介绍，会发现有的同学的小苗长得粗壮挺拔，有的弱小纤细。会产生疑问：是种子不同，还是土壤肥力不同，或是水量多或者少……教师要引导学生讨论：不同种子会长出不同的小苗，这是由不同植物的特性决定的；种子萌发生长，需要适宜的阳光、水、温度和营养等。通过模仿性的学习活动，学生自己进行体验，在老师引导下进行讨论分析，获得对种子萌发和成长的深入认识。

（三）注重学生体验，从感知觉向科学概念发展

从心理学阐释的认识过程看，人类从感知觉开始，将从感觉器获得

的信息存储到脑中，也就是记忆，然后是对头脑中记忆信息的转换和应用，即思维。科学学习，儿童不管是观察具体科学事物，还是科学现象，或是科学变化过程，都是从感知觉开始的。小学生的科学学习高度依赖感知觉。对于低年级段的小学生更是这样。同时低年级段小学生对科学现象的思维加工又是最初级的比较和分类，获得由一类事物的共同特征确定的类概念，再进一步判断一个具体事物属于哪一类，即归类。因此，对低年级段小学生科学教学，教师要明确科学事物的特征和属性的感知觉特点，让学生充分进行感知觉，以此为基础进行比较分类。所谓特征和属性的感知觉特点是指不同的具体的特征和属性是由对应的感觉通道获得的、形成对应的感知觉判断。如颜色、形状，是由人眼视觉获得的，而对看到的物体判断出是红色的"玫瑰花"，就是视知觉。听到"汪汪"的声音，是由耳朵的听觉获得的，判断出是"狗"叫，已经将声音的音色与具体事物建立了联系，是听知觉。可以体会，感觉是由感觉通道获得的单一属性，知觉已经是对多种感觉整合在一起形成对事物的整体认识，也就具有了基本的思维加工。另外，感觉整合不只对应感觉器官的感觉分析器形成对应知觉，还会形成其他对物以及对人的不同形式的知觉，如空间知觉、运动知觉、时间知觉等。

如"力"概念的学习。在小学低年级段安排"推力与拉力"和"力可以改变物体的形状"，中年级段安排了"力可以使物体运动或停止"。我们首先要明确：推力和拉力是人的感觉，属于运动觉。感觉来自外部刺激，称为外感觉，包括我们熟悉的视觉、听觉、肤觉等；感觉刺激来自于人的身体内部，称为内感觉，包括运动觉、平衡觉和内脏觉[①]。其中运动觉是人体组成部分发生相对移动和肌肉紧张的感觉，如挥臂、抬腿、弯腰等，同时肌肉的感觉就是"力"。因此，伴随着各种动作，就会感觉到各种力——推力、拉力、蹬力、握力等等。在教学中，要让学生充分体验自己力的感觉，即进行推、拉等各种活动。在充分感觉的基础上，让学生观察推土机推土、火车头牵引车厢，判断推土机对土产生推力、

---

① 多俊岗. 基础心理学 [M]. 北京：化学工业出版社，2012：55-56.

火车头对车厢产生拉力。这时超越人的感觉，将"力"拓展到生活情境中，达到运动知觉。运动知觉是人对人体以外物体运动或静止和运动快慢的反映。这样，感觉的"力"发展到知觉的"力"。再帮助学生分析，推土机推土，土也反向推推土机；火车头拉车厢，车厢也反向拉火车头，建立科学概念的"力"，即力是物体之间的相互作用。是后面再深入学习力的作用效果的基础。

再如"自然世界与人工世界"的学习。安排学生观察森林、木材加工成桌椅；养蚕吐丝、剥茧抽丝到丝绸衣物；棉花、纺棉到成衣。在对自然存在物和人为加工物之间关系的充分感知的基础上，理解各种各样的自然物构成的是自然世界、各种各样的人工物构成人工世界。通过感知自然物和人工物之间的关系，对两种事物作出分类，建立"自然世界"和"人工世界"概念。建立概念后，会进一步应用概念，这是深化概念的重要环节。教学中，会要求学生对校园环境或旅游环境中存在的物体进行归类，即判断它们属于自然世界还是人工世界。需要注意，由于低年级段小学生"写"的能力弱，在全班范围讲，又会抑制很多学生的思考，这时要对分类、归类的判断采用匹配、配对、是非判断、选择等方式进行练习①。

总之，教师要深入理解感知觉特性，帮助低年级段小学生基于充分的感知觉，进行比较分类学习，获得最基本的科学概念。

（四）注重观察方法，从脚本构建向科学探究学习发展

从教育角度看，儿童进入学校学习，成为小学生，开始正式接受学校教育。低年级段小学生从一年级开始，就要适应学校作息时间安排和学会遵从学习计划规律，逐渐形成良好学习习惯、清晰的自我意识、较好的自我控制能力。从心理发展角度看，这时的小学生在头脑中要进行脚本构建。所谓脚本构建就是学生对做事的计划和规划。脚本构建是学生做事的基本依据，也是与同伴交流的重要方式。以流程形式构成脚本，

---

① ［美］安德森，等. 布卢姆教育目标分类学：分类学视野下的学与教及其测评（完整版）[M]. 蒋小平，等译. 北京：外语教学与研究出版社，2009：53.

让儿童有效地和别人交换经验，同时从他人的描述中学习经验。脚本构建在认知学习和社会性方面都很重要。从科学学习角度看，脚本提供一种获得科学知识和应用科学知识的方法。具体表现在科学观察方法的使用和对观察流程的计划和实施。这也是中高年级段科学探究活动的基础。科学观察是有目的的，为实现目的就要具有计划，为完成计划就要付出意志努力，否则就是生活中对科学事物或现象的零散感知。因此，在教学中，进行科学观察前一定要有明确的目的，尽管低年级段小学生一般都是特征观察。然后作出观察计划，让学生说出观察流程：先全面观察，获得对事物的整体认识，再精细观察，对观察对象有更深入的理解，教师帮助进行修正并将正确流程板书，形成文字表达，也就是示范"写"，培养学生写的能力。最后，进行观察，将观察事物的特征由学生说出来，学生"写"有困难，教师要板书记录，帮助学生"写"，然后锻炼学生"读"。对于逻辑推理，要"写"和"读"逻辑判断过程。通过这个过程，学生不断学习观察方法，获得科学学习方式。

如小学低年级段科学课"观察西瓜"，观察目的是"西瓜是什么样的?"，即观察西瓜的特征。先由学生说，如何去观察，教师帮助调整且板书。先看西瓜的外观，再剖开看西瓜内部，对于西瓜可以看，也可以闻和尝。外观观察就是整体观察，内部观察是精细观察，可以提供放大镜看西瓜瓤的颗粒。观察获得的结论，学生逐一说出来且相互补充，教师用科学术语写出来并让学生读。这样，获得观察流程学习和观察结果学习。

再如观察"水"，给学生一杯水，用各种感官去观察，会发现水是可以流动的、水是透明的、水是无色的、水是无味的。这样用归纳的方法得到一个联言判断，即水是无色、无味、透明的液体。然后提供"水""白醋""牛奶""油""可乐饮料"等，由学生判断哪个液体是水，哪个不是。有颜色，如"可乐饮料"，不是水；有气味，如"白醋"，不是水……当有一个特征被否定时，则该液体不是水；当几个特征都满足时，才可判定该液体是水。这个过程包括联言判断的获得和联言判断的应用。学生可以说出自己是如何作出判断的，教师要将学生思维过程写出来，并要求学生"读"。其中隐含着逻辑思维训练，即对于由综合性特征构成的事物，这些特征全满足可以判定为此事物；若一个特征不具备则可以获得否定判断。这也就是根据联言判断的逻辑特性进行的演绎推理，是对推理方法的学习和运用。

后　记

　　《小学生科学学习心理学》一书终于成稿付梓了！回忆成书的过程，学习、讨论、研究、思考，不断改进补充、丰富完善，点点滴滴，历历在目！

　　在准备承担本科生"小学生科学学习心理学"课程教学任务时，首先做的是搜寻这门课程的教学用书。但在自己力所能及的考察范围内，没能找到对小学科学教师培养具有直接支撑作用的专业书。无奈之下，重新学习普通心理学、儿童心理学、教育心理学等心理学书籍，深入阅读科学技术史、科学哲学著作，针对小学生科学认识特点，自行编写讲义，开始了该课程的教学工作。

　　很显然，教学过程也就成了研究过程。同时在"科学与技术教育专业"下，开设了"小学生科学学习心理研究"硕士课程，进一步进行专题研究。在北京市各个区县进行小学科学教师培训和教学指导，与一线教师和教研员们讨论小学科学教学和小学生科学学习的各种问题。研究讨论的成果，不断充实到该课程当中，使该课程不断精进。

　　一些标志性成果可以显示该课程内容的进步过程。

　　小学生科学学习心理，很主要的一点是小学生科学认识特点，这是把握年龄阶段和学科特性的重要依据。虽然我们强调教学设计要符合小学生的学习规律，但缺乏确定清晰的对小学生科学认识特点的阐释。在实际教学中，新教师主要是模仿，老教师主要是经验。笔者通过科学哲学的学习，采用哲学重演律，分析论证出小学生科学认识特征，发表论文"小学生科学认识的现象论特征与教学策略"（《课程·教材·教法》，叶宝生，2016. 11）。结合北京市特级教师彭香的"小学生前科学概念研究"的侦测数据，总结出小学生科学认识的具体特点，发表论文"小学生的科学认识特点和教学策略——基于'小学生前科学概念研究'"（《课程·教材·教法》，叶宝生、彭香，2018. 12）。对小学生科学认识特点的阐释是本教材独特的创造性论述。

科学思维是科学教育的培养重点，但科学思维方法是什么，如何在教学中培养小学生的科学思维是课程教学中的问题，也是一线教学的问题。笔者通过逻辑学和科学哲学的学习，将科学的性质与逻辑学知识结合在一起，建立了逻辑思维方法与科学思维方法的显性联系，发表论文"小学生的形象思维和抽象思维及其在教学中的意义"（《中小学教材教学》，叶宝生，2011. 1）、"类比思维的普遍性和特殊性及其在小学科学教学中的应用"（《中小学教材教学》，叶宝生、冯煤生、曹温庆，2020. 2，被《人大复印资料》转载，2020. 5）。笔者还构建了逻辑思维方法在小学生科学概念学习、观察实验方法应用的指导体系，发表论文"小学科学教学观察实验设计的依据和方法"（《课程·教材·教法》，叶宝生，2013. 12）、"小学生习得科学概念的六种方式"（《现代中小学教育》，叶宝生，2016. 1）、"小学科学教学中的观察方法"（《中小学教师培训》，张鹏利、叶宝生，2019. 1）、"小学生科学概念获得与发展的两条途径及特点"（《中小学教材教学》，叶宝生，2016. 2）。这些理论和方法具有研究性和独创性，在教学中和对小学科学教师的培训中获得很好的效果。这些研究成果成为本书的重要内容。

小学科学课程是综合性课程，所谓综合性，从科学知识内容来说，包括物质科学、生命科学、地球和宇宙科学三部分。通过高中科学分科学习，大家都有体验，虽然都称为自然科学，但这三个领域的知识内容和学习方法都有明显区别。笔者通过学习科学哲学、生命科学哲学、地球科学哲学，结合物理学、化学、生物学、地球科学等科学学科知识，厘清不同科学学科领域的认识逻辑和研究方法，发表论文"小学科学课程中物质科学知识性质分析"（《科学课》（双月刊），叶宝生，2018. 1）、"小学科学课程中生命科学知识性质分析"（《科学课》（双月刊），叶宝生，2018. 2）、"小学科学课程中地球科学知识性质分析"（《科学课》（双月刊），叶宝生，2018.3）。小学生在不同科学领域的认识特点是有侧重的，需要小学科学教师能针对性地采用相应的教学方法，基于科学学科不同认识逻辑和研究方法，融入教材的很多案例分析中。

小学科学课程标准（2017）首次将技术与工程作为学习内容。对于技术与工程，是涉及所有科学学科的，但同时存在不直接依赖科学（或隐性地遵从科学规律）的经验技术。技术和工程教育的知识又是众多小学科学教师未经过学习训练的。笔者通过学习技术哲学、工程哲学等著作，研究科学、技术、工程的关系，特别是小学生学习技术、工程的教育意义，发表论文"小学科学课程中的技术教育因素及教学策略"（《课程·教材·教法》，叶宝生，2015.10）、"小学技术和工程内容特点分析"（《科学课》（双月刊），叶宝生，2018.4）、"小学科学教学中工程思想的体现"（《福建教育》，叶宝生、王帅，2018.9）、"对小学科学课程中STEM教育内涵的认识"（《中小学教材教学》，叶宝生、曹温庆，2019.5）、"技术思维的形象思维特征及其教学策略"（《课程·教材·教法》，叶宝生、曹温庆，2020.10）。这些思考成果为技术活动中的心理学问题阐述奠定了很好的基础。

对于从隐性知识的角度探讨小学生创造性学习和创造能力培养，从元认知角度讨论科学探究的教育意义，探讨科学方法与科学能力培养的关系、态度的隐性知识特征和科学态度培养，都是在不断学习、不断研究的基础上，逐年进步和丰富的。现在一并呈现给各位小学科学教师和准小学科学教师们。

回顾《小学生科学学习心理学》十余年的成书过程，内心是忐忑和惶恐的，很多小学生科学学习心理学问题是由实践引发的，通过理论研究寻找答案，再应用到教学实践中去。如"力"这个概念，小学生认为是"使劲儿""用力"，而我们学习过物理学知道"力是物体之间的相互作用"，由"牛顿第三定律"表述，即称为作用力和反作用力，这两个力大小相等、方向相反、作用在同一条直线上。小学生头脑中的"力"和科学概念之间的力具有什么样的区别和联系？科学哲学探讨科学概念起源时，发现"力"是作为生活概念的力，转化为科学概念的力，将"力"

作为一个"转义概念"。普通心理学中讨论感知觉时，对于感觉，分为外部感觉和内部感觉，"力"就是内部感觉中的运动觉，是肌肉紧张程度的感觉。这时可以发现，小学生回答的"力"是作为感觉的力，生活中的"力"是与作用效果相联系的力，揭示出相互作用本质的"力"是作为科学概念的力。这样判断出小学生学习"力"的概念的发展路径，即从感觉的力出发，认识到产生形变或运动的作用效果的力，最后到脱离感觉和作用效果的科学概念的力。

由于在这个领域可以借鉴的直接证据偏少，本书很多观点是在理论研究的基础上新建立起来的，其必定有很多漏洞和瑕疵。梳理成书的过程，是向读者呈现笔者思考、研究、学习的心路历程，使大家最大限度理解笔者所做的工作，也就可以最大限度地谅解书中的缺点和错误。

写到这里，不得不向笔者的学生们道歉！由于这门课程是不断完善和发展的，如果你现在是一位小学科学教师，当你阅读此书时，你感到距离你学习时有多远，笔者的歉意就有多深！……语塞！慨叹！理解你们的老师吧！虽然迟到，但还是真心希望本书能够对你们有新的帮助，也希望对所有使用此书的小学科学教师和准小学科学教师们有所帮助！

叶宝生

2021 年 10 月